T0157338

Printed in the United States
By Bookmasters

محطات اقتصادية

2005-2008

عدنان الحاج

محطات اقتصادية
2005-2008

دار الفارابي

الكتاب: محطات اقتصادية 2005-2008

المؤلف: عدنان الحاج

الغلاف: فارس غصوب

الناشر: دار الفارابي ـ بيروت ـ لبنان

ت: 301461(01) ـ فاكس: 307775(01)

ص. ب: 11/3181 ـــ الرمز البريدي: 2130 1107

e-mail: info@dar-alfarabi. comwww. dar-alfarabi. com

الطبعة الأولى 2009

ISBN: 978-9953-71-436-3

مقدمة

لبنان: محطات اقتصادية

الهدف الأساسي من هذا الكتاب هو إيجاد إطار لعرض الواقع الاقتصادي والاجتماعي والمعيشي والمالي في لبنان، من خلال محطات رئيسية حملت الكثير من الإشارات والمؤشرات التي لا تزال قائمة بسبب تردي الأداء على مستوى القطاع العام وإحجام القطاع الخاص عن الاضطلاع بدوره كاملا في تحريك النمو الاقتصادي المطلوب لفتح بوابة الخروج من الحلقة المفرغة التي تزداد فراغا.

وكان لا بد في إطار التحضير من إخراج وتطوير المقالات والمداخلات التي تناولت القضايا التي تعبر عن واقع القطاعات والإدارات والأداء من المالية العامة إلى المديونية، وصولا إلى أزمات الضمان والكهرباء والعجز في الموازنة والخزينة، مع التركيز على استمرارية إفداء الخلافات السياسية بالمال العام، الأمر الذي جعل نمو الدين العام والعجز يسابق بكثير، حتى لا نقول بإضعاف، نسبة النمو في الاقتصاد والناتج المحلي، وهذا هو مكمن خطورة الدين العام على الاقتصاد.

فالتحليل للأزمات والقطاعات مهم جدا، ولكن مساعدة

القارئ على تحليل الأرقام وتفسيرها في الانعكاسات اليومية على المواطن هي الأهم.

الدقة في الأخبار هي الأساس في إيصال المعلومة، ولكن تحليل المعلومة وشرحها وتوقع انعكاساتها هي أيضا من الأساسيات.

الكتاب يحمل عنوان محطات اقتصادية ـ لبنان 2005 ـ 2008 بعد كتاب محطات 2003 ـ 2004. والحقيقة هو يعود بالمؤشرات والأرقام والجداول المرفقة في بعض الأمور المالية لمساعدة القارئ والباحث على العودة إلى قراءة تطور حجم الدين العام وحجم النفقات والإيرادات وتحرك الأوضاع العقارية والمصرفية وقضايا الضمان الاجتماعي ونفقات الكهرباء وديونها.

ويسجل في هذا المجال نقطة أساسية لمحطات مفصلية نتيجة التطورات الدراماتيكية الحاصلة بين العام 2005 والعام 2008 والتي تخللتها محطة كارثة اغتيال الرئيس الشهيد رفيق الحريري في شباط 2005، وكارثة الاعتداءات الإسرائيلية والحرب على لبنان ومقاومته في 2007 وما أصاب القطاعات السياسية والاقتصادية والمالية من انعكاسات سلبية ما زالت آثارها قائمة على تشرذم السلطة وأهل الحكم والحكومة.

لذلك كان من الضروري تثبيت مؤشرات ومحطات مكونات الأزمات ومحاولات المعالجة النادرة وغير المجدية حتى اليوم لكي يمكن الحكم على حجم الأداء من خلال تطور أحجام الأرقام.

ويبدو أن الحديث عن الحلول الاقتصادية والإصلاحية المالية والإدارية والتشريعية في حدودها الدنيا مؤجلة إلى أجل غير

8

مسمى، بسبب ممارسات كبار المسؤولين وخلافاتهم حول قضايا هامة، ومنها الخصخصة أو التسنيد، لأن الظروف السياسية الداخلية خصوصا والإقليمية بشكل عام لا تساعد على القرارات الصعبة المطلوبة للحلول في ظل التباين الكبير بين أهل السلطة، ويبدو أن خيار التسنيد هو الأرجح.

وهذا التخلي الرسمي عن تحريك العجلة الاقتصادية والنمو الاقتصادي في خلق المناخ الاستثماري الجيد قاد القطاع الخاص إلى تقليص نشاطه، أو على الأقل التخلي عن دوره الأساسي في تحريك العجلة، إذ ما زال يعمل بحدود الـ 60 في المئة من قدراته الفعلية.

أما النتائج المباشرة على الصعيد الاجتماعي والمعيشي فهي ارتفاع نسبة البطالة من جهة، وتزايد عمليات الصرف الجماعي والفردي من جهة ثانية، وتراجع حركة الاستثمارات المحلية والأجنبية من جهة ثالثة، لاسيما في القطاعات الاقتصادية الحقيقية، مما يؤدي تلقائيا إلى استمرار نمو الدين العام بإضعاف نمو الناتج المحلي، فتبقى أشباح الأزمة المالية تهيمن على كل القطاعات من دون استثناء.

فالعوامل غير الاقتصادية المعيقة للنمو أو التنمية في لبنان لا تقل أهمية عن العوامل الاقتصادية، بل باتت تفوقها تأثيرا.

فهناك العقم الذي يسيطر على أداء الإدارة اللبنانية، مما يعقد مهمة المستثمرين ويهربهم إلى خارج لبنان. وهناك أيضا حالة التشرذم السياسي الذي لا يوحي بالثقة لأي مستثمر مهما كانت علاقته وخبرته في الوضع اللبناني، إلى ذلك يضاف الفساد المستشري على كل صعيد والهدر المالي القائم بموجب القوانين

التي تحتاج لعمليات إصلاح ضرورية لاسترجاع بعض ما فقده لبنان من دور على مدى السنوات الماضية. وإذا كان القطاع المصرفي اللبناني لا يزال العصب الأساسي في الحركة الاقتصادية باعتباره الممول شبه الوحيد للقطاعات، فإن الصعوبة المقبلة تتمثل في انعكاسات آثار الأزمة المالية العالمية على القطاعات الاقتصادية والاجتماعية من جهة صعوبة خلق فرص العمل التي كانت تؤمنها الهجرة القسرية والطوعية إلى أسواق الخليج تحديدا والأسواق الأوروبية والأفريقية في الدرجة الثانية، وهذا الأمر سيكون إلى تراجع عسى أن تقدم المحطات الفائدة الموضوعة من أجلها.

عدنان الحاج

موازنة الحد الأقصى للإنفاق
والحد الأدنى من الإصلاح

إذا كانت هناك تسمية يمكن إطلاقها على مشروع موازنة العام 2009، فهي موازنة الحد الأقصى من النفقات والحد الأدنى من الإصلاحات، أو حتى موازنة من دون القدرة على الإصلاح، والأسباب كثيرة ومتنوعة.

فهذه الموازنة كغيرها من موازنات السنوات الماضية التي لم تقر في موعدها واعتمدت الإنفاق على أساس القاعدة الاثني عشرية التي لم تحترم التقيد في النفقات المحددة نتيجة الظروف والتطورات وكلها تعتبر مخالفات قانونية لتخطي معدلات الانفاق المقررة في آخر موازنة رسمية أقرت في موعدها وهي موازنة العام 2004 تقريبا.

هذه الموازنة خضعت إلى تعديلات ومناقشات ثنائية وثلاثية مع الوزراء والمسؤولين في المؤسسات وخرجت بزيادات ملحوظة على النفقات المجدية منها وغير المجدية باعتبارها جاءت تحت شعار الإرضاءات والمساومات السياسية في مختلف الوزارات التي حصلت على زيادات ملحوظة دون التطرق إلى الحديث عن أي تدبير لضبط النفقات وتعزيز الإيرادات.

بمعنى آخر إن الموازنة دخلت بمعنى أو بآخر ضمن الخدمات الانتخابية من قبل معظم المطالبين بزيادة النفقات والمستحقات المتوجب منها وغير المتوجب، من دون اللجوء إلى كلمة واحدة حول الحد من الهدر الذي يغزو القطاعات الخدماتية الأساسية من الصحة والتعليم والكهرباء والمياه والضمان الاجتماعي ومجلس الجنوب وصندوق المهجرين وغيرها من الإغاثة والجمعيات الاجتماعية الوهمية.

لماذا موازنة الحد الأقصى من النفقات والحد الأدنى من الإصلاحات؟

هناك أكثر من سبب يجعل هذه الموازنة تستحق التسمية عن جدارة ليس بسبب تقصير وزارة المالية أو الحكومة والمجلس النيابي والعجز عن تنفيذ أية قرارات إصلاحية نتيجة التشرذم، وإنما بسبب عدم وجود الحد الأدنى من الانسجام داخل الحكومة من جهة، وبسبب تغليب المصالح الشخصية والانتخابية للمرجعيات على أي توجه إصلاحي أو إنقاذي وصولا حتى محاربة أي عمل إصلاحي لضرب مصداقية الدولة ومؤسساتها. هناك الكثير من النقاط يمكن التوقف عندها، ويمكن أيضا الاكتفاء ببعض منها وتكون معبرة:

1 - لقد استبعدت هذه الموازنة بندا أساسيا وهو خصخصة قطاع الاتصالات وتحديدا الهاتف الخليوي، ومع هذا الاستبعاد تم استبعاد موضوع إنشاء شركة اتصالات لبنان وتطبيق قانون تنظيم قطاع الاتصالات مما يعني إبقاء السلطة في يد الوزارة والوزير وعدم تفعيل الهيئة الناظمة لقطاع الاتصالات وبعدها عدم إنشاء الهيئة الناظمة لقطاع الكهرباء وإبقاء البلد في خدمة المصالح الانتخابية والمرجعيات على حساب إضعاف المؤسسات.

2 - هذا الاستبعاد له أثر آخر أكثر أهمية وهو أن لبنان تعهد أمام المجتمع الدولي والدول المانحة بتنفيذ الإصلاحات، وكرر تعهده مؤخرا أمام الدول المانحة والمؤسسات الدولية من صندوق النقد والبنك الدولي والصناديق العربية بأن خطوة الخصخصة ستبدأ في تموز من العام 2009 وهذا أمر لم يعد واردا. في المقابل إن مساهمات باريس 3 المتبقية والمرهونة بمشاريع تنموية وإصلاحية لن تصل وهي تفوق الـ 6.5 مليارات دولار منها حوالي 750 مليونا لدعم الخزينة والموازنة بما يعني توفير استدانة إضافية. هذا الأمر سيقود إلى زيادة المديونية في حال عدم تنفيذ الإصلاحات والمشاريع الممولة من الدول المانحة. مع الإشارة إلى أن عناصر أخرى قد تؤثر في تأخير المساهمات بالإضافة إلى عدم قيام الدولة بخطواتها، أبرزها مفاعيل الأزمة المالية العالمية ونقص السيولة وأزمة الركود التي أصابت الدول المانحة الكبرى ودول الخليج العربي، وهي الدول الأكثر مساهمة في دعم لبنان وفي مقدمها السعودية والكويت وفرنسا وبعض الصناديق والمؤسسات الدولية.

3 - النقطة الأهم هي عدم توافق المؤسسات الدستورية على البت في العديد من مشاريع القوانين المتوقفة في المجلس النيابي منذ أيام الحكومة "البتراء" ولم يبت بها حتى الآن، وهي أمور ترفع وتيرة غياب القدرة على الإصلاحات من ضمن الموازنة الحالية أو من خارجها، وهذه مسألة تزيد من حال تغليب الطابع الإنفاقي على الموازنة من دون معالجة تفعيل المؤسسات على الرقابة والحد من الهدر.

4 - أبرز نقاط الوضع المالي من داخل الموازنة وخارجها،

وعن طريق سلفات الخزينة لتمويل بعض الاحتياجات والقطاعات. وهذه نقطة أساسية في نفقات العام 2009 ومنها:

- حوالى 300 مليار ليرة بالنسبة لفروقات المفعول الرجعي لسلسلة الرواتب.
- 300 مليار ليرة اتخذت كسلفة لخزينة لكل من هيئة الإغاثة حوالى 200 مليار ليرة، وحوالى 100 مليار ليرة لكل من وزارة المهجرين ومجلس الجنوب.
- تخصيص 300 مليار ليرة أي حوالى 200 مليون دولار مستحقات المتعهدين.
- تخصيص حوالى 150 مليار ليرة لمستحقات المستشفيات والتسويات منذ العام 2004 وحتى العام الماضي.

هذه التعديلات ستزيد النفقات بحوالى الألف مليار ليرة مما يعني أن أرقام النفقات ستزيد بعض الشيء باعتبار أن كلفة دعم الكهرباء خفضت في التعديلات من 1800 مليار ليرة إلى حوالى 1000 مليار ليرة مع تقديرات بأن تكون الكلفة أقل من ذلك باعتبار أن سعر برميل النفط لا يزال دون الكلفة الملحوظة في موازنة الكهرباء والموازنة العامة، وهي على أساس سعر وسطي بحدود 60 دولارا. ويتوقع وزير المالية أن تكون الكلفة دون الألف مليار إذا ما استقرت أسعار النفط على حالها باعتبار أن الكلفة تقاس على المتوسط السنوي للأسعار.

5 - هناك غياب فاضح لموضوع ضبط وإصلاح التقديمات الاجتماعية وضبط الإنفاق ووقف الهدر في النفقات الصحية والتعليمية والشؤون الاجتماعية. هذا الأمر ليس نقصا في الموازنة فقط بل هو أمر يتعلق بتعطيل أية عملية تتعلق بإصلاح أوضاع

14

الضمان الاجتماعي وتقديمات وزارة الصحة وإيصال الخدمات إلى أصحابها ضمن المواصفات اللائقة. إن مجموع ما تدفعه الدولة للتقديمات الصحية والمؤسسات الضامنة يقدر بألف مليار ليرة، ومثلها أو ما يزيد قليلا للتعليم. الآن المشكلة هي في عدم تحسين الخدمات وعدم مكافحة الهدر المتزايد لاسيما على خطى تقديمات الضمان الاجتماعية المتردية والتي يزداد عجزها أكثر من 40 إلى 50 مليار ليرة سنويا لتصل إلى حوالى 180 مليارا للضمان الصحي وحوالى 100 مليار ليرة لفرع التعويضات العائلية.

أكثر من ذلك فإن الموازنة العام 2009 تلحظ حوالى 160 مليار ليرة لمستحقات الضمان عن العام الحالي مع لحظ إمكانية تسويات لمستحقات سابقة تقدر بمئات المليارات، وهو أمر يتعلق بضرورة إصلاح أوضاع الضمان قبل أية خطوة أخرى لجهة تحديد الديون وكشف المكتومين من المؤسسات والأفراد التي من شأنها أن تعزز الإيرادات وتحد من النفقات.

6 - تبقى النقطة الأخيرة في قضية خدمات الكهرباء ومؤسسة كهرباء لبنان التي تحتاج إلى جانب تغطية العجز الذي تراجع من 2000 إلى حوالى 1000 مليار ليرة، إلى قرار سياسي إصلاحي يقضي أولا بأن تعزز المؤسسة إيراداتها بوقف التعديات بمساهمات أمنية من الدولة وقوى الأمر الواقع. هذا بعد التوافق على شكل المؤسسة من حيث تعزيز الإنتاج والحد من الفوارق الكبيرة بين قدرات الإنتاج وكميات الاستهلاك المتزايدة. النقطة الأهم هي في تغطية الدولة للفارق بين أسعار الإنتاج وتعرفة البيع للمستهلك بحيث يذهب الدعم إلى فئات معينة من الناس وهذا

أمر لم يظهر إلا من خلال كلام في الموازنة من الحديث عن آلية التطبيق التي ما زالت خارج المتناول في ظل الشرذمة السياسية الراهنة.

الموازنة من حيث التعريف يفترض أن تتناول التوجهات والتخطيط لسنة أو عدة سنوات مقبلة مع تحديد هوامش وتقديرات النفقات والإيرادات.

وموازنة العام 2009 فيها من تكرار عناوين الإصلاحات التي لم تنفذ في أيام التوافق الفعلي، فكيف مع ابتعاد التوجهات والمصالح والانقسام حتى على نقل منفضة من طاولة مجلس الوزراء؟

الجزء الأول

الهدر والفساد أيهما يعزز الآخر في لبنان؟

تحديد النفقات العامة ووقف التنفيعات
السياسية واستغلال السلطة. . نقاط البداية

لن يكون في مقدور احد في لبنان وخارجه الفصل بين الفساد الاداري والمالي
وبين النظام السياسي. وما لم يتغير اداء النظام السياسي وينعكس تغييرا على
الوضع الاداري، لا يمكن أن تتوافر فرص مكافحة الفساد أو الحد منه وإغلاق
مسارب الهدر.

قد يخلط بعضهم بين الهدر والفساد أو يربط بينهما بشكل كامل، إلا أن
الفساد والإفساد يختلفان كثيرا عن الهدر والإهدار على الرغم من ارتباطهما
من حيث البيئة الادارية ومناخ تعزيز كل واحد منهما.

وإزاء هذا الواقع لا بد من ان يطرق باب الفساد من الباب الاقتصادي وصولا
إلى الأخلاقيات والممارسات الإدارية. باعتبار ان الفساد يتعلق بموضوع المال،
وإنفاق المال بصورة غير مقوننة يستهدف الحصول على مكاسب مالية أو غير
مالية بطريقة غير شرعية أو قانونية، أي بطريقة الاحتيال على الأنظمة
والقوانين أو مخالفتها.

من هنا ضرورة خوض معركة مكافحة الفساد عن طريق

القطاع العام أولا بتحديد دور وحجم هذا القطاع في الاقتصاد الكلي ومحاولة الفصل بين الموظف والمواطن العادي أو المستثمر بشكل عام، لأن علاقة الموظف بالمعاملات في بلد بلا مؤسسات يؤدي إلى تعزيز الفساد الذي يكبر مع تزايد الهدر في المشاريع العامة والخاصة.

ولا يجب ان نغفل موضوع ترشيد النفقات ورسم سياسات الاجور وتحديد سقف حقيقي للانفاق والعجز، وهذا البند يتم بالترافق والتزامن مع اصلاح السياسات المالية، أو اصلاح القضاء ومن ثم اضفاء الشفافية أو المزيد من الشفافية على النظم المالية والضريبية وحسابات المؤسسات العامة والمصالح المستقلة وصولا إلى تعميم الشفافية في مؤسسات القطاع الخاص، وهذا امر اساسي، مع العلم أن العديد من مؤسسات القطاع الخاص فيها من الشفافية أكثر من الوزارات والادارات العامة.

ففي تحديد سقف الانفاق بشكل شفاف يمكن أن يتحدد معدل الهدر السنوي في الموازنات، ومن ثم يمكن أن نصل خلال سنوات محددة إلى وقف الهدر أو الحد منه، ومن خلال ذلك، وعلى طريق تحديد سقف الانفاق، يمكن أن تتم معالجة موضوع الفساد الموجود في النظم وفي بعض الادارات الاساسية التي هي على علاقة بالناس والتي تحتاج معاملاتها إلى تسريع عن خلق «طرق عسكرية» أو طرق مختصرة فيتم شراء الوقت المختصر بالمال الوفير غير المشروع وهذا هو بيت القصيد.

فعلاج نظم الاجور للموظفين تحد من الفساد وقد توقف بعض مسارب الهدر الاساسية، باعتبار أن الموظف عندما يشبع من أجره قد يتورع عن اعتماد الطرق «الملتوية». وهذا لا يعني

غياب الرقابة والمحاسبة غير الموجودة اصلا، واذا وجدت فهي تأتي على شاكلة التركيبة السياسية والسياسات المعتمدة «مرر لي لأمرر لك» وهو اتفاق التبادل المعتمد بين اهل السياسة في السلطات وخارجها وما بينهما، ونعود إلى السؤال الاساسي هل الهدر يعزز الفساد ام انتشار الفساد ينشر الهدر؟ على هذا السؤال يمكن الاجابة بكلام مختصر يحمل بعض المقارنات والمقاربات:

1- الهدر هو كل شيء يتناول الانفاق غير الشرعي أو غير القانوني والذي يأتي بزيادة عن الكلفة الحقيقية لأي مشروع أو لسلطة معينة تتم لمصلحة القطاع العام ويستفيد منها بعض الموظفين وأصحاب المشاريع وتتحمله الخزينة والموازنة وتزاد اكلافها لاحقا في ظل العجز على المديونية العامة. اما الفساد فهو الروحية والطريقة التي اعتمدت لتسهيل الانتفاع لبعض الاشخاص من هذا الهدر اذا كان الامر يتعلق بالمشاريع أو المواصفات والمقاييس أو العقود. وتتحول عمليات الفساد إلى طريقة عمل في ظل غياب المؤسسات والقوانين والشفافية والملاحقة والمحاسبة.

2- الهدر يكمن في سياسات الدعم الزراعية وغيرها والتنفيعات والنفقات الاجتماعية من صحة وتربية، وفي طريقة اعتماد المناقصات بالتراضي والانفاق السياسي للجمعيات والمجالس وغيرها. والفساد هو في تحديد الالتزامات وتحديد المنتفعين من هذه السياسات والتابعين في أكثرهم إلى مرجعيات سياسية وطائفية. فعندما يتم تحديد سقف الانفاق يمكن أن يحدد سقف الهدر، ومن ثم سقف الفاسدين والمفسدين.

واذا كان الهدر يتوقف عند موضوع المال العام والمشاريع العامة، فالفساد يتخطى هذا الواقع إلى استخدام مراكز السلطة واستغلال هذه المراكز لتحقيق مكاسب عن طريق تسهيل عمليات معينة أو فرض «خوات» على مختلف القطاعات في سائر اتحاد المجتمعات.

والفساد يمتد أيضا ليصل إلى حدود بيع المراكز والمناصب من قبل مراكز القوى لأشخاص على اساس اوضاعهم المالية وليس على اساس الكفاءات، وهذا يحصل ضمن الطبقات السياسية في عمليات التوزير وتعيين الفئات الاولى من الموظفين حيث لا يتم الاختيار على اساس كفاءة الموظف وقدراته وولائه لوطنه ولوظيفته وانما يتم على اساس قربه ومنافعه لهذه المراجع السياسية أو ذاك المرجع الطائفي.

فالفساد السياسي يولد الفساد الاداري الذي يعزز هدر المال العام والمصالح الخاصة لحسابات خاصة وشخصية سياسية أو طائفية وهذا الامر لا يعتدل الا بالمباشرة بتخفيض السقوف السياسية والحمائية بقوانين شفافة وواضحة، وهذا امر يفترض تحقيقه من اليوم بعد انتهاء العمليات الانتخابية وقيام مجلس جديد للنواب، هذا مع العلم أن اختيار القسم الاكبر من النواب الجدد لم يتم على اساس البرامج والخطط المستقبلية، باعتبار أن التصويت جاء في مختلف المناطق على اساس الولاء للاشخاص وليس للبرامج. ومع ذلك فإن هذا الواقع الجديد لن يعفي المجلس الجديد والحكومة الجدية من ضرورات الاصلاح الاولي لحفظ مقومات ما تبقى من المؤسسات والدولة.

لقد كان موضوع الفساد في لبنان احد ابرز نقاط اجتماعات

باريس الاخيرة بحضور ممثلين عن الولايات المتحدة وبريطانيا وفرنسا. وهذا يعني أن موضوع المساعدات الاقتصادية الدولية ستكون مرتبطة بشرط مكافحة الفساد.

وهذا الواقع أيضا يقود إلى التنبه من ضرورة الدخول الدولي إلى لبنان من باب الفساد بعدما بدأ تدخل الامم المتحدة والولايات المتحدة وأوروبا من باب القرار 1559 في الشؤون السياسية والحياة السياسية اللبنانية بعد خروج القوات السورية. إن شروط المساعدات الاقتصادية الغربية إلى لبنان تحت شعار مكافحة الفساد قد تصل إلى امور نظم مالية قد لا تتوافق والاوضاع الاقتصادية والمصرفية اللبنانية، وبالتالي فإن التنبه المبكر من قبل اللبنانيين انفسهم، والتركيز على العلاقات الاقتصادية والمساعدات مع الدول العربية سيكون الافضل في ظل صعوبة الشروط الدولية التي سترد تباعا تحت شعار حملة مكافحة الفساد. وإن غدا لناظره قريب.

2005/6/21

55 سؤالا حتى لا يتحول المؤتمرون
«الكبار» إلى «متآمرين» ومسببين للانهيار

يجمع أكثر اطراف الحوار الوطني «صنع في لبنان»، انهم سيبحثون، في المباراة المؤجلة إلى اليوم الاثنين لعودة انطلاق الحوار، في المواضيع التي لاينص عليها الطائف، وهذه مناسبة للتوقف عند قضايا بالجملة من السياسة إلى الاقتصاد والشؤون الاجتماعية والمالية والمعيشية التي لاتقل خطورتها عن الهم السياسي، وهي ليست ضمن الطائف كنصوص ولكنها مأخوذة في الاعتبار كهموم.

إن التصعيد السياسي بات امرا مرفوضا من مختلف الفئات الشعبية، من الهيئات الاقتصادية المهددة بمواقف تصعيدية اذا لم يستو مسار الحوار، وصولا إلى الفئات الفقيرة التي تئن تحت وطأة الهموم المعيشية من دون أي انتباه أو اهمية من قبل ممثلي الشعب والدولة حول خطورة الامور الاقتصادية والحياتية.

وتصادف مرحلة عودة الحوار مع تحضيرات الدولة لاجراء مقايضة على استحقاقات الديون للعام 2006 بالعملات الاجنبية، بما قيمته 2. 6 مليار دولار، ويبدأ استحقاقها اعتبارا من اذار الحالي ونيسان المقبل. هذا في الوقت الذي انجزت فيه الدولة

اول اصدار طويل الاجل بالليرة اللبنانية من فئة خمس وسبع سنوات لحوالى 300 مليار ليرة، لتغطية بعض احتياجات موازنة العام الحالي على القاعدة الاثني عشرية. ومن المرتقب أن تصدر النتائج في الاكتتابات التي تولاها بنك بيبلوس وبنك لبنان والمهجر خلال الشهر الحالي. اما على صعيد عمليات «السواب» أو تمديد الاكتتابات في سندات اليوروبوند، فستنطلق اعتبارا من شهر نيسان المقبل.

إذن المرحلة حرجة هذه المرة، باعتبارها تجمع بين الازمتين السياسية والاقتصادية، بعد تحرك الهيئات الاقتصادية بقوة على خط الضغط على المتحاورين، بالرغم من محاولات السياسيين تعمد التعامي عن كل الهموم غير السياسية، حتى ولو كلفت البلاد انهيارات من انواع اخرى تضرب الرعايا ولاتصيب الكبار.

فالمرحلة على دقتها وتنوع اضرارها المقبلة تفرض طرح أكثر من سؤال حول تعاطي المسؤولين والمتحاورين في الحكم والحكومة والمجلس النيابي ليس من الباب السياسي فقط، وهو امر بات لعبة اقليمية ودولية بامتياز بحكم ولاءات المتبارين على الطاولة، وانما من الباب المتزايد الخطورة على المجتمع اللبناني والأكثر نسيانا، وهو الباب الاقتصادي والمالي والاجتماعي المعيشي، باعتباره المدخل الوحيد والاساسي لكل استقرار، اذ إن الاستقرار الاجتماعي هو ركيزة الاستقرارين الأمني والسياسي وكلاهما مهدد اليوم. فالاسئلة كثيرة نكتفي بـــ55 سؤالا لعناوين مختلفة نرجو أن نجد اجوبة عليها لدى ابطال السياسة اليوم.

25

في السياسة

1- هل أن كل فريق من المتحاورين الكبار أو الصف الاول لديه تقديرات حول مردود الفشل على مستوى البلاد والانعكاسات التي يمكن أن يتركها على مختلف مسارب الحياة لدى اللبنانيين الذين باتوا يتمسكون بحبال الهواء، خوفا على مستقبل اولادهم واستقرارية اسباب الحياة؟

2- هل وضع المتحاورون من الصف الاول أي الكبار، في الحسبان النقاط التي يمكن التوافق حولها في الحدود الدنيا للانطلاق منها، توصلا إلى النقاط الاصعب التي لايملكون التقرير فيها من دون المؤثرات الاقليمية والمحلية والدولية، حتى لايبدأ الحوار بنقاط بعيدة عن متناول المتحاورين الكبار فيتحولون بفعل الضغوط الخارجية إلى ما يشبه «المتآمرين» لاسمح الله لافشال الحوار وامكانية الاتفاق بين اللبنانيين؟

3- هل يعلم المتحاورون من الصف الاول، ولا نشك بقدرات بعضهم على استيعاب الصعوبات والاحاطة بالنتائج، أن مجرد التأجيل فقط كما حصل في الاسبوع الماضي بسبب المناكفات والتصريحات من الداخل والخارج، ادى إلى ضرب الحركة إلى شلل في الحياة اليومية العادية، لأن البلاد لم تعد قادرة على تحمل الحدود الدنيا من مجرد حالة الحذر؟

4- هل يعلم المتحاورون الكبار، أي الصف الاول في مدرسة المتحاورين، أن المواطن لم يعد يصدق أن مجرد تصريح من هنا وكلام من هناك يعطل حوارا على مستوى الوطن، تتعلق بنتائجه مصائر البلاد ومستقبلها ومستقبل المواطنين؟

5- هل بات محسوما لدى المتحاورين أن المهم هو التوصل إلى نتائج ايجابية بالحد الأدنى الذي يجلب الحد الاقصى، بعيدا عن الحسابات الضيقة أو تحقيق المكاسب للتبعيات المتصارعة على الحلبة الدولية والاقليمية، بما يعيد الثقة إلى الطبقات الشعبية بامكانية نجاح الحوار على طريقة «صنع في لبنان»، وهو شعار اطلقه الرئيس السابق لجمعية الصناعيين تدليلا على جودة ونوعية ومتانة المنتجات اللبنانية وقدرتها على منافسة جودة الصناعات الاجنبية والعربية داخل لبنان وخارجه؟

6- هل استشعر المتحاورون الكبار، أي الصف الاول والثاني، أو المدرسة بكاملها، نبض الشارع الذي تخلص من بعض تشنجه مع انطلاق الحوار وعاد إلى توتره مع مجرد الاعلان عن التعليق ولو لعدة ايام، باعتبار أن هذا الحوار بات الامل شبه الاخير لترتيب اوضاع الحياة السياسية في لبنان؟

7- بمعزل عن المواضيع الشائكة المتعلقة بتطبيق القرار 1559 وبموضوع مزارع شبعا ولبنانيتها، وعلاقة ذلك بسلاح المقاومة، وقبل كل ذلك قضية «السلم بالعرض» الذي يحمله رئيس الجمهورية اميل لحود الغائب عن الدور والفعل والحاضر بالتصريحات التي تذكرنا بوجوده بين الحين والآخر. .

. هل وضع الاطراف المتحاورون الكبار، أي الصف الاول، تقديرات على اساس نظرية النسبية، إلى أي مدى يمكن لكل فريق التنازل عن مكاسبه السياسية وغير السياسية لانجاح الحوار، أو عن خسائره في حال مساهمته في الفشل والافشال، وبالتاكيد فإن الخسارة ستكون كبيرة على الجميع وخصوصا على الطبقات الفقيرة،

والنتيجة التي تشكل العمود الفقري لزعامة السياسيين المتحاورين باسمهم؟

8- نعرف، ويعرف المتحاورون أن مصداقية القيادات اللبنانية من الصف الاول، وكل صفوف المدرسة الحوارية، على المحك تجاه المجتمع الدولي والعربي من المؤمنين بمساعدة لبنان، فكيف ستكون الصورة لهؤلاء تجاه سفراء حكام هذه الدول في حال الفشل أو الخروج بالحدود الدنيا من القدرة على التفاهم. بالتأكيد فإن تصنيف لبنان السياسي الخارجي سيكون متدنيا أو تحت الصفر اسوة بالنمو الاقتصادي والتصنيف الائتماني لديون الدولة اللبنانية المتنامية، بفعل المناكفات السياسية، بشكل يهدد وحده، وفي حال التوافق، الاستقرارين الاقتصادي والاجتماعي وانسحابا السياسي والامني؟

في خلاصة القسم السياسي من الاسئلة يمكن تذكير المؤتمرين في مدرسة الحوار أن هناك ما يسمى الاتفاق على الاختلاف في المدارس الديموقراطية، ولكن هذه المدرسة يصعب التسليم بها في لبنان بسبب غياب البرامج والاحزاب الفعلية من جهة، ولتحول الاحزاب والقوى السياسية الاساسية إلى عمل طوائف ومذاهب أكثر منها إلى الاعمال السياسية والوطنية بالمعنى الحيادي للكلمة.

على الصعيد الاقتصادي والمالي؟

اذا كان الوضع السياسي هو المهيمن على مقدرات البلاد نتيجة التوترات والخلافات الحاصلة، بانتظار نتائج الحوار المسمى

وطنيا حتى اشعار اخر، فإن الاسئلة الاقتصادية والاجتماعية والمعيشية فيها من كميات القلق والحذر والازمات الحاصلة والاتية، ما يجبر هؤلاء المتحاورين للتنبه إلى حجم المسؤولية التي تنتظرهم، بعد انقشاع الغبار السياسي في حالات الاتفاق الكلي أو الجزئي أو الفشل الكلي أو الجزئي.

9- السؤال التاسع في المجموع، والاول في القضايا الاقتصادية والاجتماعية هو: هل يعرف المؤتمرون حول طاولة الحوار، وهم يعرفون بالتأكيد كما يعرف بسطاء المتعاطين بالشأن العام والخاص، أنه «لا استثمار بدون استقرار» بمعنى الاستقرار السياسي والامني والاجتماعي؟

10- وهل يعرف هولاء، انه في حال عدم تدفق الاستثمارات إلى لبنان تتقلص امكانية تحقيق النمو الاقتصادي بتقلص امكانية تكبير الاقتصاد، فتتراجع قدرات الاقتصاد اللبناني عن امكانية استعادة اسواقها ودورها في المحيط؟

11- وهل شعر هؤلاء المسؤولون والمتحاورون بوجع الهيئات والقطاعات الاقتصادية، والتحرك الواسع للصناعيين والتجار وحتى القطاع المصرفي، سعيا وراء عدم فشل الحوار، تلافيا لمزيد من الازمات التي يمكن أن تذهب بمستقبل مئات بل الاف المؤسسات العاجزة عن تلبية تسديد متوجباتها، وتنذر الاف العمال بالصرف أو الاقفال؟

12- هل تصل مواقف الهيئات الاقتصادية إلى حد تحريض القطاع المصرفي بوقف تسليفاته للدولة، وبالتالي التوقف عن الاكتتابات بسندات الخزينة كعنصر ضغط على المسؤولين في الحوار الوطني لتهدئة الاجواء، التي باتت تنذر بكوارث على

صعيد القطاعين العام والخاص من جراء نمو المديونية من جهة، وتراجع قدرات معظم القطاعات على الاستمرار من جهة ثانية؟

13- هل يعرف المتحاورون في الصف الاول وباقي صفوف المدرسة، ومن داخل السلطة والحكم وخارجه، ماذا يعني نمو الدين العام الذي تخطى من دون المستحقات 38. 6 مليار دولار حتى نهاية كانون الثاني، بنمو نسبته حوالى 10 في المئة على صعيد سنوي، وهي من اعلى النسب، وهي من اكبر نسب النمو في الدين منذ سنوات؟

14- وهل يعرف هؤلاء المتحاورون ثمن التأخر في مقاربة الهموم المالية والاصلاحية في الحوار الوطني، ومعنى تأخر البت في المشاريع التي من شأنها أن تساعد في تسهيل عملية الاستقرارين المالي والاقتصادي، بارسال اشارات إلى الخارج تخفض من كلفة مخاطر الدين على لبنان؟

15- هل يمكن لأي مسؤول حواري من المتلاعبين بمصير البلاد والعباد، أن يدلنا على حقيقة نسبة غلاءات المعيشة التي تعرض لها الموظف والعامل، وليس العاطل عن العمل، وكيف السبيل إلى تأمين احتياجات عائلته الضرورية (علما أن الدراسة الاخيرة تشير إلى أن الحد الأدنى يجب ان يكون 960 الف ليرة لعائلة من اربعة اشخاص لتلبية الضروريات)؟

16- هل تنبه المسؤولون في السلطة ومن على جوانبها، إلى ان كبار المستثمرين اللبنانيين يقيمون مشاريع خارج لبنان مع شركات اجنبية وعربية، نتيجة عدم اقرار الاصلاحات التشريعية والتسهيلات اللازمة لقيام الاستثمارات؟

17- هل يعرف أي من المسؤولين المختلفين والمتخلفين عن

التخطيط حتى، أن نظرة الخارج إلى لبنان هي أنه يشكل افضل الاسواق الناشئة في حال تكرس الاستقرار فيه، باعتراف العديد من الصناديق والمنظمات الدولية والعربية في القطاعين العام والخاص العالميين؟

18- هل يعرف المتحاورون في الحكومة وخارجها أن لبنان خسر العام الماضي من حركته السياحية، وإن كان العام 2005 العام الاسوأ، أكثر من 39 في المئة، وليس 10. 8 في المئة كما يروج اصحاب العلاقة من الرسميين، لان النمو المنتظر كان أكثر من20 في المئة للعام 2005، لولا كارثة اغتيال الرئيس الشهيد رفيق الحريري؟

19- هل يشعر المتحاورون والمسؤولون من الصف الاول والاخير، بمدى سلبيات الانعكاسات على لبنان وماليته العامة لعدم اقرار الموازنة العامة للبلاد للسنة الثانية على التوالي في موعدها القانوني والدستوري؟

20- وهل تم التعرف من قبل ابطال الحوار الوطني على المعنى السياسي قبل الاقتصادي الذي يكونه بعض المستثمرين، عن دولة تعجز لسنوات عن اعداد موازنتها واصلاحاتها، وهي تحضر لمؤتمر دولي تطلب بموجبه مساعدات وهبات بحوالى 7. 2 مليار دولار، للمباشرة بعملية خفض كلفة الدين العام، انطلاقا من تخفيض كلفة الفوائد باستبدالها من فوائد قصيرة ومرتفعة إلى فوائد طويلة الاجل ومخفضة، الامر الذي يساعد على تقليص العجز في الموازنة باعتبار أن كلفة الدين العام تشكل 47 في المئة من النفقات، أي نصف الانفاق تقريبا؟

21- هل تعرف المتحاورون أو حاولوا التعرف، على مدى

خسارة لبنان من عدم تدفق الرساميل العربية والخليجية بفعل التلاعب الموتور والمتوتر بمصير البلاد وبنشر الاجواء غير المستقرة؟

22- وهل يعرف أصدقاؤنا الاعزاء على طاولة الحوار، أن لبنان كان في مقدمة الدول المستقبلة للاستثمارات البينية بين الدول العربية خلال السنوات القليلة الماضية إلى جانب السعودية ومصر، وهو اليوم تراجع بفعل حال عدم الاستقرار السياسي والاجواء التي يفرضها الاداء السياسي داخل الحكم وخارجه؟

23- هل فهم المسؤولون في الحكم والحكومة وخارجهما والقائمون على الطوائف، أن لبنان كان يفترض أن يضاعف الرساميل الوافدة إليه من جراء الفورة النفطية، بما يؤمن سنويا 20 ألف فرصة عمل في القطاعات السياحية والصناعية والخدماتية؟

في الوضع الاجتماعي والمعيشي

طبيعي أن يكون الهم الحياتي والمعيشي من اولويات اهتمامات القائمين على امور البلاد لاسيما رجال الدولة، هذا في بلاد العالم السوي وليس لدى المسؤولين في لبنان من سوء حظ الشعب اللبناني. وطبيعي أيضا أن يكون الضمان الاجتماعي في راس اولويات السهر على تطوير التقديمات الصحية والاجتماعية، وليس على نشر الذعر عند اصحاب المداخيل الصغيرة والمتوسطة وتهديدهم بامكانية وقف التقديمات الصحية والتعويضات العائلية. وهنا تبرز اسئلة لابد منها:

24- هل اتفق المتحاورون في الصف الثاني قبل الاول، على صيغة اصلاح الصندوق الوطني للضمان الاجتماعي، بحيث

تتحسن التقديمات للمضمونين وتخف الاعباء عن اصحاب العمل والاجراء لخلق مزيد من فرص العمل؟

25- هل توافق المسؤولون والمتحاورون واتباعهم في الحكومة والمجلس النيابي، على الحد الأدنى من صيغ تعديل قانون الضمان الاجتماعي، لجهة الحد من الهدر والزربان على تركيبات مجلس الادارة والاجهزة الادارية واجهزة الرقابة؟

26- كيف يمكن الحديث عن اصلاحات الصندوق وبعض المؤسسات المشابهة، اذا كان وزير الوصاية يرفض تعديلات وضعتها اللجنة الوزارية التي هو عضو فيها، ولجنة خبراء يفترض أن تكون على علم باوضاع الصندوق، وكيف يمكن لاصلاح أن ينطلق اذا ما كانت الحركة النقابية في لبنان تستخدم لرفض مشاريع الاصلاح للصندوق من دون أن تناقشها، وهي تستخدم لرفض سياسي وليس انطلاقا من حرصها على الصندوق الذي يعاني العجز بمئات المليارات سنويا؟

27- هل يأخذ المتحاورون، عند الانغماس بالهم السياسي، في الاعتبار حقيقة أن نسبة البطالة تزداد شهريا وليس سنويا، بسبب حال الحذر والجمود الاقتصادي الناتج عن التوتر وعدم الاستقرار وسوء الاداء السياسي والأمني والجمود الحكومي، نتيجة الانشقاقات حول الحق والاتفاق على الباطل؟

28- هل يعرف المتحاورون والمسؤولون في الحكم والحكومة والمعارضة والموالاة داخل المجلس النيابي وخارجه، أن تراجع المؤشرات الاقتصادية والمعيشية سببها هذا الاداء السياسي على مستوى الوطن؟

29- وهل يقدر المتحاورون من مختلف الاتجاهات، أن

الركود التجاري الحاصل بسبب تراجع القدرة الشرائية للأسر بنسبة 33 في المئة منذ عشر سنوات نتيجة عدم تصحيح الاجور في القطاعين العام والخاص منذ العام 1996، يرفع من مستويات الفقر وفقدان فرص العمل امام الكفاءات التي تلجأ إلى الهجرة بتزايد سنوي؟

30- هل يعلم المتحاورون في الحكومة والمجلس النيابي وخارجهما، أن غالبية الشباب من أناث وذكور، وأشدد على كلمة الإناث، يبحثون عن فرص العمل خارج لبنان وبنسب تتخطى 50 في المئة من خريجي الجامعات واصحاب المهن، وأن الاقتصاد اللبناني بات اليوم يقوم على عنصر اول هو تحويلات اموال المهاجرين الذين يرفدون لبنان سنويا، بما يقارب الخمسة مليارات دولار، وان هذه الشريحة هي التي تساعد على تأخير الانفجار الاجتماعي الداخلي منذ فترة؟

31- هل يتذكر بعض المتحاورين من الحزبيين تحديدا، باعتبارهم الاقدر على فهم الفئات المختلفة، أن هجرة المرأة في لبنان أو البنت إلى الخارج كانت تتم في اغلب الاحيان للدراسة فقط، وكانت تصطحبها خالتها أو والدتها أو احد أفراد عائلتها، وهذه الظاهرة انقلبت اليوم إلى هجرة واسعة للمرأة للعمل خارج البلاد لعدم توافر الفرص في الداخل، ولمساعدة العائلات العاجزة عن تأمين الكسب المقبول للحياة الكريمة، مع ما يعني هذا النوع من الهجرة من انقلاب في التقاليد والتأثير على سمعة الفتاة اللبنانية المهاجرة؟

32- هل يعرف المتحاورون بادائهم المستمر في تحصين المواقع لحساب المصالح المختلفة، أن نسبة الاناث المهاجرات

قياسا إلى حجم المهاجرين باتت تتخطى 35 في المئة طلبا للعمل، وهذه ظاهرة لم تشهدها البلاد حتى في ظل الحروب الاهلية منذ العام 1975 وحتى اليوم؟

33- هل يعرف المسؤولون أن حالات الترك المبكر من العمل من المضمونين لدى صندوق الضمان، تشكل أكثر من 60 في المئة من حالات تصفية تعويضات نهاية الخدمة، اذ من اصل حوالى 17900 الف مضمون تركوا العمل، بلغت حالات الترك المبكر أكثر من 12 ألف مضمون سنويا؟ وهل يحسن المتحاورون تحليل الرقم الخاص بالترك المبكر من قبل الأجراء المضمونين، فالترك المبكر يعني تصفية تعويضات نهاية الخدمة قبل استحقاقها من قبل الاجير، أي قبل انهاء 20 سنة خدمة أو بلوغ السن. ويعني ذلك ان هذه التصفية تتم من قبل عناصر الشباب، إما بسبب تعرضهم للصرف من الخدمة، وإما بسبب الهجرة وترك البلاد للعمل في الخارج، وإما لسبب اجتماعي ومعيشي اضطر هذا الاجير لتصفية تعويضه بخسارة مابين 50 إلى 25 في المئة لتسديد متوجبات لا يستطيع تلبيتها من راتبه، فهل توصل مسؤولو الحوار إلى استنتاجات ومقاربة لهذه المعضلات الخطيرة لمناقشتها والاختلاف على الحلول الانجع لها؟

34- هل يعرف اركان الحوار في وزارة العمل ووزارة المالية و«سلطة الوصاية» تحديدا، أن التقديمات الصحية والاستشفائية للمضمونين في المؤسسات تدفع بعد ثمانية اشهر وأكثر أحيانا، بعدما تكون فقدت قيمتها الفعلية؟

35- هل هناك من يسأل في الحوار الوطني عن الدستور وتطبيقه على صعيد الوظيفة العامة لما دون الفئات الاولى

الخاضعة للمحاصصة الطائفية، التي تضرب المؤسسات وتعطلها مع كل خلافات سياسية بين المرجعيات؟

36- هل يعرف متحاورو «صنع في لبنان» على تنوعهم الثقافي، أن لبنان يحتاج إلى أكثر من 60 ألف فرصة عمل سنويا، لا يتوافر منها سوى 12 إلى 16 ألف فرصة وفي قطاعات هامشية حسب احصاءات المسجلين والداخلين حديثا لصندوق الضمان، باعتبار أن القطاع الاهم في البلاد هو القطاع الصناعي من حيث التوظيفات، وهو يشكو سوء التصدير وسوء الاستثمارات التي لا تنمو الا مصادفة، ومن قبل لبنانيين ما زالوا يؤمنون بامكانية الشعب اللبناني وقدراته؟

37- هل في مقدور أي من العباقرة المتحاورين من المسؤولين والضالعين في الاقتصاد والسياسة، أن يعطينا رقما محددا ونهائيا لحجم موظفي القطاع العام، واين يتمركز حشو التنفيعات السياسية على حساب ابعاد الكفاءات من الشباب غير المنتمي لاي من الاحزاب والطوائف؟

38- هل سمع هؤلاء القائمون على مصير الامة والبلاد والعباد بأنه لا استثمار في لبنان من دون استقرار، بما يضمن تشجيع الشباب اللبناني على اكمال حياته الطبيعية بالحدود الدنيا من الطموح، باعتبار أن العديد من المشاريع التي كانت متوجهة إلى لبنان غيرت مطار هبوطها وأخرت تنفيذ مشاريعها، بانتظار أن يجد اللبنانيون ضالتهم في تأمين الارضية المقبولة ولو باستقرار مرحلي وفي القضايا التي تطمئن المستثمر العارف بلبنان من العرب وغير المقيمين؟

39- هل تبادر إلى مسامع المسؤولين من المتحاورين من

اركان الدولة وخارجها، دراسة النتائج الحاصلة على المجتمع وعلى التجار وعلى المؤسسات التي تلجأ إلى صرف العمال لضمان استمراريتها لفترات اطول، نتيجة التردي الذي تعيشه المناطق؟

40- هل يعلم اركان الحوار الغيارى على المصالح العامة للمناطق النائية والمحرومة من الشمال إلى الجنوب مرورا باقليم الخروب والبقاع، أن المناطق كلها وأكثر عواصم المحافظات تتحول يوميا إلى مدن اشباح في فترات ما بعد الظهر، لعدم وجود ملامح الحياة الاقتصادية بسبب التردد في تنفيذ أو توسيع أي من المشاريع الداخلية لهذه المناطق وغيرها؟

41- هل يعرف هؤلاء أن الشيكات المرتجعة نتيجة تدهور الظروف التجارية وعجز المؤسسات، زادت أكثر من 10. 8 في المئة في العام الماضي على الرغم من التدابير المصرفية والملاحقات، وأن قيمة هذه الشيكات فاق 1190 مليار ليرة، أي بمعدل 3. 3 مليارات ليرة يوميا؟ وهي زادت خلال الشهرين الاولين من العام الحالي بنسبة 8. 22 في المئة.

42- هل يعرف أو يحاول أن يعرف أي من المتحاورين والمسؤولين في الحكم والمجلس النيابي، ان 74. 3 في المئة من الاسر يقل دخلها الشهري عن المليون و500 ألف ليرة شهريا، وهو الدخل الأدنى المطلوب لتأمين حاجات اسرة وسطية من خمسة افراد وعلى الضروريات فقط؟

43- وهل سيتوصل المتحاورون إلى معرفة ومناقشة الرقم الاخطر وهو أن 39. 8 في المئة من الاسر تعيش تحت دخل الــ800 ألف ليرة شهريا، وان أكثر من 44 في المئة منها مدينة، وهي تصنف ضمن حال الفقر الشديد؟

44- هل يستطيع بعض المتحاورين أن يشرح مدى انعكاس انعدام النمو الاقتصادي إلى حدود الصفر مقابل نمو الدين العام بنسبة تقارب الـ 10 في المئة، علما أن المطلوب هو نمو الاقتصاد وتراجع نمو الدين العام؟

45- كيف يفسر القائمون على امور الحوار و البلاد والعباد، اغفال تفعيل الضمان الاختياري للمسنين المتوقف منذ اشهر بسبب العجز المالي؟

46- هل يشعر المتحاورون أن القسم الاكبر من العائلات والمواطنين من غير المستفيدين، اصبحوا يتهربون من سماع أو قراءة تصريحات المسؤولين والسياسيين، وكذلك التهرب من اشكالهم على الشاشات، نتيجة الانقسام غير الوطني الواضح، وأن الناس أصبحت في واد والقائمين على البلاد في واد آخر؟ هل شعر هؤلاء خلال الايام الاخيرة بأنهم كشفوا أن البلاد ليس فيها رجال دولة قياسا إلى سنوات ما بعد الاستقلال؟

47- هل درس بعض هؤلاء من «تجار الطوائف والمذاهب»، وضعية الاسواق التجارية والصناعية اللبنانية، وبمعنى اصح وضعية الاسواق والديون المشكوك بتحصيلها على التجار والمؤسسات، والتي تزداد سنويا نتيجة حال العجز والشلل والحذر والترقب، وأن هذه الديون تخطت حتى نهاية الشهر الاول من العام الحالي ما قيمته 3. 8 مليارات دولار، مع الفوائد المتراكمة نتيجة عدم القدرة على السداد من قبل آلاف المدنيين؟

48- هل تنبه اهل الحوار من الغيارى على سمعة الدولة اللبنانية وماليتها العامة، مدى كلفة المخاطر على الدين العام وعلى المتوجبات المقبلة، وهي تقارب 6. 6 مليارات دولار بين

ديون داخلية وسندات بالعملات الاجنبية يوروبوند، وأن تأمين تمديد هذه الديون بشروط وفوائد افضل يتطلب اجواء سياسية مشجعة للقطاعات والمتعاملين المعنيين؟

49- هل شعر هؤلاء المتحاورون، بأن لبنان المحتاج دوما إلى المساعدات والدعم من الدول الشقيقة والصديقة، بدأ يفقد مصداقيته مع فقدان فرصة انعقاد المؤتمر الدولي وشروعه بالاصلاحات الضرورية لاستعادة مكانته على الخريطة، وأن مجرد البحث في الورقة اللبنانية لم يبدأ في الداخل بعدما قطع شوطا مع ممثلي الدول المانحة، وأن التأخير يساعد على تراجع اهتمامات الدول العربية قبل الاجنبية؟

50- هل بدأ القائمون والمعنيون بدرس سبل اقفال ابواب قرارات التحكيم المفتوحة على الدولة، باستعجال التسويات مع شركتي الخلوي اولا، وتسديد ديون موردي النفط ثانيا، اضافة إلى المستحقات الاخرى التي ترفع الدين العام وتزيد عجز الموازنة هذا العام، وكذلك السعي للحد من امكانية تنفيذ قرارات التحكيم على الدولة بالخارج مما يسيء لسمعة لبنان؟

51- هل يشعر المتحاورون والمسؤولون أيضا، بأن هناك مشاريع بالجملة متوقفة بانتظار جلاء الغيوم السياسية، وأن عقارات بالجملة اشترتها مؤسسات ومجموعات عربية ومحلية لانشاء مشاريع عليها يمكن أن تحسن صورة البلد وتجذب الاستثمارات المشتركة؟

52- هل يشعر الوزراء وبعض المسؤولين الذين يساهمون بقرارات التصعيد السياسي، بأنهم يعطلون المؤسسات ويزيدون الفوضى والشلل في الادارات، ويعززون مكانة الرشى واستغلال

المواطنين والمراجعين من قبل العديد من الموظفين لانجاز معاملاتهم، نتيجة غياب الاداء الوزاري؟

53- هل يعرف هؤلاء من مختلف الفئات السياسية، وفي اطار بحث العلاقات اللبنانية السورية، أن الحركة البينية في التجارة بين لبنان وسوريا تراجعت على صعيد انتقال الاشخاص والتبضع بين البلدين، في حين بقيت سوريا أول المستوردين من الانتاج اللبناني بما يوازي 173 مليون دولار في العام 2005، مقابل صادرات باتجاه لبنان بما يوازي 175 مليون دولار، وأن العديد من المصانع والمؤسسات اللبنانية طورت نفسها لتلبية احتياجات السوقين السورية والعراقية، وهما طليعة المستوردين من لبنان إلى جانب السعودية والامارات العربية؟

54- كيف يفسر هؤلاء المتحاورون أن الودائع المصرفية التي كانت تنمو بنسبة 12. 7 في المئة، لم تزد خلال العام الماضي سوى 3. 7 في المئة، مما يعني ان هذه الودائع تراجعت ولم تزد بفعل التوترات السياسية، فلو احتسبنا الفوائد على حجم الودائع 56. 9 مليار دولار في نهاية العام 2005، والتي يفترض أن يكون متوسطها بحدود 9 في المئة بين ليرة ودولار، لكانت نسبة النمو بحدود معدلات الفوائد على الاقل؟

55- اخيرا لقد استطاع مصرف لبنان والمصارف الخروج من سلسلة ازمات ومحطات حرجة على صعيد ضمان الاستقرار النقدي من خلال هندسات طويلة ومرهقة ومكلفة، فهل شعر المسؤولون والمتحاورون بمعنى عودة ارتفاع نسبة الدولرة في الودائع إلى حدود 73. 2 في المئة مع نهاية الشهر الماضي، بعدما كانت تراجعت إلى حدود 70 في المئة قبل نهاية العام 2005؟

40

في المحصلة إن الازمة السياسية كبيرة، ولكن هناك ازمات اخرى قد تصبح في عدم تنبه المسؤولين داخل الحوار، اخطر وأدهى كونها تطاول كل فئات الشعب من عمال واصحاب عمل وطلاب وعاطلين عن العمل، كما تطاول مالية الدولة التي تحتاج وحدها حوارا على مستوى الوطن، ولكن من دون وصايات وغايات ضيقة.

الاسئلة كثيرة فهل من مجيب رحمة بالوطن والمواطن الذي نصب هؤلاء الزعماء؟

2006/3/13

آليات للإفادة من نتائج باريس 3

بدأت الدولة تحضر نفسها لتسديد القسم الاول من استحقاقات العام 2007 بما قيمته حوالى المليار دولار، وقد بوشرت التحضيرات لاصدار بقيمة قد لا تتجاوز 400 مليون دولار، باعتبار أن قسما من المساعدات التي وردت، أو سترد إلى الدولة من باريس 3، وما قبل، تقدر بحوالى 700 مليون دولار، وهي مبالغ يمكن استخدامها، حسب مصادر مصرفية، باستبدال ما يوازيها من قيمة الاستحقاقات، وبالتالي يتم تأمين التجديد والتسديد للمبلغ المستحق، وقدره حوالى المليار دولار، اضافة إلى حوالى 100 مليون دولار تستحق خلال تموزالمقبل .

وكانت عقدت خلال الاسبوع الماضي اجتماعات بين المسؤولين في الحكومة والمصارف اللبنانية، خصصت لمناقشة سبل مساهمة القطاع المصرفي في تجديد الاكتتاب بسندات اليوروبوند المستحق، باعتبار أن القسم الاكبر من السندات يحملها القطاع المصرفي اللبناني وبفوائد معدلها حوالى8.5 في المئة. وعلم في هذا الاطار أن القانون الذي يسمح للدولة في الاصدارات الجديدة كان استهلك معظم المبالغ وقدرها حوالى الملياري دولار منذ العام الماضي وما قبله. ونظرا لعدم وجود موازنات منذ العام 2005 وحتى اليوم، فإن الانفاق على القاعدة

الاثني عشرية يحصر الاصدارات بتامين تغطية احتياجات الموازنة والخزينة بالعملات المحلية وفي حدود عجز الموازنة. الا أن المبالغ المستحقة من العملات الاجنبية يمكن تغطيتها بإصدارات جديدة ضمن المهلة التي ينص عليها القانون الصادر في العام 2004، وهو حصر المبلغ بحدود الملياري دولار. اشارة إلى أن القانون المذكور يسمح للدولة اللبنانية اصدار سندات يورو بوند جديدة ضمن حدود الملياري دولار ضمن استحقاقات على 30 سنة، بمعنى اجراء اصدار جديد بحدود المبالغ المستحقة دون الملياري دولار. وحسب القانون فأنه مازال بإمكان الحكومة الافادة من اصدار بدل المستحقات لغاية 15 سنة جديدة تبعا لآجال السندات التي تستحق تباعا، وهو ما ستحاول وزارة المالية الافادة منه.

وزير المالية جهاد ازعور اكد، ردا على سؤال، أن الدولة لم تحدد بعد موعد الاصدار الجديد لتغطية الاستحقاق خلال شهر شباط، مشيرا إلى انه لا يوجد ما يقلق على هذا الصعيد، وبالتالي ليس هناك من شيء داهم في هذا الخصوص.

وعلم أيضا أن قضية الاصدارات الجديدة، أو اجراء عملية سواب على المبالغ المستحقة مع القطاع المصرفي، قد لا تكون بذات الشروط باعتبار أن اسعار الفوائد ارتفعت عن فترة الاصدارات السابقة، وأن الكلفة الجديدة قد تكون اكبر في حال اجراء عمليات جديدة، وهذا ما تحاول الدولة تلافيه، بالاعتماد على وصول المساعدات والهبات من باريس 3، والمقدرة خلال هذا العام بحوالى 7 .1 مليار دولار، وحسب توقعات وزارة المالية القسم الاكبر منها لاستبدال جزء من الدين العام، وبفوائد

مقبولة توازي اسعار الفوائد في الدول المانحة، وهي مبالغ توفر حوالى 800 مليون دولار من كلفة الدين استنادا لتقديرات المصارف.

من جهته وزير المالية لايرى اية مشكلة بالنسبة لتأمين قيمة الاستحقاقات الراهنة وكذلك بالنسبة لاستحقاقات سندات الخزينة بالليرة اللبنانية، باعتبار أن السيولة المتوافرة لدى القطاع المصرفي وحصته من هذه السندات المستحقة، ليست كبيرة جدا، وهي كانت اكبر في العام الماضي والذي سبقه. اشارة إلى أن حجم الاستحقاقات الداخلية بالليرة اللبنانية تقدر بحوالى 10400 مليار ليرة منها حوالى 3000 مليار ليرة يحملها مصرف لبنان في محفظته البالغة حاليا حوالى 8500 مليار ليرة، بما يقارب حوالى 30 في المئة من قيم السندات أو الدين بالليرة اللبنانية، مقابل حوالى 56.3 في المئة للقطاع المصرفي وحوالى 10.5 في المئة للمؤسسات العامة وابرزها الضمان الاجتماعي ومؤسسة ضمان الودائع، في حين لا تزيد حصة الجمهور عن 2.5 إلى 2.6 في المئة.

ويؤكد وزير المالية أن ما يشغله ليس تجديد الاستحقاقات وتمويل احتياجات الموازنة، وانما ما يشغله هو عجز الكهرباء الذي لا يمكن أن تتم معالجته على سنتين أو ثلاث سنوات، باعتبار أن العجز وتمويله يشكلان عبئا على الخزينة، ولا يمكن تحقيق التوازن فيه على المدى القريب، نتيجة الخلل المتزايد. اشارة إلى أن مؤسسة كهرباء لبنان انجزت مشروع موازنتها للعام 2007 الذي يصل عجزه المقدر إلى أكثر من 800 مليون دولار هذا العام، حسب تقديرات الكهرباء، على معدلات جباية تقارب

1115 مليار ليرة، وهو ما لم يتحقق خلال العام الماضي، بسبب تراجع الجباية نتيجة الحرب الاسرائيلية المدمرة على لبنان التي خفضت عائدات الكهرباء بأكثر من 30 في المئة منذ تموز وحتى اليوم، وهو امر مرجح للاستمرار نتيجة الدمار وضياع السلطة وتراجع القدرة على مكافحة المخالفات.

سيناريوهات المالية لتقليصكلفة الدين بالاستناد إلى باريس 3

تعمل وزارة المالية مع وفود المؤسسات الدولية والقطاع المصرفي اللبناني على الافادة من المبالغ المرتقبة من باريس 3، والتي سيصل بعضها خلال النصف الاول من العام، وخصوصا 400 مليون دولار من البنك الدولي وحوالى 300 مليون دولار من الامارات، اضافة إلى حوالى 400 إلى 500 مليون دولار من السعودية، وكذلك جزء من الصندوق العربي. اضافة إلى المساهمة من فرنسا، باعتبار أن هذه المساهمة تحتاج إلى موافقة البرلمان الفرنسي، وقدرها 500 مليون يورو، كونها ستأتي عن طريق وكالة التنمية الفرنسية. كذلك هو الوضع بالنسبة للمساهمة الاميركية التي تحتاج إلى موافقة الكونغرس الاميركي، وهذه المساعدات قد تتأخر أكثر من المساهمات الاخرى الواردة من الدول العربية والصناديق التي تقررها الادارات والحكومات فقط.

وتعمل الحكومة ووزارة المالية من خلال التنسيق مع المؤسسات على محاولة إراحة السوق، باستعجال الاموال الواردة إلى القطاع الخاص من البنك الاوروبي والصندوق العربي ومؤسسة التمويل الدولية والوكالة الفرنسية واوبك، باعتبار أن هذه

القروض تساهم في تحريك العجلة الاقتصادية، وهي تحتاج إلى مبادرات من الدولة اللبنانية لزيادة مروحة القروض المدعومة الفوائد للقطاعات الانتاجية، وهذه من الهندسات التي تبحثها وزارة المالية اليوم مع الوفود التي تزور لبنان منذ باريس 3. وتشير مصادر وزارة المالية إلى أن الهدف هو توزيع المخاطر وتوسيعها من خلال تحويل الديون القصيرة إلى ديون اطول بكلفة اقل وهو امر متاح من خلال بعض المساهمات والهندسات الاضافية وترجمة نتائج مؤتمر باريس 3 من خلال التنسيق مع السلطات النقدية.

وعلم في هذا المجال أيضا أن لبنان يسعى للحصول على مجموعة أو سلة مساهمات من الصناديق العربية التي ستجتمع في بيروت في نيسان المقبل لتفعيل أداء الهندسات المالية، بما يساعد على تفعيل القطاع الخاص ومساعدة الدولة على آلية تقليص كلفة الدين العام، من خلال القروض الطويلة بالفوائد المتدنية.

اشارة أيضا إلى أن بعثة من صندوق النقد الدولي تصل إلى بيروت هذا الاسبوع للاجتماع مع المسؤولين في المالية والمؤسسات العامة، لاسيما الكهرباء والادارات المكلفة، للبحث في نتائج الاداء المرتقب لتحسين وضعية المالية العامة، ومباشرة خطوات الاصلاح التي لا تحتاج إلى تشريعات وقرارات وقوانين، بانتظار أن تعالج النقاط السياسية التي تعطل المؤسسات العامة وعمل الادارات.

وتؤكد مصادر مقربة من صندوق النقد أن بعثة الصندوق ستركز على المسار العام للمديونية العامة وسبل تخفيض كلفتها والهندسات المعتمدة من قبل مصرف لبنان والمصارف في تمويل احتياجات الدولة من دون التأثير على مستوى ربحية ومناعة القطاع المصرفي. كما ستبحث البعثة في نتائج أداء القطاعات الانتاجية

والديون الاقتصادية من المصارف وسبل استخدام المساهمات المرتقب وصولها من باريس 3 في تخفيض كلفة المديونية ضمن سيناريوهات تقليص الدين العام إلى الناتج المحلي وهو ماتضمنته ورقة باريس 3 إلى الدول المانحة.

كما علم أن بعثة الصندوق ستبحث في كيفية افادة القطاعات من المساعدة التي يقدمها الصندوق إلى لبنان وقدرها 150 مليون دولار تقررت في مؤتمر باريس 3 الاخير لتمويل بعض المشاريع الاصلاحية الاساسية في الادارات وتفعيل أداء اجهزة الدولة.

في المقابل اكدت مصادر وزارية أن وفدا من الحكومة الفرنسية سيصل بيروت قريبا للبحث في آلية استخدام المساعدة الفرنسية، بما يؤمن عملية تقليص اعباء الدولة وتحريك العملية الاصلاحية والتنمية المطلوبة، لاسيما وأن الرئيس الفرنسي جاك شيراك كان اكد على أن هذه المساهمات هي لكل لبنان ولكل المناطق اللبنانية لتحقيق التنمية والتخفيف عن كاهل الشعب اللبناني.

في المحصلة إن الترقبات تشير إلى وصول أكثر من 1.7 إلى ملياري دولار خلال النصف الاول من العام وهي مبالغ تساعد على تخطي بعض المراحل المالية الصعبة وتحرك عجلة الاقتصاد، هذا في حال تم تكريس بعض الهدوء السياسي والامني.

عودة إلى سندات «الزيرو كوبون»

من ضمن الاليات الجاري بحثها من قبل وزارة المالية، بالتعاون مع جمعية المصارف اللبنانية، هي امكانية استخدام بعض

الاموال المتوافرة في شراء سندات خزينة اميركية لمدة 30 سنة، وهي ما يسمى بالزيرو كوبون، وهي آلية تقضي بأن تشتري الدولة اللبنانية سندات خزينة اميركية لمدة 30 سنة بفوائد تصل إلى 5 في المئة حسب الاسعار الحالية، بحيث أن كل 240 مليون دولار حاليا تساوي حوالى المليار دولار بعد 30 سنة. تقضي الالية بأن تشتري الدولة اللبنانية بحوالي المليار دولار سندات خزينة اميركية لمدة 30 سنة وتستدين عليها مبلغ 4 مليارات دولار لمدة 30 سنة بكفالة مصرف دولي أو مؤسسة دولية، وبعد 30 سنة يستطيع حامل السند اللبناني تحصيل كامل مبلغ الـ4 مليارات من الخزينة الاميركية. تبقى الاشارة إلى أن الدولة اللبنانية تتحمل خلال فترة الـ30 سنة فوائد الدين فقط وهي عملية تحويل الدين القصير واستبداله بدين طويل وربما يكون بفوائد اقل استنادا إلى ضمان احد البنوك الدولية والمؤسسات العالمية.

اشارة هنا إلى أن هذا الامر بحث بين وزارة المالية وبعض اركان الحكومة مع رئيس جمعية المصارف الدكتور فرانسوا باسيل حيث طلب من الاخير بعض التفاصيل عن هذه السندات وآلياتها، باعتباره كان صاحب هذا الاقتراح منذ العام 1996، حين ترأس الرئيس الشهيد رفيق الحريري اجتماع هيئة الانقاذ الاقتصادي في الكورال بيتش بحضور وزراء واركان الهيئات الاقتصادية، بالاضافة إلى حاكم مصرف لبنان رياض سلامة والوزير الشهيد الدكتور باسل فليحان. الا أن الرئيس الحريري وبعض اركان الحكومة طلبوا التريث في بحث الاقتراح الذي لم يكن معروفا ضمن آليات الاستدانة اللبنانية.

2007/2/12

«المركزي» يطفئ 1.6 مليار دولار
من الدين العام. .

تختلط السلبيات السياسية وتطورات الخلافات الداخلية مع تردي النتائج
الاقتصادية والمالية، بحيث بات من الصعب معرفة الطرف الأكثر تأثيرا على
الاخر وعلى الطبقة العاملة اللبنانية والمجتمع الاهلي، الذي يعاني المزيد من
الصعوبات المعيشية والخدماتية، ناهيك عن تراجع القدرات الشرائية بفعل
الغلاء والاحتكار وغياب الرعاية لمصالح المواطن من ذوي الدخل المحدود،
الذي تضيق عليه ظروف المعيشة وتعرضه لعمليات الصرف من الخدمة،
والذي باتت الهجرة الدائمة والمؤقتة تشكل احد ابواب الخلاص أو الباب
الاساسي للتخلص من الهموم اليومية المتراكمة والمتزايدة.
فغموض الصورة المستقبلية لمصير الانتخابات الرئاسية، مع ابتعاد امكانات
التوافق والتقارب وتباعد الطروحات، وسط كثافة المرشحين المدعومين من
الفرق الداخلية التي لا تأثير لها على اختيار الرئيس، بانتظار التعليمات
الاقليمية والدولية التي تخدم كل المصالح قبل مصلحة لبنان، يزيد من
سلبيات المؤشرات الاقتصادية والمالية التي تخرقها بعض المظاهر الايجابية

والخطوات المسكنة لتمكين الدولة من تأمين التمويل الاساسي لاستمرارية عمل الادارات والمؤسسات، وتحديدا الضروريات لتسيير الاعمال في ظل الشلل التام في أكثر قطاعات الدولة، وتوقف التمويل المصرفي لاحتياجات الخزينة، الا ضمن الاستحقاقات القديمة من دون مساهمات وزيادات في التمويل، خصوصا أن المصارف تشترط اصلاحات اساسية لوقف تزايد العجز، لكي تستمر في التمويل ضمن المحدود، باعتبار أن تراجع قدرة المصارف على التمويل لها علاقة بتراجع نسبة نمو الودائع والرساميل الوافدة التي كانت تسهل العملية التمويلية للقطاع العام من فوائض حجم الودائع والموجودات المصرفية، قبل شروط بازل -2، التي بات تطبيقها على ابواب العام 2008، والتي تشترط زيادة في الاموال الخاصة لتكوين مؤونات، تلافيا لمخاطر الديون التجارية المشكوك بتحصيلها، والبالغة حتى اليوم أكثر من 3.8 مليارات دولار مع فوائدها.

هذا الواقع وصعوبات تأمين مصادر التمويل للقطاع العام، اضافة إلى تأخر وصول مساهمات واموال باريس - 3، نتيجة الاوضاع السياسية والخلافات الداخلية، دفعت مصرف لبنان إلى المبادرة لتسديد جزء من الدين العام بقيمة 1.6 مليار دولار، مما يخفض كلفة وأصل الدين العام لما تبقى من العام الحالي.

هذه الخطوة التسكينية تبقى دون جدوى ما لم تقابل باصلاحات اساسية تخفض العجز ونمو النفقات والعجز في بعض المؤسسات، لا سيما الكهرباء والضمان، والهدر في الصحة، والتهرب الضريبي، مما يزيد النفقات ويقلل الايرادات.

وبانتظار الاستحقاق الرئاسي فان كل المؤشرات تشير إلى

تراجع ملحوظ على مختلف الصعد، لا سيما في ابواب مصادر النمو الاقتصادي، وهي السياحة والصادرات اللبنانية والتحويلات والرساميل التي يبدو انها مستمرة بالتراجع بما نسبته 25 في المئة، مقارنة مع الفترة ذاتها من العام الماضي.

اما العنصر الأكثر دلالة على تراجع الرساميل الوافدة فهو العجز في ميزان المدفوعات، الذي بلغ مع نهاية حزيران ما قيمته حوالى 207 ملايين دولار على اساس تراكمي، بعدما كان سجل فائضا في الفترة ذاتها من العام الماضي نموا قدره 2562 مليون دولار، هذا بالرغم من الدعم الدولي والعربي في باريس - 3 خلال العام الحالي، والذي لم يكن موجودا في العام الماضي.

اشارة إلى أن ميزان المدفوعات كان سجل فائضا حتى نهاية ايار من العام الحالي بما قيمته 335 مليون دولار، وهذا يعني أن العجز لشهر حزيران وحده بلغ 542 مليون دولار. وهو من اعلى ارقام العجز خلال شهر واحد، في ظل الازمة المستمرة منذ أكثر من سنة، وتحديدا منذ حرب تموز.

1- الدين العام ومساهمة مصرف لبنان

تفيد ارقام نهاية النصف الاول من العام الحالي أن قيمة الدين العام تراجعت من409 .41 مليار دولار في نهاية ايار إلى 825 .39 مليار دولار في نهاية حزيران، أي بانخفاض قدره حوالى 1590 مليون دولار. والسبب يعود إلى تسديد مصرف لبنان هذا المبلغ إلى الدولة من فروقات اسعار احتياطي الذهب لدى المصرف، باعتبار أن الدولة اللبنانية تملك ما مجموعه

حوالى 9 ملايين و222 الف اونصة تضاعفت اسعارها خلال السنوات الاخيرة بفعل ارتفاع اسعار الذهب.

هذه العملية ليست الاولى التي يقوم بها مصرف لبنان، وتسديد أو اطفاء جزء من الدين العام، فقد قام المصرف بتسديد مبلغ قدره حوالى 1.8 مليار دولار في العام 2002 على اثر مساهمات باريس - 2 كانت عبارة عن تراكمات حصة الدولة من ارباح وعائدات القطع وفروقات الذهب. اما المساهمة الثالثة فكانت في العام 2004 بما قيمته حوالى 516 مليار ليرة، ما يوازي 340 مليون دولار، وهي من فروقات الذهب. واستنادا للمساهمة الاخيرة يكون مصرف لبنان سدد، منذ العام 2002 وحتى منتصف العام 2007، ما مجموعه 3730 مليون دولار، ولولا هذه المساهمة مع مساهماته في الاكتتابات بسندات الخزينة بفوائد متدنية ومساهمة القطاع المصرفي باكتتاب بحوالى 4 مليارات دولار بفوائد صفر في المئة بين العام 2002 و2004 لكان الدين العام الصافي وصل إلى أكثر من 47 مليار دولار، في حال احتساب الوفر في الفوائد عن هذه القيم.

ولكن السؤال يبقى قائما حول النتائج التضخمية لهذه المساهمات من مصرف لبنان، في ظل الظروف الاقتصادية القائمة وغياب الاصلاحات والمعالجات لمشكلة المديونية العامة وكلفتها على الموازنة والخزينة؟

الاجابة الاولى أن مصرف لبنان بات وكأنه يختار الظروف الاقل تأثيرا في التضخم لتسديد المتوجبات، وفي الاوقات التي تمر بها المالية العامة في اصعب مراحلها، فتبدو الخطوة وكأنها بمثابة رفد المالية العامة عند الشح، هذا من جهة، ومن جهة ثانية

فان مصرف لبنان في تسديده أو اطفائه جزءا من الدين يبدو وكأنه ينفخ في «قربة مفخوتة»، أو أنه يملأ خزانا مثقوبا بالوقود لسيارة اجرة قبل أن يلحم الخزان، في ظل غياب الاصلاحات المالية وتقليص عجز الموازنة والخزينة ووقف الهدر في نفقات الكهرباء والضمان وبعض النفقات غير المجدية.

اما الاثار التضخمية على الوضع الاقتصادي والمالي فأنها غير موجودة، باعتبار أن المساهمة الاولى لمصرف لبنان كانت في ظل اجواء ايجابية سياسية وامنية بعد باريس - 2 مما اضعف الاثار التضخمية. والمساهمة الثانية جاءت في ظل ظروف انعدام النمو الاقتصادي في البلاد وحاجة الاسواق إلى السيولة مما يحد من الاثر التضخمي لهذه المساهمات.

في المقارنة، فقد كان حجم الدين العام زاد خلال الخمسة اشهر الاولى بما نسبته 6.8 في المئة مقارنة مع الفترة ذاتها من العام الماضي. الا أن مساهمة مصرف لبنان خفضت نسبة النمو مع نهاية حزيران إلى حوالى 2.6 في المئة. اشارة إلى أن الدين الاجمالي كان في نهاية حزيران 2006 حوالى 38.8 مليار دولار، واصبح مع نهاية حزيران من العام 2007 حوالى 39.8 مليار دولار، بعد اطفاء 1.6 مليار دولار من هذا الدين.

2- مؤشرات سياسية تعزز النتائج السلبية

لا يبدو أن نتائج النمو الاقتصادي خلال العام الحالي ستأتي بالايجابيات المرتقبة، قياسا إلى العام الماضي، في حال استمرار التوتر السياسي الذي يساهم بتأخير وصول مساهمات ومساعدات مؤتمر باريس - 3، وفي ظل عودة ارتفاع المخاطر على تصنيف

الديون السيادية اللبنانية وتخوف المستثمرين من التوظيفات في لبنان.

في التفاصيل، يمكن التوقف عند بعض النتائج الاساسية التي تعطي فكرة عن المؤشرات المقبلة أو لما تبقى من العام الحالي:

1- على صعيد السياحة فان التحسن الحاصل في تموز لم يغير نسبة التراجع التراكمية على اساس سنوي، بما نسبته 20 في المئة على الاقل، وهذا ينعكس على حركة المسافرين والوافدين إلى مطار بيروت. والتحسن الوحيد المسجل في هذا المجال هو في حركة مرفأ بيروت، وإن بقيت دون النمو المتوقع نتيجة الظروف السياسية والامنية.

2- موجودات القطاع المصرفي ارتفعت خلال النصف الاول بما قيمته 4310 مليار ليرة، أي بما نسبته 3.8 في المئة، وهي كانت ارتفعت خلال الفترة ذاتها من العام الماضي بحوالي مليار ليرة، بما نسبته 6 . 6 في المئة، مما يعني انها تراجعت عن العام الماضي بأكثر من 38 في المئة.

اما الودائع فقد زادت حتى منتصف هذا العام حوالى 3781 مليار ليرة،

مقابل زيادة قدرها 5502 مليار ليرة للفترة ذاتها من العام الماضي.

النقطة الايجابية الاخرى في نشاط القطاع المصرفي كانت في نمو التسليفات بما قيمته 2547 مليار ليرة حتى منتصف العام الحالي، بما نسبته 8.9 في المئة، مقابل زيادة في الفترة ذاتها من العام الماضي بلغت حوالى 1931 مليار ليرة، بما نسبته 7.4 في المئة، وهذا المؤشر الاساسي الذي فاق حجم اداء العام الماضي.

3- ارتفعت خدمة الدين العام في النفقات العامة خلال النصف الاول بنسبة 13.4 في المئة، وهي ارتفعت من 2160 مليار ليرة إلى 2448 مليار ليرة منتصف العام الحالي. وهذه النسبة كان يمكن أن تكون اكبر خلال الاشهر المقبلة، لولا مساهمة مصرف لبنان باطفاء جزء من الدين العام للمرة الثالثة على التوالي منذ العام 2002. خصوصا أن النفقات زادت أكثر من 21.3 في المئة عن العام الماضي، مما يوحي بتخطي الدولة لنفقات الميزانية الاثني عشرية التي ينفق على اساسها للسنة الثالثة، لعدم اقرار قانون الموازنة.

في الخلاصة، إن كل مؤشرات التضخم تفيد انه سيفوق الــ7 في المئة خلال العام الحالي، نتيجة الغلاء وارتفاع اسعار السلع الاستهلاكية والمحروقات وكلفة الكهرباء على ذوي الدخل المحدود، ومن ثم ارتفاع اسعار السلع الغذائية والاستهلاكية المستوردة من اوروبا، بفعل تطورات سعر العملة الاوروبية خلال الفترات السابقة من هذا العام. ويعني ذلك خسارة جديدة تضعف الاجور خلال العام الحالي، بعد نسبة الغلاء التي سجلت في العام الماضي على اثر الحرب والحصار الاسرائيلي للبنان، والذي احدث تضخما بنسبة 7 في المئة على الاقل، حسب بعض المصادر الرسمية.

2007/8/20

لبنان يدخل مرحلة اقتصادية جديدة:
بيئة غير مشجعة للرساميل والنمو

مهما كانت التبريرات لنتائج التطورات الامنية الاخيرة والاعمال التي تعرضت
لها بيروت وقطاعاتها، فإن لبنان دخل مرحلة اقتصادية اجتماعية جديدة،
ومناخا جديدا زاد من حدة البيئة الطاردة للنمو ولفرص العمل والجاذبة
للهجرة. هذا المناخ يمكن وصفه باختصار كلي بأنه «زاد من الجو المنهمك في
ترددات الازمة السياسية المهددة لمناخ المال والاعمال أكثر مما كانت عليه
قبل استخدام السلاح في الداخل، مرحلة جديدة طاردة للرساميل
والاستثمارات أكثر من المراحل القديمة، مرحلة ضاربة للنمو المتوقع وغير
المتوقع، مما يعني مزيدا من البطالة وضيق سوق العمل وتزايد للهجرة
للأدمغة والكفاءات على المدى المنظور، وهي مرحلة انعدام الثقة في الاقتصاد
كما في السياسة، وقد تتطلب وقتا طويلا لاستعادة توازنها في حال الحد الأدنى
من التفاهم بين المتحاورين في مؤتمر الدوحة». يمكن في ظل هذه الصورة
والصدمة السلبية على القطاعات المالية والاقتصادية والاجتماعية، التي كانت
سيئة قبل العمليات العسكرية وتضاعفت مساوئها بعدها، الخروج باستثناء
وحيد أو شبه وحيد، يتعلق

بالقطاع المصرفي والمالي الذي استطاع أن يتجنب التأثر بالمفاعيل السلبية للتطورات السياسية والامنية، وأن يحصر تأثره بالنتائج الايجابية فقط وبشكل ملحوظ كما حصل في الاسواق المالية وحركة سوق القطع في عز أيام معارك بيروت وتقطع أوصال البلاد والطرق في معظم المناطق. غير أن هذه الاستقلالية في أداء القطاع المصرفي والمالي التي تمثلت بجمود الودائع وعدم خروج الرساميل تعود لاعتبارات أساسية، أولها الثقة بأداء القطاع المصرفي والسلطات النقدية في لبنان وخارج لبنان بعد التمدد الكبير للقطاع في المنطقة وخارجها حتى افريقيا، وثانيها إلى كون الودائع تعود في أكثرها إلى اللبنانيين المقيمين، إضافة إلى ثقة غير المقيمين الساعين إلى تحقيق عائدات أفضل على الإيداع بالليرة اللبنانية في ظل تراجع الفوائد على الدولار. أما الاعتبار الثالث فيعود إلى كون المتعاملين والمستثمرين من العرب باتوا على دراية كاملة بخفايا القطاعات اللبنانية والاوضاع وسبل التعامل معها، والدليل هو الإقبال على الإصدارات الأخيرة لسندات اليوروبوند التي لاقت طلبا كبيرا بفعل صلابة هذه الاوراق برغم تصنيف لبنان الائتماني المتأخر، وذلك بفعل دعم المجتمع العربي والدولي وإيمانه بإمكان المعالجة، مما أخر لجوء المؤسسات الدولية لخفض تصنيف لبنان وديونه التي تنعكس لاحقا على تصنيف القطاع المصرفي، وهذا لم يحصل برغم كل الظروف، إلا انه قد يحصل الآن. وما دام الحديث عن توقعات ما بعد أحداث بيروت، فإنه لا بد من التطرق إلى المؤشرات الايجابية التي كانت بدأت بالظهور، قبل الاحتكام إلى السلاح، أي في الفصل الاول

من السنة الحالية، وهي كانت برغم الازمة السياسية المستمرة وجمود المؤسسات الدستورية والفراغ الرئاسي، أظهرت تحسنا على مختلف الصعد مقارنة مع عام 2007، بما في ذلك الحركة السياحية التي تتأثر أكثر من غيرها بحال عدم الاستقرار الامني والسياسي.

1ـ القطاع المصرفي وصراع تعزيز المناعة

الانطلاقة يجب أن تكون من القطاع المالي والمصرفي، باعتباره الممول الاول والاساسي للقطاعين العام والخاص، مع تحديد عناصر القوة في هذا القطاع الذي لم يتأثر حتى الآن بالتطورات، غير انه قد يواجه بعض التأخر في عناصر نموه ما لم تعالج الأزمة السياسية وتطوراتها الامنية الاخيرة، برغم صموده وإثبات مناعته واستقلاليته برغم الكوارث التي لحقت لبنان منذ ما بعد اغتيال الرئيس الشهيد رفيق الحريري في شباط 2005 حتى اليوم. فعلى صعيد الميزانية المجمعة، فقد زادت بنسبة 35 في المئة، وهي وصلت إلى حوالى 137. 85 مليار دولار بزيادة 35 في المئة، مقابل زيادة للفترة ذاتها بلغت 12 في المئة في الفترة ذاتها من العام الماضي. كذلك فإن الودائع زادت ما قيمته 2713 مليار ليرة، أي ما يوازي 7. 2 في المئة مقارنة مع حوالى النصف في المئة للفترة ذاتها من العام الماضي. وقد بلغ حجم الودائع في نهاية الفصل الاول حوالى 086. 69 مليار دولار، وهي تراجعت بعض الشيء عن شهر شباط، حيث كانت حوالى

179. 69 مليار دولار، بمعنى أنها تراجعت 90 مليون دولار في خلال شهر. النقطة الأبرز هي أن القطاع المصرفي حقق رقما قياسيا من حيث حجم التسليفات خلال الفصل الاول، وهي بلغــت في نهاية آذار ما مجموعه 22461 مليار دولار، بزيادة نسبتها حوالى 997 في المئة خلال ثلاثة أشهر، بعدما سجلت هذه التسليفات زيادة قدرها 31. في المئة خلال الفترة ذاتها من العام الماضي. واللافت أن نمو التسليفات من حيث القيمة يفوق حجم نمو الودائع، اذ سجلت التسليفات زيادة قدرها 3070 مليار ليرة، أي ما يوازي المليارى دولار مقابل حوالى المليار و700 مليون دولار لنمو الودائع. وهذه التسليفات أعطيت في معظمها لغير المقيمين من المؤسسات اللبنانية والاشخاص. نقطة اخرى تتعلق بمحافظة القطاع المصرفي على نموه، وهي ربحية القطاع التي سجلت ما قيمته 200 مليون دولار خلال الفصل الاول، مقارنة مع 187 مليون دولار للفترة ذاتها من عام 2007، أي بزيادة قدرها 13 مليون دولار وما نسبته 7 في المئة. تبقى حركة الرساميل الوافدة التي سجلت ما قيمته 2409 ملايين دولار خلال الفصل الاول، مقابل حوالى 1981 مليون دولار للفترة نفسها من العام الماضي، أي بزيادة ملحوظة نسبتها 6. 21 في المئة. هذه المناعة للقطاع المالي والاداء المميز للقطاع المصرفي قد لا تأتي بالنتائج نفسها ما بعد دخول لبنان «المرحلة الجديدة»، وهي مرحلة دخول السلاح محل السياسة والتوتر محل الاستقرار الجزئي، وفي ظل الصعوبات التي قد تكون غير تلك التي اعتاد عليها الاقتصاد والرأسمال المتعامل مع لبنان.

2ـ مؤشرات إيجابية قد تتغير في المرحلة الجديدة

1- يمكن التوقف عند حركة الصادرات الزراعية التي زادت 8. 14 في المئة خلال الفصل الاول من العام 2008، مقارنة بالفترة ذاتها من العام الماضي. وهي ارتفعت من 27 مليون دولار إلى 31 مليون دولار، ولو كانت الظروف الداخلية أفضل لاستفاد لبنان أكثر من تعزيز صادراته الغذائية. ب- الصادرات الصناعية هي أيضا ارتفعت 418. في المئة، وسجلت حوالى 844 مليون دولار مقابل 595 مليون دولار للفترة ذاتها من عام 2007. 2- أما صادرات الآلات الصناعية فقد تراجعت بنسبة تقارب الـ9 في المئة، مما يعني ببساطة أن الاستثمارات في القطاع تراجعت نتيجة الاوضاع السياسية، وهي ستزداد تراجعا ولا شك نتيجة التطورات الامنية ودخول لبنان المرحلة الجديدة من الصراع. فقد بلغت قيمة الآلات والتجهيزات الصناعية المستوردة حتى آذار 358 مليون دولار، مقابل حوالى 395 مليون دولار في الفترة ذاتها من السنة الماضية، وهي كان يفترض أن تنمو بأكثر من 20 في المئة لتحسين الصادرات وفرص العمل وتعزيز إمكان النمو. والمفارقة هي أنه برغم تراجع الاستثمار في القطاع الصناعي، تحسنت الصادرات بنسبة كبيرة، فكيف كانت الصورة لو توافر الاستقرار؟ إشارة هنا إلى أن جزءا من تحسن الصادرات يعود إلى ارتفاع اليورو إزاء الليرة المرتبطة بالدولار. 3ـ على صعيد عدد السياح، كان زاد حوالى 73. في المئة عن العام الماضي، كما أن حركة البضائع في مرفأ بيروت زادت حوالى 10في المئة برغم تراجع

عدد السفن الداخلة إلى المرفأ، مقارنة بالفصل الاول من السنة الماضية. 4ـ على صعيد رخص البناء، فقد ارتفعت بنسبة 335 في المئة، وسجلت حوالى 2148 رخصة مقابل حوالى 1610 رخص للفترة ذاتها من العام الماضي. وهذا الوضع سيتأثر ولا شك في المرحلة اللاحقة من الاحداث الامنية التي عاشتها بيروت والمناطق لمدة 10 أيام، ولا تزال مفاعيلها مستمرة بفعل عدم معالجة الترددات السياسية، وبانتظار نتائج الدوحة وتحديد نوع المعالجة أو الهدنة، لأن ورش الإعمار والبناء تتطلب بدورها حلة من الاستقرار. في المحصلة، قد يسأل بعضهم: ما هي أحجام الضرر الاقتصادي والمالي والاجتماعي للأحداث الأمنية الأخيرة؟ وقد يسأل آخر: ما هو حجم الأضرار المباشرة الناجمة عن الاعمال الحربية الداخلية من مساكن وموجودات ومحلات في المناطق المتداخلة من رأس النبع إلى المزرعة والبسطة والحمراء وفردان، وهي لم يتم إحصاؤها بعد للتعويض عليها من قبل النائب سعد الحريري؟ وهناك من يسأل: هل هناك تقدير لحجم الاضرار الاقتصادية والاجتماعية الناجمة عن تعطيل الافراد وانقطاعهم عن عملهم، وهل هناك انعكاسات على فرص العمل في مناطق الاختلاط وضرب علاقات العمل في بعض المؤسسات؟ وهناك من يسأل اخيرا: أين يكمن الضرر الاكبر لهذه الحرب ونتائجها على لبنان؟ الجواب بسيط وهو أن الضرر الاكبر يقع على سمعة لبنان وشعبه في الخارج، وفقا لحجم الانقسام الطائفي والمذهبي الحاصل في الداخل، وفيه ستظهر تباعا قيمة الاضرار الاقتصادية والاجتماعية والمعيشية، باعتبار أن الأضرار

المادية تعوض، ولكن أضرار النفوس لا يمكن إحصاؤها وحصرها بقيمة معينة يمكن تخطيها أو التخفيف منها بتعويضات آنية. هذه الإجابة تظهر أكثر وضوحا بعد نتائج اجتماعات الدوحة أو بمعنى أدق بعد فترة أطول وفقا لمسار التطورات الداخلية والحسابات الإقليمية التي لا تهتم سوى بمكاسبها الآنية والمتوسطة والبعيدة المدى. أما خلال هذه المرحلة فالاضرار المعيشية ستكون كبيرة على أصحاب الدخل المحدود والمتضررين في عملهم وسكنهم بفعل الغلاء وضرب فرص العمل وتفعيل عناصر الهجرة.

2008/5/19

عناوين في مواجهة الحكومة
وبيانها الوزاري. .

عناوين كثيرة ومتنوعة، تواجه الحكومة الجديدة، بعد العهد الجديد برئاسة العماد ميشال سليمان. الا أن العنوان الاساسي يبقى الهم الاقتصادي والاجتماعي، لا سيما مواجهة ازمة الثقة بالاقتصاد اللبناني وتراجع التوظيفات، اضافة إلى ازمات عجز الكهرباء والضمان الاجتماعي التي تكلف الخزينة أكثر من 2500 مليار ليرة، منها حوالى 2250 مليارا لمؤسسة الكهرباء فقط. اما ازمة الغلاء وتراجع القدرة الشرائية للأجور، المترافقة مع ازمة تراجع التقديمات الاجتماعية وتردي الخدمات الحياتية، فهي تحتاج إلى فقرة كبيرة في البيان الوزاري، مهما كانت توجهات المتوافقين أو المتفقين على الحقائب والاحزمة والمصالح الشخصية والمكاسب السياسية. هذه العناوين تضاف إلى العناوين الامنية والسياسية التي تخضع اساسا لبورصة التطورات في المصالح الاقليمية والدولية، وفي مؤخرتها مصلحة لبنان وشعبه من اصحاب المداخيل المتدنية والمتوسطة. اما التحدي الاكبر فيكمن في موضوع مصير عناوين الاصلاح التي توافقت عليها الحكومة السابقة قبل الانشقاق الحكومي والتشرذم. وهي ازمة كبيرة في ظل

تعطيل مفاصل اساسية في هذه التوجهات، وماذا ستكون البدائل في حال استمرار تعطيل الخصخصة، واعادة التوازن إلى المؤسسات العاجزة. كذلك هناك نقطة ليست ازمة بالمعنى الدقيق للكلمة، وهي ازمة تصحيح الاجور التي يفترض أن تعيد الحكومة الجديدة النظر بها، لجهة حجم الزيادة من جهة، والمفعول الرجعي من جهة أخرى، بعد تزايد الغلاء واستمرار ارتفاع اسعار الخدمات بشكل قياسي قبل وبعد قرار تصحيح الحد الأدنى الذي لم يطبق لعدم صدوره وكفايته.

1 ـ أين لبنان من برنامج الاصلاحات السابق؟لقد أقر مجلس الوزراء برنامج الاصلاحات في جلسته بتاريخ 4 كانون الثاني 2007. على ان يجري تنفيذ برنامج الاصلاحات تدريجيا خلال المرحلة الممتدة من 2007 إلى 2011. ويهدف البرنامج بشكل اساسي إلى انعاش الاقتصاد من خلال تحسين البيئة المناسبة للاعمال ومساندة النسيج الانتاجي، تحسين ظروف العيش لجميع اللبنانيين، اعادة التوازنات المالية العامة، عبر تخفيض معدل الدين في لبنان من 180 في المئة من الناتج المحلي الاجمالي عام 2006 إلى 144 في المئة عام 2011. في خضم هذا التعداد للتوجهات بعد حرب تموز الاسرائيلية، وبعد مؤتمر باريس 3 لدعم لبنان على حساب تركة ورصيد الرئيس الشهيد رفيق الحريري، دوليا وعربيا، يمكن السؤال اين هو لبنان من هذه التوجهات؟ وماذا تحقق منها؟ وماذا تركت الاجواء اللاحقة لمجال الاصلاح بعد تباعد التوجهات؟ وماذا ينتظر الحكومة الجديدة بعد ولادتها الميمونة خلال الفترة القريبة؟ في هذا الاطار، يمكن ملاحظة بعض الخطوات على صعيد محاولات

الاصلاح المالي المحدود، المعطل بفعل تعطل المجلس النيابي خلال فترات الخلاف الطويلة التي لا تنسى نتائجها الامنية والسياسية والاقتصادية والمعيشية، وهي ذكريات ارتبطت بموجة غلاء غير مسبوقة وبارتفاعات قياسية لاسعار السلع الاساسية والخدمات. وتكللت بفترات تقنين طويلة في الكهرباء مع تراجع القدرة الشرائية للمداخيل بشكل غير مسبوق منذ 12 سنة. ويضاف إلى كل ذلك تراجع قيمة ومردود التقديمات الاجتماعية، لا سيما تقديمات الضمان الاجتماعي، مع ارتفاع اسعار الادوية، مما خفض قيمة التقديمات الصحية والاستشفائية وحمل اصحاب الدخل المحدود اكلافا متزايدة، إلى جانب تآكل الاجور التي لم يعوض عليها باي تصحيح مقنع للأجور، لا من حيث القيمة ولا من حيث مفاعيل التصحيح التي يفترض أن تغطي تراكمات من التضخم تفوق الـ50 في المئة خلال الـ12 سنة الاخيرة. امام هذا الواقع، وبمناسبة قيامة الحكومة القريبة، يكفي التذكير بعناوين الاصلاحات التي اقرت، لكي نتعرف ما اذا كانت العناوين ما زالت تصلح في ما نفذ منها أو ما هو قيد التنفيذ، والتعرف على امكانية التوافق على التوجهات التي لا تزال تشكل عناوين صالحة للانقاذ اذا بقي هناك ما يمكن انقاذه في الاقتصاد والسياسة الاجتماعية، بعد هذا الحجم من التراكمات وتفويت فرص الرساميل والتوظيفات في القطاعات الاقتصادية، بفعل اشاعة اجواء عدم الاستقرار طوال السنوات الثلاث الماضية.

2 ـ عناوين إصلاحية منسية اقتصادية ـ اجتماعية يعتمد البرنامج الاصلاحي على المعطيات الماكرو اقتصادية التالية:ـ معدل نمو ـ5 في المئة عام 2006، يتصاعد ابتداء من عام 2007

إلى معدل يتراوح بين 4 و5 في المئة، أي العودة إلى الاتجاهات الملحوظة قبل حرب تموز في صيف 2006. ـ انخفاض معدل التضخم من 5. 7 في المئة عام 2006 ليستقر بين 2 و5. 2 في المئة. ويتضمن برنامج الاصلاحات الخماسي اربعة مقومات أساسية، هي: أ ـ قسم اجتماعي: توجه خاص نحو الفئات المحتاجة من السكان، توسيع تغطية الضمان الاجتماعي، اعمال في مجالي التربية والصحة وغيرها. ب ـ قسم بنيوي: اصلاح الادارة العامة، تحسين البيئة القانونية للاعمال، اصلاح القطاع المصرفي وادارة الدين، تحسين التمويل للمؤسسات الصغيرة والمتوسطة. . ج ـ قسم الموازنة: ـ زيادة عائدات الضريبة: زيادة الرسوم على القيمة المضافة بين عامي 2008 و2010، تجزئة تدريجية للرسوم على المحروقات، زيادة الرسوم على المنتجات المالية، ادخال ضريبة موحدة على الدخل ابتداء من عام 2008. ـ التحكم في النفقات: الحد من نفقات الدولة، اعادة هيكلة مصلحة كهرباء لبنان، الحد من الوظائف الحكومية. . د ـ قسم الخصخصة: التخلي عن الهاتف الخلوي (عام 2007 وعن تلكوم لبنان عام 2008)، وهذا امر لم يحصل ولا يبدو أنه سيحصل قريبا، بهدف تخصيص عائدات هذين القطاعين لتسديد جزء من الدين العام وبالتالي تقليص خدمته. كان من المفترض أن يجري تنفيذ هذا البرنامج خلال المرحلة الممتدة من العام 2007 حتى 2011، بدعم من المجتمع العربي ومن المجتمع الدولي بشكل خاص، عبر المؤسسات والدول والصناديق التي تعزز الثقة بقدرة لبنان على القيام بموجباته الاصلاحية ومعالجة اعبائه المالية، انطلاقا من تقليص عجز الموازنة، وهو ارتفع بشكل كبير في

منتصف 2008 ليصل إلى أكثر من 33 في المئة، وهو رقم كبير لا يتوافق مع الترقبات، وهذا يعود إلى التشرذم السياسي والخلافات القائمة ما بعد حرب تموز من العام 2006 والتطورات المتلاحقة من امنية وعدم استقرار.

3 ـ مشروع لانشاء معمل كهرباء بتمويل القطاع الخاص مشروع جديد لانشاء معمل انتاج الكهرباء في منطقة الشمال لتأمين حاجة الاستهلاك المتزايدة والتي تقارب الـ10 في المئة سنويا، لا سيما في ايام الذروة في الصيف وفي الشتاء حيث يكثر ويزداد الطلب على التيار الكهربائي. في المعلومات إن المعمل الجديد سيكون بطاقة 450 ميغاوات، وهو يعمل على الغاز، في اطار بداية السعي للتوفير في كلفة انتاج الطاقة، باعتبار أن استخدام الغاز يوفر حوالي 100 مليون دولار في كل معمل عن الكلفة الحالية الناتجة عن استخدام المازوت الذي تخطى سعر الطن منه اليوم الـ1320 دولارا، وهو كان في العام الماضي اقل من 750 دولارا تقريبا. وعلم في هذا الاطار أن بعض الشركات تقدمت بدراسة للمشروع، وأن الدولة اللبنانية أو بعض الادارات المعنية كانت تبحث عن الطريقة الافضل للتمويل التي ستفوق الـ600 مليون دولار حسب بعض التقديرات الاولية. وعلم في هذا الشأن ان بعض المسؤولين في الحكومة كانوا يراهنون على أن تقوم احدى الدول الخليجية بتقديم مساهمة في تمويل المشروع بحوالى 400 مليون دولار، مقابل أن تقوم الشركة الخاصة المهتمة بتمويل الباقي وتولي ادارة المشروع بالاشتراك مع الدولة اللبنانية أو بموجب شروط الخصخصة استنادا إلى قانون تنظيم قطاع الطاقة والكهرباء في لبنان. وعلم أيضا في هذا المجال ان المعمل

الجديد قد يستفيد من كميات الغاز على الخط العربي الموعود بها لبنان والمؤجلة منذ ايار 2006 موعد وصولها حسب الاتفاقات السابقة، والمرجح ان تتأخر لاشهر طويلة اخرى، علما أن هذه الكميات المتفق عليها مع الجانب السوري كانت مخصصة لمعمل البداوي بعد ان تم تجهيزه ليعمل على الغاز اعتبارا من العام 2005 تقريبا، وقامت بتجهيزه شركة اريكسون بالتعاون مع كهرباء لبنان ومستشارها كهرباء فرنسا.

4 ـ كهرباء عاليه تعرض انتاج 60 ميغاوات من الجية تلقت وزارة الطاقة والمياه منذ فترة وجيزة عرضا من شركة امتياز عاليه يقضي بانشاء مجموعة انتاج للكهرباء بطاقة 60 ميغاوات لتعزيز القدرات الانتاجية للمؤسسة ولحاجات الاستهلاك. وعلمت «السفير» ان وزير الطاقة بالوكالة في الحكومة المستقيلة محمد الصفدي بحث المشروع مع ادارة كهرباء عاليه واقترح على ادارة الامتياز أن تقيم المعمل بالقرب من معمل الجية الحراري، بحيث تؤمن مؤسسة كهرباء لبنان الفيول اويل مقابل الحصول على الطاقة المنتجة، على أن تتقاضى شركة امتياز كهرباء عاليه بدل الادارة وتستوفي كلفة المشروع من خلال كميات الكهرباء التي تشتريها كهرباء عاليه من مؤسسة كهرباء لبنان. وتأتي الطريقة المقترحة من وزارة الطاقة وكهرباء لبنان بهدف استمرار التحكم بالتعرفة الحالية، منعا لاطلاق يد الشركات بالتسعير استنادا لسعر الكلفة، باعتبار أن الكلفة الحالية لانتاج الكهرباء حتى على المولدات الخاصة تفوق باضعاف التعرفة المدعومة المعتمدة من كهرباء لبنان. وتم الاتفاق على أن تبحث مؤسسة كهرباء عاليه اقتراح الوزارة وتعود بالمشروع خلال الفترة القليلة المقبلة. اما كلفة

المشروع فقدرته مصـــادر فنية في كهرباء لبنان بحوالى 100 مليون دولار. وعلم أن الامر نفسه يتم البحث في اعتماده مع مؤسسة كهرباء امتياز زحلة التي سبق وعرضـت مشروعا لانتاج وبيع الطاقة للمشتركين، وكانت العقبة الاساسية في هذا المشروع قضية التعرفة التي ستكون اعلى من التعرفة المعتمدة من مؤسسة كهرباء لبنان، باعتبارها مدعـومة بشـكل كبير وتـباع باقل من ربع كلفة الانتاج لحوالى 85 في المئة من المشـتركين البـالغ عددهم أكثر من مليون و100 الف مواطن لبناني. فانتاج الكـيلوات ساعة يكلف الدولة اليوم حوالى 420 ليرة ويباع بالمتوسـط بحوالى 110 ليرات تقريبا. هذا سبب العجز الاساسي في كهـرباء لبنان الذي سيفوق هذا العام 5. 1 مليار دولار على برميل نـفط بحدود 140 دولارا.

2008/7/7

69

بيان حكومة العشرة أشهر:

تكرار عناوين لعشر سنوات ماضية. .

طبيعي أن يأتي البيان الوزاري «الانتخابي بامتياز» على ذكر بنود الورقة الاصلاحية الاقتصادية والمالية التي تعهدت بها الدولة اللبنانية للدول المانحة في مؤتمر باريس 3، باعتبارها ورقة تتكرر بنودها ولا تنفذ، بل تعطل بالخلافات السياسية منذ عام 2002، أي منذ باريس ـ 2 وحتى ما قبل ذلك بعدة سنوات. فمضمون المقدمة الخاصة بالسياسات الاقتصادية تفتقر إلى الدقة في القدرة على التنفيذ، وهي فضفاضة وتضم جملة إصلاحات ما زالت أقرب إلى العناوين الفاقدة آليات التنفيذ.

الأخطر في الأمر فراغ هذه المقدمة من موضوع القضية الاجتماعية وقضية الاجور التي تميز بين القطاعين العام والخاص، بحيث تحدد التصحيح في الاجور للقطاع الخاص بالحد الأدنى، بينما تطاول الزيادة كل الاجور في القطاع العام، الامر الذي يبرز الثغرة الخاصة بالقضية الاجتماعية ككل، ويضرب عرف تصحيح الاجور ومهمة لجنة المؤشر ويعطل المجالس الثلاثية التمثيل. فإذا كانت الدولة مسؤولة عن تقديمات أجراء القطاع العام فقط، فمن المسؤول عن تردي أوضاع سائر الطبقة العاملة والمؤسسات التي

ترعى هذه التقديمات؟ وهل الغلاء والتضخم يصيبان فئة من الموظفين والأجراء ويتجاوز اخرى؟

في الحقيقة إن كثرة العناوين في البيان الوزاري تعني قياسا إلى عمر الحكومة غير المنسجمة انها «مثل قلتها». وربما كان من الافضل أن تسمع الحكومة نصيحة رئيس كتلة المستقبل النائب سعد الحريري عندما اقترح أن لا يكون البيان فضفاضا في عناوينه، وها هي الحكومة تقع في «خطأ الزيادة أخت النقصان».

1ـ شعارات بالجملة لولاية بالمفرق

لكن غير الطبيعي هو أن تتوافق القوى المتخاصمة وغير الموثوقة وغير الواثقة بعضها ببعض، في حكومة «مرممة» بشعار سقف الوحدة الوطنية، أن تنجح حكومة الاشهر العشرة بما عجزت عنه حكومات السنوات العشر الماضية، بفعل سياسات التعطيل من جانب الادوات والعدة نفسها التي أعاقت تنفيذ تعهدات باريس 2، لا سيما في أمور المالية العامة وقضايا تنشيط خطوات الخصخصة، بعد التأميم لقطاع الخلوي وجعله القطاع الأكثر تخلفا بين دول المنطقة، بعدما كان في طليعة قطاعات الاتصالات في المنطقة منذ بداية التسعينيات.

ومن غير الطبيعي أيضا أن تستطيع هذه الحكومة التعهد بأكثر من تبني بعض الخطوات المحتاجة إلى إقرار تشريعات وقرارات تؤكد التوجه، دون القدرة على اتخاذ خطوات مفصلية مثل معالجة الخصخصة في الاتصالات والكهرباء، ومعالجة عجز الضمان الصحي من دون قرار جذري بإعادة النظر في تعديل الاشتراكات ومساهمة الدولة التي تكلف اليوم أكثر من 240 مليار ليرة سنويا،

من دون تأمين التقديمات اللائقة للمضمونين، ومن دون حل مشكلة تفاقم العجز.

بالكاد تستطيع هذه الحكومة الانتخابية بامتياز أن تحافظ على التعهد بالعناوين كخطوة أولى، ومن دون تفاصيل، الامر الذي سيعيد تأجيل وتمديد مهلة التعهدات اللبنانية في تطبيق البنود الاصلاحية التي تأخرت سنتين عن المباشرة بها، وهي خطة خمسية كان يفترض أن تنطلق في عام 2007، فيما نحن اليوم على مشارف عام 2009.

2ـ البيان الوزاري وعناوين الورقة الإصلاحية

أما المتغيرات في المعطيات وسيناريوهات الاصلاحات فهي تحتاج إلى ورشة كبيرة في حد ذاتها، بفعل الغلاء والتضخم وتراجع ايرادات الدولة وتزايد النفقات، من عجز الكهرباء إلى كلفة المحروقات، مع تزايد الهدر من جراء إضعاف مؤسسات الدولة وتردي خدماتها.

مع كل ذلك، يكفي التذكير بالعناوين الاساسية لبرنامج باريس ـ3 الاقتصادي والاجتماعي والمالي لمعرفة صعوبة إمكانية التعهد في التطبيق في مرحلة انتخابية لحكومة اجتياز العوائق الداخلية، أي داخل الحكومة، قبل العوائق الخارجية، وهي كثيرة ومتشعبة المصالح والخطوط في سباق الحواجز للمسافات الطويلة.

يعتمد البرنامج الاصلاحي على أربعة عناوين أساسية، وعلى المعطيات الماكرو اقتصادية، وهي واردة في الجملة في المقدمة

الاقتصادية للبيان الوزاري. والعناوين الاساسية في الورقة الاصلاحية هي الآتية:

ـ معدل نمو - 5 في المئة عام 2006، يتصاعد ابتداء من عام 2007 إلى معدل يتراوح بين 4 و5 في المئة، أي العودة إلى الاتجاهات الملحوظة قبل حرب تموز في صيف 2006.

ـ انخفاض معدل التضخم من 5. 7 في المئة عام 2006 ليستقر بين 2 و5. 2 في المئة.

أما عناوين «برنامج الاصلاحات الخماسي مع وقف التنفيذ» الاربعة فهي باختصار تقوم على الاقسام الاتية:

1 ـ قسم اجتماعي: توجه خاص نحو الفئات المحتاجة من السكان، توسيع تغطية الضمان الاجتماعي، أعمال في مجالي التربية والصحة وغيرها.

وهذه القضية تحتاج إلى إحياء الحوار الاقتصادي الاجتماعي في إطار تفعيل المجلس الاقتصادي والاجتماعي لدراسة القضايا الاساسية، من تفعيل الضمان الاجتماعي وإصلاح قانون الضمان بإقرار نظام التقاعد والحماية الاجتماعية، بما يضمن الظروف المعيشية لفترة ما بعد نهاية الخدمة لفئات إجراء القطاع الخاص.

2 ـ قسم بنيوي: إصلاح الإدارة العامة، تحسين البيئة القانونية للاعمال، إصلاح القطاع المصرفي وإدارة الدين، تحسين التمويل للمؤسسات الصغيرة والمتوسطة.

3 ـ قسم الموازنة، ويتضمن:

ـ زيادة عائدات الضريبة: زيادة الرسوم على القيمة المضافة بين عامي 2008 و2010، تجزئة تدريجية للرسوم على المحروقات، زيادة الرسوم على المنتجات المالية، إدخال ضريبة موحدة على الدخل ابتداء من عام 2008.

ـ التحكم في النفقات: الحد من نفقات الدولة، إعادة هيكلة مصلحة كهرباء لبنان، الحد من الوظائف الحكومية.

4 ـ قسم الخصخصة: التخلي عن الهاتف الخلوي (عام 2007 وعن تلكوم لبنان عام 2008)، وهذا أمر لم يحصل ولا يبدو أنه سيحصل قريبا، بهدف تخصيص عائدات هذين القطاعين لتسديد جزء من الدين العام وبالتالي تقليص خدمته.

كان من المفترض أن يجري تنفيذ هذا البرنامج خلال المرحلة الممتدة من عام 2007 حتى 2011، بدعم من المجتمع العربي ومن المجتمع الدولي بشكل خاص، عبر المؤسسات والدول والصناديق التي تعزز الثقة بقدرة لبنان على القيام بمتوجباته الاصلاحية ومعالجة أعبائه المالية، انطلاقا من تقليص عجز الموازنة، وهو ارتفع بشكل كبير في منتصف 2008 ليصل إلى أكثر من 33 في المئة، وهو رقم كبير لا يتوافق مع الترقبات، وهذا يعود إلى التشرذم السياسي والخلافات القائمة ما بعد حرب تموز من عام 2006 والتطورات المتلاحقة.

3ـ الإصلاحات في موازنة 2009

هناك عنوان آخر من خارج أقسام الورقة الإصلاحية لباريس 3، وهو موضوع الموازنة العامة لعام 2009 الذي يفترض أن يتم وضعه مع نهاية شهر ايلول من كل سنة، لتقديمه إلى المجلس النيابي بعد إقراره من الحكومة.

فموضوع الموازنة بحد ذاته سيخلق مشكلة باعتبارها موازنة انتخابية اذا أقرت، باعتبار أن «تناتش» الحقائب الذي حصل في صراع طويل، هدفه وزارات الخدمات التي تحتاج إلى موازنات تلبي الرغبات والمصالح ضمن الخدمة العامة التي تتم لمصالح

انتخابية خاصة، مهما اختلفت الشعارات والحديث عن الاصلاحات والمحاسبة والشفافية والتدقيق والمراجعة.

إشارة إلى أن لبنان يعمل من دون موازنة منذ ثلاث سنوات، حيث تتم عمليات الإنفاق على أساس القاعدة الاثني عشرية، مع مخالفة المبدأ، باعتبار أن النفقات كانت تزيد عن معدلات موازنات السنوات السابقة، كذلك نسبة العجز بفعل التطورات والأعباء الناجمة عن تزايد عجوزات الكهرباء من جهة وعجوزات الضمان الصحي والتعويضات العائلية من جهة ثانية.

إشارة إلى أن عجز الموازنة في عام 2008 سيتخطى التوقعات بسبب نمو العجوزات وتزايد النفقات. وهذا الواقع لن يتغير كثيرا في موازنة عام 2009 التي يفترض أن تتضمن بنودا مالية إضافية، بدل تصحيح الاجور في القطاع العام، إضافة إلى تقديرات جديدة لمساهمة الدولة في نفقات التقديمات الاجتماعية في الورقة الاصلاحية وتعزيز التنمية المناطقية ودعم القطاعات الإنتاجية.

وتقدر التوقعات المالية أن يرتفع العجز إلى أكثر من 37 في المئة ما لم تنفذ بعض الاصلاحات وخصخصة قطاع الاتصالات كليا أو جزئيا. إشارة إلى أن العجز المقدر لعام 2008 يفوق 4500 مليار ليرة، بما نسبته 36 في المئة، باعتبار أن إجمالي النفقات المقدرة ستفوق 11840 مليار ليرة. وإن الايرادات ستكون بحدود 7675 مليار ليرة. السبب الاساسي في النفقات أن عجز الكهرباء والضمان إلى تزايد، بما يفوق الـ2250 مليار ليرة، منها حوالى 2000 مليار للكهرباء بالحد الأدنى. كذلك فإن خدمة الدين العام لن تتراجع بالشكل المطلوب، وهي ستزيد مقارنة بعام

2008، وهي ستصل إلى حوالى 5200 مليار ليرة برغم الفوائد والتسهيلات المقدمة من الدول المانحة.

إشارة إلى أن أكثر من 6. 4 مليارات دولار من مساهمات باريس 3 مرهونة بإصلاحات أساسية مالية وإدارية واجتماعية. وإن مجموع المساهمات التي وصلت حتى الآن تقارب المليار دولار من دون المساهمات للقطاع الخاص والتسليفات للقطاعات الانتاجية.

في الخلاصة، إن عناوين البيان الوزاري الاجتماعية والاقتصادية في ما خص موضوع مكافحة الغلاء وتصحيح الاجور تأتي على حساب العمال والأجراء تحت شعار مراعاة الظروف الاقتصادية. وهكذا سيأتي الامر في حكومة المصالحة المؤقتة على حساب أصحاب الدخل المحدود وبعض القطاعات لتمرير المصالح السياسية والانتخابية في الوقت الضائع المتبقي، بانتظار الانتخابات النيابية. بمعنى آخر إن العناوين الاقتصادية الواردة أو المترددة حتى اللحظة لا تعدو كونها تسجيلا للأزمة، تتكرر في أغنية الإصلاح، وتضيع نغمتها في الضجيج السياسي والمصالح الاقليمية على حساب فقراء الشعب اللبناني وبعض قطاعاته.

يضاف إلى ذلك سعي المرجعيات في الحكومة وخارجها إلى كسب ود الهيئات الاقتصادية وأصحاب العمل في إطار التحضير للمعارك الانتخابية المقبلة.

والسؤال الاخير هنا: أين الأصوات الوزارية التي كانت تعترض على عدم إحياء الحوار الاجتماعي، وعدم كفاية تصحيح الاجور عن العام الماضي اعتبارا من بداية عام 2008 أي من 2008/1/1؟

2008/8/4

الأزمة العالمية لبنانيا:
مساهمات "باريس 3" مؤجلة!

لا عوائق أمام إقرار المجلس الدستوري في الجلسة التشريعية المقررة غدا. لا تطورات سياسية استثنائية داخليا، سوى استمرار التحضير لـ«حفلة» المصالحات الداخلية. مجلس الوزراء يناقش غدا جدول أعمال عاديا، فيما يعود رئيس الجمهورية ميشال سليمان من رحلته الفرنكوفونية، ويرتاح بضعة ايام قبل أن يحزم حقائبه باتجاه الفاتيكان نهاية هذا الشهر، ومن ثم إلى طهران التي ستستقبله في تشرين الثاني المقبل، بعد الجولة الثانية للحوار الوطني المقررة في الخامس منه. أما الأمن، فيستمر «طبقا يوميا»، في ظل الوقائع التي حصلت وتحصل منذ أربع سنوات حتى الآن، مع تركيز استثنائي على بعض الشبكات الأصولية المتطرفة المتغلغلة في كل المناطق اللبنانية، والتي تسعى القوى الأمنية إلى تفكيكها الواحدة تلو الأخرى. وبين شقي السياسة والأمن، يبقى العنوان الاقتصادي حاضرا في يوميات اللبنانيين، وهم يراقبون يوميا ما يشهده العالم من اختلالات بنيوية وأرقام مبهرة ووقائع لا تحدث إلا مرة واحدة في العصر. وبينما كان التراجع يصيب عالميا أسعار السلع والمواد الأساسية، مثل النفط والقمح والحديد ومواد البناء والزيوت بفعل الكساد الذي أصاب

الدول المصدرة والمنتجة ونقص السيولة وتراجع القدرات الشرائية لدى الدول والأفراد، فإن اللبنانيين لم يشعروا بهذا التراجع عمليا، ما عدا تراجع أسعار المحروقات، فيما تستمر تعرفة النقل في وسائل النقل العامة والخاصة على ما هي عليه! وظل موضوع الأزمة الاقتصادية والمالية العالمية يطرح أسئلة كبيرة على اللبنانيين، إزاء الإيجابيات والسلبيات التي يمكن أن يحصدوها، في ظل تقديرات بأن تصيب الاقتصاد اللبناني حالة من الركود ينتظر أن تصيب معظم الاقتصاد العالمي، فضلا عن تقديرات متفاوتة بخصوص القطاع العقاري واستمرار حالة الاطمئنان إلى سلامة الوضع المصرفي، من دون إغفال ما يمكن أن تتركه «السنة الانتخابية» المقبلة من تأثيرات سلبية وإيجابية في آن معا على الاقتصاد اللبناني. وجاءت تطمينات حاكم مصرف لبنان المركزي الدكتور رياض سلامة حول سلامة القطاع المالي والمصرفي والتأثر غير المباشر لبورصة بيروت، لكي تعزز القول بضرورة أن يشعر المواطن اللبناني بأثر الإيجابيات وتوافر السيولة المترافق مع تراجع الأسعار، انطلاقا من أسعار النقل العام والخاص المرتبطة بسعر النفط، إلى أسعار الحبوب واللحوم والحليب ومشتقاته، التي لم تتحرك إلا صعودا في لبنان. كذلك السؤال حول الانعكاس على أسعار العقارات التي تراجعت في الخارج، وهي تزداد ارتفاعا في لبنان، وسط استمرار الطلب على القروض السكنية، برغم الانخفاض الكبير في أسعار الحديد ومواد البناء، بفعل ازمة الكساد التي تلف العالم. وتختلف النظرة إلى قطاع العقارات، باعتبار أن هناك من يتوقع استقرار السوق العقاري (تجميد الأسعار) وبالتالي عدم تراجعه أسوة بما يجري في العالم، في حين تؤشر حركة القروض السكنية وطلبات التسليف إلى استمرار الارتفاعات، نتيجة تفوق الطلب على العرض. وقالت

مصادر في مصرف الإسكان والمؤسسة العامة للإسكان لـ«السفير»: إن حجم الطلبات اليومية تفوق الـ150 طلبا في بعض الأيام، وكلها على العقارات والمساكن الصغيرة والمتوسطة. . . وهذا عنصر يجعل الأسعار لا تتحرك نزولا في المدى القريب. ومن بين نتائج الأزمة العالمية التوجه الحكومي لتعديل أرقام موازنة عام 2009، التي أخر وزير المالية د. محمد شطح تقديمها حتى الأسبوع المقبل، باعتبار أن تراجع أسعار النفط خفض عجز الكهرباء حوالى 500 مليار ليرة من حوالى 2400 مليار ليرة على برميل نفط بسعر 105 دولارات إلى حوالى 80 دولارا. مع الإشارة إلى أن المالية خفضت أيضا تقديرات المشاريع بالاعتماد على المشاريع الممولة من الخارج مما يخفض أيضا عجز الموازنة العامة. محاولة تحصيل مساهمات باريس 3. ومن بين النتائج السلبية التي تحاول الدولة تطويقها، تلك المتعلقة بالمساهمات المتبقية لدعم الخزينة من مساهمات باريس 3 والحصول على مبلغ 700 مليون دولار، الذي يبدو انه بات مؤجلا حتى تموز 2009، نتيجة تخبط أنظمة الدول الصناعية والغنية بارتدادات ومفاعيل ازمة الرهونات العقارية، التي كلفت أكثر من 3000 مليار دولار تقريبا بين اميركا وأوروبا إضافة إلى الأسواق الآسيوية. وتجدر الإشارة إلى ان المبالغ الباقية من باريس 3 تقدر بحوالى 7. 5 مليارات دولار من اصل 6. 7 مليارات، وصل منها حوالى المليارى دولار، نصفها للقطاع المصرفي لإقراضها للمؤسسات الخاصة. وقال وزير المالية محمد شطح لـ«السفير»: إن الدول المانحة والصناديق الدولية اكدت انها باقية على مساهماتها، فور المضي بقرارات الاصلاحات وخصخصة الهاتف الخلوي وإعادة النظر بتعرفة الكهرباء (رفعها) وتخفيض عجز المؤسسة. وأكد شطح ان الموازنة جاهزة لعرضها على مجلس الوزراء خلال الايام المقبلة.

توقع انخفاض أسعار المواد والتضخم وقال الدكتور فريدي باز، كبير مستشاري «بنك عودة»، لـ«السفير»: إن ارتدادات الازمة العالمية تخطت القطاع المالي، وهي ستؤثر على الاقتصاد الحقيقي، وسيستمر ذلك التأثير خلال عام 2009 وقد يصل إلى منتصف عام 2010. فالكساد يؤدي إلى تراجع اسعار المواد الاولية، نتيجة تراجع الطلب عليها بفعل ازمة السيولة، وهذا الامر ايجابي بالنسبة إلى لبنان باعتبار ان اقتصاده استيرادي بالنسبة للسلع والمواد الاولية والاستهلاكية. ولكن هذا الامر يحتاج إلى استثمارات يمكن توافرها في لبنان، كما يحتاج إلى مستوى أسعار مقبول وبحاجة لتمويل. فارتدادات ازمة السيولة العالمية تؤثر على التسليف المصرفي، كما هو حاصل اليوم في أوروبا وفي العالم. اما لبنان فقد «بات اليوم الجنة الأكثر أمانا». فالسيولة متوافرة لدى القطاع، والودائع زادت 9 مليارات دولار خلال تسعة اشهر، بواقع مليار دولار شهريا، مقابل اقل من 500 مليون دولار كمتوسط شهري في السنوات السابقة. وعلى صعيد الانعكاس على اسعار الاستهلاك والتضخم، قال حاكم مصرف لبنان رياض سلامة لـ«السفير» ان التضخم تراجع من 14 في المئة حتى تموز الماضي إلى 5. 11 في المئة بفعل تراجع الاسعار. كما اشار إلى أن النمو في عام 2008 سيصل إلى 6 في المئة، فيما قال فريدي باز إن الاسعار ستتراجع في السوق اللبنانية، وإن وتيرة النمو قد تتخطى الـ 6 في المئة.

2008/10/20

من عجز الدولة والخزينة. . إلى الكهرباء
خطة طابوريان كلفتها 5 مليارات

يمكن القول إن هذه الدولة بأجهزتها، بما فيها هذه الحكومة، وخلال ما تبقى
لها من الوقت الضائع، لن تستطيع اتخاذ أية قرارات مفصلية لعلاج
المشكلات الاقتصادية والمالية المستعصية من الضمان إلى الكهرباء وتردي
الخدمات وتنفيذ الإصلاحات ولو الصغيرة. لكنها تستطيع أن تفجر المشكلات
وتضعها على سطح المناوشات والنزاعات السياسية وتخلق مناسبات اضافية
للنقاشات الانتخابية لمن يريد على حساب المصلحة العامة وباسمها .
لا يعني ذلك أن هذه الحكومة وحدها هي المسؤولة عن تردي الأوضاع في
النقاش والمعالجات، وإنما هي شريك أساسي كونها حكومة وحدة وطنية ولو
من باب التسمية ، وباعتبارها حكومة الأطراف المتنازعة منذ سنوات
والمتوافقة لالتقاط الصور الأسبوعية لجلسات مجلس الوزراء وهذا اضعف
الإيمان.
كل المؤشرات تدل على أن الاداء الحاصل من المجلس النيابي إلى السلطة
التنفيذية اعجز ما يكون عن تقديم اية حلول ولو مؤقتة لمشكلات كبيرة
تتهدد البلاد من اثار الازمة المالية

والاقتصادية العالمية ومفاعيلها الاجتماعية، إلى ازمة الخدمات وخصوصا ازمة الكهرباء التي تنذر بكارثة كبيرة ابعد من التقنين هذه المرة نتيجة غياب الحد الأدنى من التوافق السياسي على الانطلاق بالمعالجة التي يفترض أن تبدأ اليوم قبل الغد وهي كان يفترض أن تبدأ قبل سنة على الاقل تلافيا لمشكلات اكبر مع كل بداية صيف أو شتاء .

اما ازمة المياه فحدث ولا حرج باعتبار أن المعالجات غائبة بصورة شبه كلية وأن المسؤولين في واد وهموم الناس في واد آخر، والمشكلات الحقيقية في واد ثالث، ومستقل تماما عن الاهتمامات الاساسية والملحة التي تخاطب القضايا المعيشية. اما موضوع العجز في الضمان الاجتماعي والعجز عن معالجة مشكلة الصندوق وتحسين التقديمات للمضمونين والحد من معاناتهم وتأخير معاملاتهم فامر يحتاج وحده إلى أكثر من قرار سياسي وتوافقي، وهو امر بعيد المنال، باعتبار أن هموم الناس ومئات الاف المضمونين هي من اخر هموم القائمين على امور الدولة .

1 ـ أفلام قديمة يعاد تلوينها

فموضوع الموازنة العامة للعام 2009 ليس هو المهم بحد ذاته اليوم، باعتبار أن البلاد تعيش من دون موازنة عامة منذ اربع سنوات تقريبا ، ومن دون أن تظهر المشكلات القائمة حول موازنات الصناديق والمجالس، وسوق عكاظ الذي يفتتح المزاد في الخطب ورفع الاصوات على قضايا فيها من التنفيعات الانتخابية أكثر بكثير من الخدمات لاصحاب الحقوق والمتضررين من جراء الحروب والكوارث القديمة والمتجددة .

إنه من الافلام القديمة التي يعاد تلوينها وعرضها على شاشة النقاش، ان تطرح عملية الصناديق ومصائرها مع كل موازنة ، كذلك باتت قديمة جدا شعارات العودة إلى طرح الغاء كل المجالس مقابل صندوق المهجرين ومجلس الجنوب والمقصود هنا مجلس الانماء والاعمار ، وقبله الغاء مجلس تنفيذ المشاريع ، ومجلس تنفيذ المشاريع الكبرى لمدينة بيروت ، تحت شعار مشترك هو انشاء أو اعادة وزارة التصميم أو التخطيط. ولا يجب نسيان موضوع الهيئة العليا للإغاثة التي تولت عمليات الاشراف على توزيع المساعدات والتعويضات لفئات واسعة من المتضررين بالجملة والمفرق .
هذه المعارك كانت دائما تنتهي بتسوية بالعودة إلى المجالس والصناديق مع وضع مخصصات رضائية ثم تموت الموجة التي تثار دائما في غير موعدها تحت شعارات مختلفة . فالنقاش يجب أن يكون حول نقطة واحدة هي هل أن الصناديق انتهى دورها ومهمتها التي انشئت من اجلها ؟
وما هي المشكلات المتبقية وكلفتها المالية والمدة المطلوبة لانجازها لكي يصار بعدها إلى الغاء هذه الصناديق والمجالس ؟
المطالبة والتصعيد ضعيف، واثارة الموضوع في هذا الوقت اضعف، وحجة الاطراف كلها لا تستند إلى منطق مقنع في الدفاع عن حقوق اصحاب الحقوق بقدر الدفاع عن المكتسبات الانتخابية وتسجيل المواقف عند طاولة حكام الانتخابات بشكل مبكر.
المهم أن الموازنة العامة تأخرت عن موعدها الدستوري، وان العجز سيفوق المقدر له في المشروع، وإن مشكلة تمويل احتياجات الدولة من اموال باريس 3 من المبالغ المتبقية والمقدرة بحوالى 3. 5 مليار دولار لن تصل في موعدها، باعتبار ان الدولة

والحكومة لم تستطع الايفاء بالتزامات الاصلاح والخصخصة، وان المجلس النيابي يجمد أكثر من 35 إلى 40 مشروعا اقرت من ايام التشرذم السابق وما سمي بمرحلة «الحكومة البتراء».

الاغرب من ذلك لم يشعر القائمون على السلطات بوجود ازمة مالية عالمية تنذر الدول الكبرى والصغرى والمتوسطة بمزيد من الخسائر والاضرار والجمود وتهديد فرص العمل . كذلك تنذر الدول المانحة بعدم القدرة على تسديد متوجباتها للبنان وهي تبحث اليوم عن مصادر تمويل لاعادة اعمار غزة بعد مخيم نهر البارد وغيرها من الكوارث .

فعجز الموازنة هذا العام ومن دون مناقشة خطة الكهرباء المكلفة جدا حسب تقديرات الوزير المعني فأن عجز الخزينة سيتخطى مبلغ الـ6000 مليار ليرة وأن النسبة ستعود إلى الارتفاع إلى أكثر من 30 في المئة .

2 ـ أزمة الكهرباء وخطة الخمسة مليارات دولار

تبقى قضية الكهرباء مشكلة المشاكل وهي ستبقى تعاني من العجز برغم تراجع سعر النفط.

النقطة الاولى هي في عدم التوصل حتى الان إلى اعتماد سعر واحد لبرميل النفط في موازنة الدولة من جهة وموازنة مؤسسة كهرباء لبنان من جهة ثانية . فالموازنة العامة اعتمدت سعر 54 دولارا لبرميل النفط، بينما اعتمدت مؤسسة كهرباء لبنان سعر 68 دولارا لبرميل النفط، باعتبار ان الدولة تدفع في العام 2009 ثمن بعض المستوردات التي تمت في العام 2008 حيث كأنت الاسعار فوق المئة دولار للبرميل .

مع كل ذلك فإن عجز مؤسسة الكهرباء خلال العام 2009 سيكون بحدود 900 مليار ليرة باعتبار أن تعرفة الكهرباء موضوعة على سعر برميل نفط بـ25 دولارا وهي تعود للثمانينيات.

هذه مشكلة العجز باعتبار أن المؤسسة تقدر ايراداتها بحوالى 1030 مليار ليرة بافضل الظروف، في حين أن النفقات تفوق الـ1995 مليار ليرة تقريبا، اذا ما استقرت اسعار النفط على معدلاتها الحالية من صعود كبير.

مع الاشارة هنا إلى أن اعمال الصيانة والتجهيز ستزيد خلال العام الحالي باعتبار أن الاعطال تزايدت خلال الاونة الاخيرة الامر الذي زاد من ساعات القطع وانعدام التغذية في أكثر المناطق .

وتصادف عملية ارتفاع وتيرة الازمة مع الاستحقاق الانتخابي واجراء الانتخابات في يوم واحد أي في السابع من حزيران، حيث يفترض على كهرباء لبنأن ان تؤمن التيار لكل المناطق اللبنانية وعل مدار الساعة لمدة يومين على الاقل وهذه دون قدرات مؤسسة كهرباء لبنان لعدة اعتبارات .

الاعتبار الاول أن حاجة البلاد من الكهرباء اليوم هي بحدود 2200 ميغاوات ، في حين أن القدرات المتوافرة لا تزيد عن 1500 إلى 1600 ميغاوات مع الكميات المشتراة من سوريا والمقدرة بحوالى 100 ميغاوات.

بمعنى اخر إن هناك عجزا دائما بحوالى 700 ميغاوات في حال عدم وجود طوارئ.

الاعتبار الثاني هو انه بات على كهرباء لبنان انجاز اعمال الصيانة الدورية لكل المعامل والمجموعات قبل حزيران وهذا امر

من الصعوبة بمكان خلال فترة زمنية قصيرة باعتبار أن أي عطل يحصل اليوم يحتاج اسابيع لاصلاحه أو ازالته .

الاعتبار الثالث انه من المستحيل حتى لو اقرت خطة الوزارة اليوم ان تؤمن زيادات ملحوظة في التغذية خلال الفترة الفاصلة عن الانتخابات اذا حصلت في موعدها.

3 ـ خطة الوزير والتمويل

احال وزير الطاقة والمياه الان طابوريان إلى مجلس الوزراء خطته المختصرة بأربع اوراق صغيرة لتأمين التيار الكهربائي عن طريق استحداث معامل جديدة أو مجموعات جديدة في مختلف المناطق اللبنانية.

الخطة العاجلة تقضي، وهي من دون تفاصيل حول التمويل والمصادر والعروض ، بتأمين حوالى 10 إلى 12 مجموعة بطاقة 80 ميغاوات تعمل على الفيول اويل وليس على المازوت للتوفير في كلفة الانتاج. وهي مجموعات يتم وضعها في مناطق معامل الكهرباء الحالية أي في الجية والزوق وطرابلس والزهراني وصور وبعلبك . كلفة هذه المجموعات حوالى المليار و200 مليون دولار، باعتبار أن كلفة الميغاوات تقدر بحوالى المليون ونصف المليون دولار. هذه المجموعات تجهز خلال سنة ويتم تركيبها بمعدل مجموعة كل شهر بعد سنة من اعتمادها. الغريب في الامر أن الوزير ومن دون دراسة جدوى اقتصادية واضحة حتى الان، يقول إن هذه الخطة تحقق ارباحا للكهرباء بحدود 150 مليار ليرة سنويا، وهذا امر لا يأخذ في الاعتبار طبيعة الهدر الحاصل

والتعليق على الشبكات وعدم قدرة موظفي الكهرباء بالوصول إلى المناطق لتحقيق الجباية.

أما المرحلة الثانية من الخطة فتقضي بانشاء معمل كبير لانتاج الكهرباء يعمل على الفحم الحجري بطاقة قدرها حوالى 1500 ميغاوات وهذا المعمل يحتاج من ثلاث إلى خمس سنوات. اما الكلفة الإجمالية لتأمين الكهرباء والكميات الاحتياطية للبنان فتقدر بحوالى 8. 4 إلى 5 مليارات دولار من الان وحتى العام 2013 تقريبا .

بمعنى آخر، إن المرحلة الاولى تحتاج سنتين لزيادة الطاقة الانتاجية بحوالى 1000ميغاوات لتغطية بعض النقص الحاصل ما لم تحصل اية اعطال كبيرة في المعامل القديمة في الجية أو الزوق باعتبار أن اعمار المجموعات العاملة هناك تخطى بعضها الاربعين سنة وبعضها الآخر تخطى الـ35 سنة على الاقل .

هذه الخطوط العريضة للخطة التي تسنى لنا الاطلاع عليها ، وهي ستشهد مناقشة في مجلس الوزراء اذا سمحت الظروف الانتخابية والخلافات المالية حول الصناديق بذلك .

النقطة الابرز في كل هذه الخطوات والاقتراحات العلاجية ، هي استبعاد موضوع استيراد الغاز والاعتماد على توليد الطاقة بواسطة الغاز الذي كان ينتظر وصوله من مصر عن طريق سوريا ، والذي تم تأهيل معمل البداوي على اساسه من قبل شركة سيمنز على اساس وصول الغاز اعتبارا من نيسان من العام 2005، ومازالت الاتصالات مستمرة . ومما زاد في هذا التوجه أن امكانية مد الانابيب بين البداوي والزهراني لتأمين الغاز خطة

تحتاج وحدها أكثر من 600 مليون دولار مع انشاء خزانات في مناطق اخرى
.

في المحصلة خطط بالجملة وشعارات بالجملة والمفرق، والنتيجة واحدة
تراجع في التغذية ونمو في التقنين والاعباء على المواطن وعلى المليون و100
الف مشترك في كهرباء لبنان.

2009/2/2

الجزء الثاني

خارج المناكفات السياسية: 788. 4 مليارات دولار
أرباح القطاع المصرفي منذ 1992

تميزت المرحلة القليلة الماضية بتحضيرات نقابية وسياسية وغير سياسية للتحرك المطلبي باتجاه الحكومة، وهو أمر مشروع لكل فريق يملك مطالب معيشية محقة أو ملاحظات على الورقة الاصلاحية، التي لم تصبح بعد ورقة الحكومة لعدم إقرارها في مجلس الوزراء حتى اللحظة. كل ذلك من ضمن المؤشرات على تصاعد موجة الخلافات السياسية بين أهل السلطة والمعارضة وأطراف الحوار الوطني، الذي يسير بتقطع بين الالغام المحلية والاقليمية والدولية، وسط غياب شبه تام للهموم المعيشية المتفاقمة منذ أكثر من 10 سنوات. ويبقى الامر شبه عادي في إطار الفولكلور الوطني اللبناني السياسي، إلى أن وصلت الامور إلى تخطي المشكلة السياسية، للمباشرة بالتوجه نحو القطاعات الاقتصادية المتبقية في البلاد، ومنها القطاع المصرفي الذي طالته التصريحات السياسية مباشرة، من باب المديونية العامة البالغة حوالى7 .38 مليار دولار، والفوائد التي ترتبت على هذا الدين والمقدرة بحوالى 23 مليار دولار، استخدمها بعض السياسيين في عيد العمال وقبله للهجوم على القطاع المصرفي، والقول بأنه هو

من حقق هذه الارباح، ولو أن الكلام يجانب الدقة ليدخل المصارف في التجاذبات السياسية، وهي آخر حلقة متبقية لتمويل الاقتصاد اللبناني واحتياجات الدولة، مما يعني أن التصعيد السياسي لن يتوقف عند أي من الاعتبارات، سواء أكانت لمصلحة لبنان الدولة أو ضده، في حرب الخصوم المستعرة للنيل واحدهم من الآخر مهما كانت المخاطر.

إن نموذج التخاطب السياسي المتطور والمتصاعد قد يفوت على لبنان ليس فرصة تحسن الموسم السياحي وموسم الاصطياف فحسب، بل يمكن أن يصيب حركة الرساميل الوافدة التي سجلت دخول حوالى 2495 مليون دولار، وانعكست فائضا بميزان المدفوعات بحاولى 662 مليون دولار خلال الفصل الاول، بزيادة كبيرة عن العام 2005، نتيجة مبيعات عقارية في سوليدير ودخول مساهمات مصرفية خارجية بشكل ملحوظ.

لقد حاول بعض المصرفيين، وفي مقدمهم رئيس جمعية المصارف الدكتور فرانسوا باسيل، أن يوضح الامور بالقول إن ارباح القطاع المصرفي اللبناني هي الاقل بين دول المنطقة والدول الاوروبية، اذ تبلغ ارباح القطاع حوالى 11 إلى 12 في المئة على الاموال الخاصة، في حين أن معدل الربحية لدى المصارف العربية تصل إلى 17 في المئة، مقابل حوالى 23 في المئة للمصارف الاوروبية.

وحسب لوائح صندوق النقد الدولي فإن أرباح القطاع المصرفي في العديد من الدول الاميركية والآسيوية والاوروبية تفوق بتفاوت نسب الارباح المحققة في لبنان، وإن تغطيات القطاع المصرفي اللبناني والمؤونات هي من بين الدول الجيدة.

وكان حاكم مصرف لبنان أشار ردا على بعض الاقتراحات التي تدعو الدولة إلى إجراء تسوية حول الديون مع المصارف إلى خطورة هذا الطرح، مشيرا إلى انه لا يجوز للدولة أن تعاقب مقرضيها. مع الاشارة إلى أن قروض المصارف للدولة هي من ودائع الناس وأن المصارف التي استفادت من التوظيفات في سندات الخزينة، كما يقول الدكتور باسيل، دفعت فوائد للمودعين على ودائعهم وفقا لتطورات أسعار الفوائد.

مؤشرات مصرفية منعا للاستخدام السياسي

ونظرا لمحاذير تناول الموضوع المصرفي من باب التجاذبات السياسية، في ظل الظروف الاقتصادية والمالية الصعبة، على صعيد الدولة والمواطن، لا بد من إلقاء الضوء على بعض المؤشرات الاساسية في القطاع المصرفي والتسليفات والعلاقة مع الاقتصاد، في محاولة لإبعاد القطاع المصرفي الذي يعمل بودائع الناس ويجذب الرساميل عن المعركة، حرصا على المودعين والعاملين والاقتصاد الوطني وسمعة البلد والدولة ومن بعدها القطاع المصرفي.

ومن هذه المؤشرات:

1- إن القول بأن الفوائد على الدين العام بلغت حوالى 27 مليار دولار استفادت منها المصارف أو بعض المصارف يحتاج إلى التدقيق من حيث الحجم اولا الذي قد يكون قريبا أو يلامس هذا الرقم. ولكن هذه الفوائد توزعت على المصارف والمكتتبين من المقيمين وغير المقيمين التي وصلت اكتتاباتهم احيانا إلى نسبة 12 في المئة، يضاف إلى ذلك المؤسسات العامة من الضمان

الاجتماعي الذي كون القسم الاكبر من احتياطاته، والتي فاقت في بعض الاوقات الــ3900 مليار ليرة، من توظيفاته في سندات الخزينة وكذلك اكتتابات الجمهور. وهذا لا يعني إطلاقا أن المصارف لم تحقق ارباحا كبيرة من جراء سندات الخزينة التي تحولت في بعض المراحل إلى المكان الوحيد للتوظيف في الودائع والاموال الخاصة. مع الاشارة إلى أن المصارف الكبرى كانت تتنافس في ما بينها على جذب الودائع بإغرائها بالفوائد المرتفعة ضمن الصراع على صدارة القطاع المصرفي.

2- لا شك بأن تطور الاموال الخاصة للقطاع المصرفي قفز بشكل كبير خلال بعض السنوات منذ العام 1992 وحتى نهاية الفصل الاول من العام 2006. إلا أن الحقيقة في تطورات الارقام تشير إلى ان مجموع أرباح القطاع المصرفي على الاموال الخاصة منذ العام 1992 وحتى نهاية الفصل الاول من العام 2006 بلغ 4 مليارات و788 مليون دولار، على أساس متوسط ربح سنوي يقدر بحوالي 342 مليون دولار. في المقابل، إن فوائد الدين العام الاجمالية التي تحملتها الدولة فاقت الــ25 مليار دولار، وهذا يعني أن الفوائد المدفوعة تفوق بخمسة أضعاف إجمالي الارباح المصرفية الخاصة. أما كبار المكتتبين من المصرفيين والمستثمرين فلا علاقة لهم بالقطاع المصرفي كمؤسسات.

3- لقد تطورت الاموال الخاصة للقطاع المصرفي خلال السنوات الــ15 من 143 مليون دولار في نهاية العام 1992، لعدد يقارب 84 مصرفا تملك 512 فرعا، إلى حوالى 4253 مليون دولار في نهاية العام 2005، أي بما يقارب 29 ضعفا،

نتيجة استخدام معظم المصارف الارباح لتعزيز الاموال الخاصة، استعدادا لتطبيق شروط بازل وتكوين مؤونات لمواجهة الديون المشكوك بتحصيلها، والبالغة حاليا مع الفوائد ما يزيد عن 2. 3 مليارات دولار. ناهيك عن عمليات زيادات رؤوس الاموال التي نفذتها المصارف على مدار السنوات القليلة الماضية تنفيذا لشروط بازل 2، وقد أجرت المصارف الكبرى والمتوسطة مجموعة إصدارات لزيادة الرساميل بمئات ملايين الدولارات.

4- إن اكتتابات المصارف بسندات الخزينة تحصل عادة من ودائع الناس، وان ديون المصارف للقطاع تطورت من 1686 مليون دولار في العام 1992 إلى حوالي 062. 19 مليار دولار في نهاية الفصل الاول من العام 2006. إشارة هنا إلى أن التسليفات للقطاع تتم عادة لتغطية عجز الموازنة والخزينة وبشكل دوري. وتفيد الاحصاءات أن التسليفات للقطاع العام ارتفعت بين نهاية آذار 2005 ونهاية آذار 2006 بما قيمته حوالى 4637 مليون دولار وما نسبته 32 14 في المئة، مع الاشارة إلى أن تسليفات القطاع العام زادت خلال الفصل الاول من العام 2006 فقط بما قيمته 1353 مليون دولار، وما نسبته 7. 64 في المئة في ثلاثة أشهر فقط.

المقاصة

إشارة هنا إلى أن حجم الديون التجارية المشكوك بتحصيلها ما زال بحدود 3259 مليار ليرة من دون الفوائد البالغة حوالى 2635 مليار ليرة، وهي العنصر الذي يزيد باستمرار مما يرفع قيمة الديون المشكوك بتحصيلها برغم التسويات التي تجريها المصارف

مع الزبائن. وهذا يفسر عدم حصول تراجع كبير في حجم الشيكات المرتجعة البالغة حاليا، أي حتى نهاية الثلث الاول من العام 61 الفا و975 شيكا، قيمتها 287 مليار ليرة، 7 .79 في المئة منها بالعملات الاجنبية حسب حركة المقاصة.

سجلت حركة غرف المقاصة بالليرة اللبنانية والعملات الاجنبية حتى نهاية شهر نيسان 2006 تبادل حوالى ثلاثة ملايين و500 الف و739 شيكا، قيمتها 17201 مليار ليرة تقريبا، في مقابل حوالى ثلاثة ملايين و337 الفا و687 شيكا للفترة ذاتها من العام 2005، قيمتها 15660 مليار ليرة لبنانية، أي بنسبة ارتفاع بالقيمة بلغت 84. 9 في المئة وقدرها 1541 مليار ليرة، وارتفاع في العدد بلغ 163 الفا و61 شيكا، أي بما نسبته 27. 6 في المئة.

توزع الشيكات المتقاصة
بين الليرة والدولار
بلغ عدد الشيكات المتقاصة بالليرة خلال الثلث الاول من العام حوالى المليون و70 الفا و319 شيكا، أي ما نسبته57 .30 في المئة من إجمالي عدد الشيكات المتقاصة، وبلغت قيمتها 3716 مليار ليرة لبنانية، بما نسبته 60. 21 في المئة من إجمالي قيمة تلك الشيكات. وكان عدد الشيكات المتقاصة بالليرة حتى نهاية شهر نيسان 2005 حوالى المليون و124 الفا و260 شيكا، قيمتها 4192 مليار ليرة لبنانية. مما يعني انخفاضا بعدد الشيكات بحوالى 53 الفا و941 شيكا، أي بما نسبته 80. 4 في

المئة. أما القيمة فسجلت انخفاضا قدره 475 مليار ليرة لبنانية بما نسبته 34. 11في المئة.

وبلغ عدد الشيكات المتقاصة بالعملات الاجنبية حتى نهاية شهر نيسان 2006 حوالي المليونين و430 الفا و23 شيكا، قيمتها 8942 مليون دولار. بينما بلغت حتى نهاية نيسان 2005 حوالي المليونين و213 الفا و418 شيك قيمتها 7605 مليون دولار. مما يعني ارتفاعا بعدد الشيكات بحوالى 217 الفا وشكين اثنين، أي بما نسبته 980 في المئة. اما القيمة فقد سجلت ارتفاعا بما قدره 1337 مليون دولار، أي ما نسبته 58. 17 في المئة.

الشيكات المرتجعة

بلغ عدد الشيكات المرتجعة حتى نهاية الثلث الاول من العام 2006 حوالي 80 الفا و96 شيكا، قيمتها 367 مليار ليرة لبنانية، في مقابل 91 الفا و846 شيكا مرتجعا خلال الفترة ذاتها من العام 2005، قيمتها 372 مليار ليرة. بمعنى آخر، فقد انخفض عدد الشيكات المرتجعة خلال المدة المذكورة أعلاه بما عدده 11 الفا و750 شيكا بما نسبته79. 12 في المئة. أما من حيث القيمة فقد ارتفعت بما يقارب 5 مليارات ليرة لبنانية، أي بنسبة26. 1 في المئة.

توزع الشيكات المرتجعة
بين العملات والليرة

شكل عدد الشيكات المرتجعة بالعملات الاجنبية حتى نهاية

نيسان 2006 ما نسبته20 .76 في المئة من إجمالي عدد الشيكات المرتجعة. وقد بلغ عددها حوالى 61 الفا و33 شيكا، وشكلت قيمتها حوالى 195 مليون دولار أميركي، بينما كانت في نهاية نيسان 2005 حوالى 67 الفا و378 شيكا. أي إن الشيكات المرتجعة بالعملات الاجنبية قد انخفضت بنسبة 10. 7 في المئة من حيث العدد، وارتفعت 33. 6 في المئة من حيث القيمة.

وشكل عدد الشيكات المرتجعة بالليرة اللبنانية حتى نهاية نيسان 2006 ما نسبته 80. 23 في المئة من إجمالي عدد الشيكات المرتجعة، وقد بلغ عدد هذه الشيكات 19 الفا و63 شيكا قيمتها حوالى 72 مليار ليرة لبنانية، مقابل 24 الفا و468 شيكا في نهاية نيسان 2005، قيمتها 63 مليار ليرة لبنانية. أي ان الشيكات المرتجعة بالليرة اللبنانية قد انخفضت بنسبة 09. 22 في المئة من حيث العدد، وانخفضت بنسبة 59. 8 من حيث القيمة.

وبالمقارنة مع مجموع حركة المقاصة، شكلت حركة الشيكات المرتجعة حتى نهاية نيسان 2006 ما نسبته 24. 2 في المئة من حيث العدد، في مقابل71 .2 في المئة للفترة ذاتها من العام 2005. وقد شكلت الشيكات المرتجعة من حيث القيمة حوالى 16. 2 في المئة، مقابل31. 2 في المئة في العام 2005.

2006/5/8

لبنان خارج تأثيرات الأزمة المالية. .

كان الهم اللبناني حاضرا على هامش اجتماعات صندوق النقد الدولي والبنك
الدولي في واشنطن، برغم سيطرة انعكاسات الازمة المالية العالمية على كل
مواضيع البحث، باعتبار ان هم لبنان، الذي بقي بعيدا عن سلبيات هذه
الازمة العالمية، ينحصر في موضوع المساهمات والمساعدات الموعودة من قبل
الدول المانحة والمؤسسات الدولية، بموجب مؤتمر باريس 3، والتي ما زالت
عالقة نتيجة تأخر لبنان بالإصلاحات من جهة، وتأخر عملية إقرار المشاريع
الإنمائية الممولة خارجيا من جهة ثانية. ما يهم لبنان هو الشق الخاص
بالمساهمات المتعلقة بمساعدة المالية العامة، وهو القسم الذي يؤثر على
وضع الخزينة والمالية العامة في حال عدم وصوله. ويقدر هذا المبلغ حسب
وزير المالية محمد شطح بحوالى 700 مليون دولار، باعتبار أن جزءا من هذه
المساعدات كان وصل خلال العام الحالي وبما يوازي نصف المساهمات المقررة
لهذه الغاية. وتفيد المعلومات المتوافرة من المصادر المالية والمصرفية
اللبنانية، أن الدول المانحة والمؤسسات الدولية، من خلال الاجتماعات الكثيرة
التي عقدت مع كل الأطراف، أكدت على أن هذه المساهمات لن تصل قبل
تموز المقبل من العام

99

2009، بانتظار أن تكون الدولة اللبنانية قامت بالإصلاحات المشروطة بهذه المساهمات وهي الآتية: أولا- تخفيض عجز الكهرباء، بتعديل التعرفة وخفض الكلفة والمباشرة بمعالجة وضع المؤسسة. ثانيا- إنجاز خصخصة الهاتف الخلوي، ببيع الرخصتين الحاليتين، وإنشاء ليبان تلكوم، بما يضمن ايرادات تخفض كلفة وقيمة الدين العام وينشط القطاع. ثالثا- المباشرة بتطبيق توسيع وتحسين التقديمات الاجتماعية، وفقا لما تعهدت به الدولة اللبنانية في المؤتمر الدولي. هذا اضافة الى العنوان الرابع المتعلق بالإصلاحات المالية. وقد تبلغ الجانب الدولي من المسؤولين التصورات، حول إنجاز الخصخصة في تموز المقبل، والمباشرة في معالجة موضوع عجز الكهرباء، انطلاقا من موازنة العام 2009 بتخفيض كلفة الإنتاج وتخصيص حوالي 1900 مليار ليرة لتغطية العجز، وهو مبلغ خفض مع انخفاض سعر النفط بحوالي 500 مليار ليرة. اما موضوع التعرفة وإعادة النظر فيها، فهو ما يحتاج الى قرار سياسي، كما يحتاج موضوع زيادة الجباية الى قرار أمني وسياسي، بإزالة التعليقات والسرقات عن الشبكة، لتحضيرها للخصخصة الكلية أو الجزئية. أما على صعيد انعكاس الأزمة المالية العالمية على لبنان، فإن المؤشرات الخارجية تشير إلى أن القطاع المصرفي اللبناني بقي بمنأى عن هذه الازمة، باعتباره يعتمد على الودائع الحقيقية أو الودائع الغنية الواسعة. وكشف بعض المصادر المصرفية ان الودائع اللبنانية في المصارف زادت 9 مليارات دولار حتى نهاية أيلول، أي بواقع مليار دولار شهريا، وهي لم تكن لتزيد أكثر من 450 الى 500 مليون دولار شهريا

في السنوات السابقة. إشارة أخرى، برزت مؤخرا من خلال المعالجات الدولية للأزمة في الخارج، تقوم على اساس تولي الدولة الإعلان عن دعم كل الودائع المحصن الودائع في الدول الناشئة أو الفقيرة ، باعتبار أن هذه الضمانات تشكل دعوة صريحة ومنافسة للودائع في خارج الدول التي تضمن الودائع جزئيا أو بمبالغ محددة وسقوف محدودة. هذا الامر يستوجب اعادة نظر بتوسيع مهام وقدرات مؤسسة ضمان الودائع اللبنانية، لكي يبقى لبنان محط استقبال الودائع والرساميل الحقيقية للقطاع المصرفي الذي يتوقع نمو ودائعه اكثر من 12 في المئة خلال العام الحالي، وهي حاليا قاربت وتخطت هذا الرقم. 1ـ التصحيح المالي وتقليص العجز يركز محور التصحيح المالي على عنوانين اساسيين هما:ـ تقليص النفقات والعجز في الموازنة، عن طريق إلغاء بعض المؤسسات والنفقات غير المجدية، وهو شعار لم تنجح الحكومات المتعاقبة بتنفيذه طوال السنوات الماضية نتيجة الخلافات السياسية. ـ زيادة الإيرادات عن طريق الضرائب والرسوم. ـ وقف الهدر ومكافحة الفساد، إعادة النظر بالرواتب والامتيازات في بعض المؤسسات بما فيها النواب والاسلاك العسكرية، والهدر المتصل باستهلاك البنزين وتكاليف الاتصالات في القطاع العام. ـ إصلاح مؤسسة الكهرباء: وتقضي الاقتراحات بتغيير الإدارة لتحسين الفعالية، تزويد معامل الطاقة بالغاز. وهذه التدابير لن تكفي لتقليص العجز البالغ حوالى 800 مليون دولار في نهاية العام 2005 والمرجح أن يصل الى حوالى المليار دولار، في حال استقرار اسعار النفط العالمية . وطبيعي أن تترافق

هذه الخطوة مع مضاعفة تعرفة الكهرباء باعتبارها مدعومة حاليا بنسبة تفوق الضعف بين كلفة الانتاج واسعار البيع، وهذا احد اقتراحات صندوق النقد الدولي باعادة التوازن المالي، عن طريق تعزيز الجباية البالغة حاليا حوالى 59 في المئة، نتيجة الهدر والسرقة على الشبكات، وهذا الأمر لا يمكن لفئات الشعب تحمله في ظل الظروف الراهنة، اعادة النظر بتقييم أثر دعم القمح والسكر والتبغ واعادة النظر بهذا الدعم الذي تعتمد عليه قطاعات واسعة من المزارعين الباحثين اساسا عن زراعات قابلة للتصدير وهم يشكون كسادا وتراجعا في حجم الصادرات الزراعية تصل الى اكثر من 10 في المئة سنويا، على امل اقتراح بدائل مع نهاية 2006، وهذا امر غير متوافر من حيث الوقت والقدرة. 2 ـ توسيع رقعة الأمان الاجتماعي، اما على صعيد الشق الاجتماعي والتقديمات فان الاصلاحات المشروطة تتناول اكثر من جانب اساسي يمكن التوقف عنده سبق للبنان أن تعهد به ومن أبرزها: - إصلاح الأنظمة التقاعدية وتوحيد الصناديق الضامنة: [إغلاق أنظمة التقاعد الحالية في الخدمة المدنية والعسكرية أمام الموظفين الجدد، لينضموا إلى نظام التقاعد الجديد الموحد. [المعاش التقاعدي في النظام الجديد 50 و60% من أساس الراتب، مع زيادة الاشتراك من 5. 8% كانت تدفع من قبل صاحب العمل، إلى 5. 17% موزعة بين 5. 12% على صاحب العمل و5% على العامل. ويعني هذا التوجه إلغاء نظام التعويضات في نهاية الخدمة وإلغاء تعويضات الصرف في القطاع العام وزيادة الاشتراكات على اصحاب العمل لقاء تسوية فيما خص المبالغ المتراكمة لفرع نهاية

الخدمة وهي تقدر بآلاف المليارات من الليرات وتحيلها الى نظام التقاعد والحماية الاجتماعية دون أن تحدد الدولة مساهمتها بالفرع الجديد، وهو امر خلافي كبير بين القطاعات العمالية والموظفين مع الدولة. إشارة إلى ان برنامج الإصلاح أو الورقة الحكومية تضمنت ما سمي «رزمة متكاملة من السياسات والإجراءات التي لا يمكن أن يكتب لها النجاح إذا طبقت بشكل انتقائي، بل يجب أن تطبق جميعا»، وبالتوقيت والبرنامج الزمني المحدد، لتحقيق الغاية المنشودة. وصحيح أن لبنان قد حصل، من خلال مؤتمر باريس 3 على دعم خارجي كبير، غير أن تطبيق البرنامج الإصلاحي يبقى هو الأساس، ويأتي الدعم كعنصر متمم للإجراءات التي تعهدت الحكومة القيام بها. بالإضافة إلى ذلك، فإن الدعم الخارجي يرتبط بجزء كبير منه بتطبيق الإصلاح التي تعهد لبنان القيام به من خلال برنامجه الاقتصادي والاجتماعي، وبحسب الجدول الزمني الموضوع، والذي تأخر تطبيق بنوده نتيجة الأوضاع السياسية في السابق، وعدم إقرار التشريعات الخاصة بالمعالجات المالية والاجتماعية وتنفيذ المشاريع الإنمائية. إن مهمة الدعم المالي الدولي لمساعدة لبنان يفترض أن يكون هدفها تمكينه من استكمال جهود الإصلاح الاقتصادي، خصوصا عن طريق تخفيض كلفة الفائدة على الدين العام وإيجاد عوامل لتعزيز الثقة في الاقتصاد تشجع استثمارات القطاع الخاص وتخفف من أعباء بعض الإصلاحات عن كاهل المواطنين. هذا الواقع كان يتطلب، وبحسب البرنامج تنفيذ إجراءات متكاملة لإصلاح القطاع الاجتماعي وتحسين التقديمات والمؤشرات الاجتماعية الأساسية عن طريق

تفعيل المؤسسات المعنية من الضمان الى وزارة الصحة ومصالح النقل ومنح التعليم الرسمي والخاص، من أجل تعزيز وتطوير شبكات أمان اجتماعية لحماية ذوي الدخل المحدود ومحاربة الفقر وبناء نظام اجتماعي عادل ومتكامل يؤسس لعقد اجتماعي جديد.

2008/10/20

مصارف الاستثمار اللبنانية تحتفظ
بمحدودية نموها في الأرباح والتسليفات

تواجه المصارف المتخصصة ومصارف الاستثمار في لبنان مرحلة جديدة من
التحديات في مواجهة الأزمة المالية العالمية وأزمة أسواق الاستثمار والتوظيف،
وهي مرحلة الدخول في توسيع دورها وتعزيزه في الدورة الاقتصادية العامة
وجذب الرساميل. إلا أن هذه المصارف لم تتمكن حتى الآن، وبرغم
المحاولات العديدة من التوصل إلى الاضطلاع بدورها المرتقب، بفعل توسع
دور وخدمات المصارف التجارية والقطاع المصرفي عامة من جهة، ولكون
هذه المصارف المتخصصة تعود بأكثرها إلى المصارف التجارية الكبرى من جهة
ثانية. يضاف إلى ذلك تراجع حركة الاستثمارات القائمة، بفعل الأوضاع
السياسية والأمنية في البلاد في المرحلة السابقة، أي قبل ظهور الأزمة المالية
العالمية وانعكاساتها في الأسواق الدولية والإقليمية والعربية خصوصا.

1ـ مصارف الاستثمار والأعمال والأزمة العالمية
ويبدو من قراءة الإحصاءات المتوافرة حتى الفصل الثالث من

العام 2008 أن آليات القروض الميسرة والمدعومة الفوائد وتسهيلات باريس3، لم تشكل مناسبة لتفعيل آلية لتنشيط الحركة الاقتصادية الخاصة. كما لم تنعكس آلية الإقراض التي أقرها مصرف لبنان بتعميمه الأخير، مناسبة لتفعيل أداء مصارف الأعمال التابعة في معظمها للمصارف التجارية الكبرى على الأغلب، لا سيما أن آلياتها اقرب إلى العملية الاستثمارية من المصارف التجارية، وهي أكثر تخصصا من المصارف التجارية في عملية تنشيط التوظيفات وتشجيعها، وبالتالي رعاية تسهيلات القطاعات الإنتاجية، في ظل غياب شبه تام للمصارف المتخصصة قطاعيا (مثل مصرف الإنماء الصناعي والزراعي والسياحي). هذا الواقع يقود إلى تكرار التأكيد بأن مصارف الاستثمار في لبنان، وضمنها المصارف المتخصصة، لم تتمكن حتى الآن من التوصل إلى حدود الحجم القادر على جعل لبنان يلعب دوره المطلوب في جذب الاستثمارات، وتحقيق النتائج المقبولة والمتاحة حاليا لتحقيق نسب النمو المطلوبة، وأن هذه المهمة ستزداد صعوبة في ظل أزمة السيولة التي تغزو المنطقة، لا سيما الدول النفطية. إن المقارنة البسيطة لأحجام المصارف المتخصصة والاستثمارية في لبنان مجتمعة تظهر أن نسبة نشاطها لا تزال قليلة، قياسا إلى إجمالي حجم المصارف التجارية، وهي تتراجع مقارنة مع السنوات الماضية بالعدد والتسليفات والقدرات، استنادا إلى تطورات نشاطها، وفقا لإحصاءات مصرف لبنان والمصارف ذاتها. فعلى سبيل المثال، إن إجمالي أرباح القطاع المصرفي منذ العام 1993 بلغ حوالى 6490 مليون دولار، مقابل حوالى 676 مليون دولار لمصارف الأعمال، أي بما نسبته 4. 10 في المئة من

حصة القطاع. وبرغم التوسع الحاصل في بنوك الاستثمار والمصارف المتخصصة بين العام 1993 وحتى العام 2008، فإن نشاط هذه المصارف بقي محدودا مقارنة مع نشاط القطاع المصرفي التجاري وتوسعه في لبنان. وربما كانت هذه المحدودية جاءت لمصلحة لبنان والقطاع المالي نتيجة ضيق التسليفات وعدم التوسع كثيرا، مما أمن سيولة كبيرة لدى القطاع المصرفي وأبعده عن شبح الأزمة المالية العالمية. فعدم تفعيل المصارف المتخصصة والاستثمارية في لبنان فوت إيجابيات كبيرة على لبنان خلال الفورة النفطية وارتفاع أسعار النفط. لكن القطاع المصرفي التجاري كان يعوض هذا الدور بتوسع نشاطاته في الخدمات المتنوعة، فكان نمو القطاع المصرفي التجاري أكبر بكثير من نمو نشاط المصارف المتخصصة ومصارف الأعمال، وإن تحسنت حصة هذه المصارف قياسا إلى النشاط العام خلال الخمس عشرة سنة الماضية. إلا أن هذا الواقع بات يحتاج إلى عمليات تنشيط باتجاه القطاعات الاقتصادية الحقيقية والتنموية، مما يحفظ حركة النمو في القطاع المالي والنمو الاقتصادي عامة على مستوى البلاد. إضافة إلى خلق فرص العمل داخليا، وهو الأمر الملح في المرحلة المقبلة، بعد أزمة الاسواق العالمية عموما، والآسيوية والعربية، لا سيما الخليجية منها خصوصا.

2ـ مقارنة بين المصارف الاستثمارية والتجارية

ماذا في واقع المصارف المتخصصة ونشاطها، مقارنة مع المصارف التجارية أو القطاع المصرفي، بين العام 1993 ونهاية ايلول 2008؟

1ـ بالنسبة لحجم هذه المؤسسات، يبلغ عدد المصارف الاستثمارية والمصارف المتخصصة 11 مصرفا، تصبح 12 مع بنك بيروت للاستثمار، تملك 12 فرعا، وهي كانت عبارة عن أربعة مصارف في العام 1993، تملك 10 فروع. بمعنى آخر انها زادت حوالى 8 مصارف ولم يحصل تحسن يذكر على صعيد الفروع. في المقابل، هناك 65 مصرفا تجاريا لديها حوالى 855 فرعا. وهي كانت في العام 1993 حوالى 84 مصرفا، لديها حوالى 549 فرعا في مختلف المناطق والمحافظات والأحياء اللبنانية. وهذا يعني أن حجم المصارف الاستثمارية والمتخصصة مجتمعة لا يشكل أكثر من 9. 16 في المئة من إجمالي عدد المصارف في 2008، بعدما كان حوالى 7. 4 في المئة خلال العام 1993، وهو لا يشكل الآن أكثر من 2. 1 في المئة من إجمالي عدد الفروع في القطاع المصرفي.

2ـ بالنسبة للميزانية المجمعة لمصارف الأعمال والمصارف المتخصصة فقد بلغت في نهاية أيلول 2008 ما مجموعه 3864 مليون دولار، مقابل حوالى 125 مليون دولار لنهاية العام 1993، أي انها تضاعفت أكثر من 30 مرة تقريبا خلال خمس عشرة سنة. وهي كانت تشكل حوالى 14. 1 في المئة من إجمالي الميزانية المجمعة للقطاع المصرفي، وأضحت اليوم تشكل حوالى 4،21 في المئة من إجمالي الميزانية. يذكر أن الميزانية المجمعة للقطاع المصرفي بلغت في ايلول 2008 حوالى 735. 91 مليار دولار. وهي كانت في العام 1993 بحدود 993. 10 مليارات دولار، أي انها زادت حوالى تسعة أضعاف برغم تراجع عدد المصارف العاملة.

3ـ على صعيد الأموال الخاصة للمصارف المتخصصة فقد بلغت في ايلول من العام 2008 حوالى 570 مليون دولار، بعدما كانت حوالى 3 ملايين دولار فقط منذ 15 سنة، أي انها تضاعفت أكثر من 190 مرة، بحكم تطور الميزانية المجمعة للمصارف الكبرى التي أنشأت في معظمها هذه المصارف المتخصصة المعفاة تقريبا من الاحتياطي الإلزامي، بحكم عملها التسليفي، مما جعل بعض المصارف يعزز موجودات المصارف المتخصصة التابعة لها، لعدة أسباب منها توفير الأعباء. . في المقابل تبلغ الاموال الخاصة للقطاع المصرفي التجاري حتى نهاية ايلول حوالى 7064 مليون دولار، بعدما كانت حوالى 260 مليون دولار في العام 1993. بمعنى آخر، إن الاموال الخاصة لمصارف الاستثمار تشكل فقط ما نسبته حوالى 8 في المئة من حجم القطاع المصرفي، بعدما كانت نسبتها حوالى 15. 1 في المئة في العام 1993.

4ـ تقدر قيمة الودائع في المصارف المتخصصة في نهاية ايلول من العام 2008 بحوالى 2360 مليون دولار، بعدما كانت حوالى 118 مليون دولار في نهاية العام 1993. وهذا العنصر يفترض ان يكون ايجابيا، فيما لو انعكس زيادة في التسليفات على القطاعات. ولكن الامر لا يبدو كذلك، استنادا إلى نتائج وتطور حجم التسليفات التي تحصل حتى الآن في القطاع المذكور. وتشكل الودائع في المصارف المتخصصة مقارنة مع إجمالي ودائع القطاع المصرفي ما نسبته 17. 3 في المئة، وهي كانت حوالى 28. 1 في المئة خلال العام 1993.

5ـ الموضوع الأهم بالنسبة للمصارف المتخصصة يتعلق

بتطور التسليفات. فقد بلغت قيمة التسليفات المعطاة من قبل المصارف المتخصصة والاستثمارية حتى نهاية ايلول من العام 2008 ما مجموعه 905 ملايين دولار، مقابل حوالى 773 مليون دولار لنهاية العام 2007. بمعنى أن التسليفات في هذه المصارف زادت منذ بداية العام حوالى 132 مليون دولار في خلال 9 أشهر تقريبا، أي بما نسبته 17 في المئة، علما بأن إجمالي التسليفات في القطاع المصرفي التجاري زاد أكثر من 21 في المئة خلال الفترة ذاتها. مع الاشارة إلى أن حجم تسليفات المصارف المتخصصة كان في نهاية العام 1993 حوالى 3 ملايين دولار دولار فقط لعدد المصارف والفروع نفسها. إشارة إلى ان هذه المصارف لا تسلف عادة القطاع العام، أي الدولة. وتشكل تسليفات المصارف المتخصصة ما نسبته 65. 3 في المئة من إجمالي تسليفات القطاع، بعدما كانت حوالى 8. 3 في المئة من إجمالي تسليفات القطاع المصرفي في العام 2007. إشارة أيضا إلى أن إجمالي تسليفات القطاع المصرفي إلى القطاعات الاقتصادية بلغ حتى نهاية ايلول 2008 ما مجموعه 793. 24 مليار دولار، بزيادة قدرها حوالى 3. 4 مليارات خلال تسعة أشهر، أي بزيادة نسبتها حوالى 4. 21 في المئة.

6ـ وتبقى قضية الأرباح المحققة، التي بلغت في نهاية شهر ايلول 2008 حوالى 54 مليون دولار، بعدما كانت حوالى 3 ملايين في بدايات نشاطها، أي خلال العام 1993. وتشكل أرباح المصارف المتخصصة خلال العام الحالي حوالى 20. 6 في المئة من إجمالي أرباح القطاع المصرفي، بعدما كانت حوالى 4. 1 في المئة خلال العام 1993. يذكر أن أرباح القطاع المصرفي

بلغت في نهاية ايلول حوالى 871 مليون دولار، بزيادة قدرها حوالى 276 مليونا عن الفترة ذاتها من العام 2007، بما نسبته 3. 46 في المئة. إشارة إلى أن معدلات نمو الارباح منذ العام 1993 وحتى الآن تراوحت بين 99 مليون دولار في 1993 وحوالى 846 مليون دولار في العام 2007. وكانت نسبة النمو القصوى في العام 2003 حيث بلغت حوالى 136 في المئة مقارنة مع العام 2002. بمعنى آخر إن أرباح القطاع ونموه فاقت العشرة أضعاف بين 1994 ونهاية العام 2007. أما احتياطي القطاع وبحكم زيادة الودائع ونمو الارباح فقد قفز من 2821 مليون دولار في العام 1996 إلى حوالى 2. 24 مليار دولار في ايلول 2008. وهذا مؤشر على صلابة وملاءة القطاع في تخطي الازمات. اشارة إلى أرباح المصارف المتخصصة كانت شكلت خلال العام 2005 حوالى 10 في المئة من أرباح القطاع. لقد باتت الحاجة أكثر إلحاحا إلى ضرورة تعزيز نشاطات هذه المصارف، مع العمل على تفعيل الأسواق المالية، واستعجال إجراء الإصلاحات التي تساهم في تكريس الثقة وزيادة حجم الاختصاص وتوسيع الخدمات المالية الاقتصادية وتنويعها. وذلك لا يمكن أن يكون إلا عن طريق تعزيز الثقة، ليستعيد لبنان دوره الاساس في الوساطة المالية على صعيد المنطقة، بعدما أظهر مناعة جيدة إزاء الازمة العالمية، ومن المفترض أن تكون التطورات مناسبة، لا سيما أن تراجعات البورصة الحالية في بيروت هي الأقل خسارة في المنطقة والعالم حتى الآن.

2008/11/24

أين الهيئات الاقتصادية من

التأثير في القرار السياسي؟

برز كلام حول الموازنة العامة من بعض المعنيين في إعداد الموازنة في وزارة المالية أن عجز الموازنة في العام 2009 سيتخطى الـ30 في المئة، بينما كان المقدر حسب موازنة وزارة المالية الجاري بحثها في مجلس الوزراء بانتظار البت في الخلافات حول موازنات الصناديق والمجالس، ألا يتخطى الـ28 في المئة، وهو كان أمرا محمولا في ظل الأزمات المالية المقبلة.

الخطورة الأبرز التي طفت على وجه المناقشات هي أن كلفة الدين العام ستزيد في موازنة العام 2010 حوالى 600 مليار ليرة، وهو أمر يحتاج إلى وقفة فعلية حول إدارة الدين العام، وبالتالي حول العملية الاقتصادية في لبنان الذي استطاع تخطي المفاعيل المالية والمصرفية للأزمة العالمية إلا أنه لن يستطيع تخطي الآثار الاقتصادية على القطاعات والاجتماعية، على فرص العمل للشباب اللبنانيين الفاقد لفرصة عمله في أسواق الخليج أو الخارج حديثا إلى سوق العمل في لبنان.

إشارة لا بد منها هي أن لبنان بحاجة إلى خلق 30 إلى 35 الف فرصة عمل سنويا، كانت الهجرة القسرية والإرادية تغطي

القسم الاكبر منها، وهو أمر لن يكون متاحا في خلال العام الحالي على الأقل بسبب الأزمات المتصاعدة في العالم وفي الدول النفطية، لا سيما دول مجلس التعاون الخليجي التي تشكل العنصر الأكثر تأثيرا في العناصر الاقتصادية والمالية اللبنانية على صعيدي القطاعين العام والخاص.

أين الهيئات الاقتصادية من التطورات السياسية وتحديات الأزمة المالية؟ هنا يأتي الكلام عن غياب ما يسمى الهيئات الاقتصادية اللبنانية خصوصا، وهيئات المجتمع الأهلي عموما.

وهنا لا بد من مجموعة أسئلة عن دور الهيئات الاقتصادية اللبنانية، من الصناعيين إلى غرف التجارة إلى القطاع المصرفي وهو عمود الاقتصاد اللبناني في هذه المرحلة، انطلاقا من الموقف الأخير لعميد الصناعيين ورئيس مجلس رجال الأعمال المتوسطي كونه يمثل جزءا من الهيئات الاقتصادية. يقول الموقف إن صراف يدعم ترشيح رئيس جمعية الصناعيين فادي عبود وبعض ممثلي القطاعات الاخرى مثل بيار الاشقر وأسماء اخرى. ويبدو أن صراف يتوجه إلى تحقيق قوة اقتصادية أو صوتا للهيئات داخل الندوة البرلمانية، ليكون للاقتصاديين صوت في القرار السياسي لا أن يكون الاقتصاديون أداة طيعة، لترويج رغبات السياسيين وإن تضاربت مع مصالح البلاد الاقتصادية والاستثمارية. فهل هناك نواة في الهيئات والقطاعات لخوض تجربة بهذه الأهمية لملاقاة مفاعيل الأزمة العالمية.

1ـ السؤال الأول هو: ماذا تفعل الهيئات الاقتصادية وهي

التي تؤمن فرص العمل لاستيعاب الازمة المقبلة حتما على الصعيد الاقتصادي واحتمال تزايد الركود وضعف نمو الصادرات؟

2ـ السؤال الثاني: هل يعقل في بلد كلبنان يقوم في أكثرية اقتصاده على عاتق القطاع الخاص والهيئات الاقتصادية في مختلف قطاعاتها، أن يغيب صوت الهيئات عن التأثير في القرارات السياسية ولو من باب الحرص على المصالح الاقتصادية ومصالح أصحاب العمل؟

3ـ السؤال الثالث، وهو الأهم بالنسبة للقضية الاقتصادية: بماذا فكرت الهيئات الاقتصادية من مواقف لإلزام السياسيين بالتنبه إلى مخاطر سوق العمل المقبلة وأثرها على الوضع الاجتماعي والاقتصادي؟

4ـ كيف يقبل القطاع المصرفي الذي لا يزال سليما ويؤمن التمويل للقطاعين العام والخاص، ألا تكون له كلمة أو رأي في موضوع إدارة المالية العامة أو فرض الإصلاحات أو الاقتراحات اللازمة، التي من شأنها أن تحسن إدارة الدين العام، وتخفض الكلفة على الخزينة، مع الترقبات الكبيرة لتزايد أعباء الدين في ظل غياب الإصلاحات؟

5ـ في مناسبة التحضيرات الجارية لبعض أركان الهيئات الاقتصادية لخوض الانتخابات النيابية، لماذا لا تكون العناصر التي تسعى إلى الدخول إلى الندوة البرلمانية مدعومة من القطاعات، وتشكل نواة الرأي الاقتصادي في المجلس النيابي، وتشكل الكتلة الوسطية الفعلية التي تريد مصلحة لبنان واقتصاده، انطلاقا من المصلحة الشخصية لكل أصحاب العمل أو المؤسسات الكبرى التي تشكل عصب حركة خلق فرص العمل؟

6ـ لماذا لا تتحول الهيئات الاقتصادية إلى قوة ضغط وتبدأ التوجه لإسماع الرأي الأصلح للنهوض باقتصاد لبنان، ومعالجة الأزمات المقبلة والمتراكمة، باعتبارها الأكثر إفادة من الاستقرار في لبنان، وعلى حسابه تستطيع الاستمرار والنهوض؟

7ـ هل تستطيع مجموعة الطامحين المرشحين إلى الانتخابات على هذه الكتلة أو تلك، أن تشكل كتلة ممثلة في الندوة النيابية لهموم الاقتصاد والقضايا الاجتماعية الأساسية، وألا تتحول إلى مندوبة كتلها النيابية، لتفرض رأيها على الهيئات الاقتصادية، لتجيير مواقفها لهذا المرجع أو ذاك برغم تضاربه مع المصالح الاقتصادية للبلاد؟

8ـ ماذا حضرت الهيئات الاقتصادية مع هيئات المجتمع الأهلي من عناصر التنصت على ما يجري في أسواق العالم، واقتراح ما يمكن بهدف تجنيب لبنان الآثار السلبية الكبرى؟

9ـ وماذا حضرت الهيئات لتوسيع قدراتها على استيعاب التحديات المقبلة، وهل ضغطت على القوى السياسية لتحويل التنصت على الأسواق الخارجية، لسرقة أفضل الحلول منعا لمزيد من الضعف في الاقتصاد اللبناني؟

10ـ ماذا قدم رؤساء الهيئات الاقتصادية من مشاريع جديدة لتعزيز المناعة الاقتصادية، لمواكبة المناعة المصرفية التي تحتاج إلى مواكبة اقتصادية واجتماعية، للمحافظة على الاستقرار النسبي قياسا إلى تقلبات المنطقة؟

إن القطاع الخاص اللبناني، كان قبل الأزمة يضطلع بحوالى 65 في المئة من قدراته في الدورة الاقتصادية والنمو الاقتصادي في البلاد، وهو قادر على رفع هذه النسبة إلى أكثر من 85 في

المئة إذا استطاع إسماع صوته وحصته من القرارات في ظل الصخب السياسي والانتخابي، وهمسات التنصت، والمعارك التي بدأت تستعر حولها. هذا اذا سمحت الهيئات لنفسها بالمطالبة بحقها، بعدما تراجعت قدرات النقابات المطلبية على التأثير في القرارات، إلا من باب التبعية السياسية والطائفية. هذه مهمة صعبة وأساسية ولكنها محقة، وليست من الاستجداء باعتبار أن من يخلق فرص العمل له الحق أن يشارك في القرار السياسي، أسوة بكل مصادر التمويل للجهات المختلفة.

1 ـ نمو قياسي في الودائع والموجودات المصرفية

لا يكفي أن يكون القطاع المصرفي والمالي بمنأى عن الأزمة المالية ليكون لبنان في قطاعاته بعيدا عن آثارها، لا سيما الاقتصادية والمعيشية منها في ظل غياب الإصلاحات ونمو الدين العام وتزايد النفقات، وعدم القدرة على زيادة الإيرادات إلا من باب الضرائب.

غير أن حركة النشاط المصرفي في العام 2008 جاءت مساعدة لدعم الحد من آثار الأزمة في العام 2009.

أ ـ فقد بلغت الميزانية المجمعة للقطاع المصرفي في نهاية العام 2008 ما مجموعه حوالى 142090 مليار ليرة أي ما يوازي 726. 94 مليار دولار، مقابل حوالى 255. 82 مليار دولار لنهاية العام 2007، أي بزيادة قدرها حوالى 45. 12 مليار دولار، بما نسبته 15 في المئة تقريبا.

ب ـ أما الودائع فقد بلغت في نهاية العام الماضي حوالى 107251 مليار ليرة أي ما يوازي حوالى 16. 78 مليار دولار،

بزيادة قدرها حوالى 8. 10 مليارات دولار، بما نسبته 09. 16 في المئة.
اللافت في الامر أن ودائع غير المقيمين بلغت في نهاية الفترة حوالى 17344 مليار ليرة أي ما يوازي حوالى 5. 11 مليار دولار، مقابل حوالى 14454 مليار ليرة لنهاية العام 2007، أي بزيادة قدرها 2890 مليار ليرة، أي حوالى المملياري دولار، بما نسبته 9. 19 في المئة. وهذه الزيادة تشير إلى أسباب تحسن ميزان المدفوعات وبالتالي استمرار التحويلات من الخارج.
أما بالنسبة لتسليفات القطاع الخاص فقد بلغت حتى نهاية العام حوالى 25 مليار دولار، بزيادة حوالى 5 مليارات دولار منذ بداية العام، بما يفوق 5. 20 في المئة.

2 ـ قروض القطاع العام ونمو الدين وكلفته

يأتي موضوع القروض للقطاع العام أي ديون الدولة، التي بلغت في نهاية العام حوالى 6. 25 مليارات دولار، بزيادة قدرها حوالى 1. 5 مليارات دولار، بما نسبته حوالى 8. 24 في المئة، وهذه من أعلى نسب نمو التسليفات للقطاع العام خلال السنوات العشر الماضية.
يذكر أن قيمة الدين العام اللبناني بلغت في نهاية العام 2008 ما مجموعه حوالى 1. 47 مليار دولار، من دون احتساب قيمة عجز موازنة العام 2009 المقدر بحوالى 3 مليارات دولار.
ويتوزع هذا الدين حاليا على الشكل الآتي:
ـ حوالى 26 مليار دولار بالليرة اللبنانية أي ما يوازي 55 في المئة من إجمالي الدين.

ـ حوالى 1. 21 مليار دولار بالعملات الأجنبية أي ما يوازي 45 في المئة من إجمالي الدين العام.

ومن شأن المباشرة في تنفيذ عملية استبدال الاستحقاقات بالليرة اللبنانية اعتبارا من مستحقات العام المقبل عن طريق المصارف وشهادات الإيداع التي يحملها مصرف لبنان والبالغة حوالى 9035 مليار ليرة، أي ما يوازي 6 مليارات دولار. من شأن هذه العملية أن تؤدي إلى زيادة نسـبة الدين العام بالليـرة إلى حوالى 63 في المئة من إجمالي الدين، مقابل حوالى 37 في المئة للديون بالعملات الأجنبية.

ويمكن ببساطة أن يتم تحقيق هذا الأمر عن طريق تفعيل عملية إدارة الدين العام بالتنسيق بين مصرف لبنان ووزارة المالية من جهة، ومصرف لبنان ووزارة المالية والقطاع المصرفي الدائن الأكبر وشبه الوحيد للدولة اللبنانية بما يزيد عن الـ27 مليار دولار.

إشارة هنا إلى أن كتلة الودائع بالليرة اللبنانية زادت خلال العام 2008 بحوالى 12689 مليار ليرة، وهي ارتفعت من 24015 مليار ليرة إلى 37591 مليار ليرة خلال العام المذكور. في المقابل كانت الزيادة في كتلة الودائع بالعملات الأجنبية بحوالى الملياري دولار فقط، أي حوالى 3128 مليار ليرة. فقد كانت الودائع بالعملات حوالى 79793 مليار ليرة، وأصبحت في نهاية العام 2008 حوالى 82930 مليار ليرة ، أي انها زادت بنسبة ضئيلة مقارنة مع ارتفاع الودائع بالليرة.

إن عملية الاستبدال من شأنها أن ترسل إشارة إيجابية إلى الأسواق المالية لجهة خفض المخاطر على الديون اللبنانية، لجهة

تراجع الديون بالعملات الأجنبية إلى الناتج المحلي اللبناني، وهذا أمر في منتهى الاهمية، في ظل معاناة الاسواق الاقليمية والدولية من آثار الازمة المالية العالمية، فيما تتوافر سيولة الإقراض والتمويل بالليرة في الأسواق اللبنانية وحتى في العملات.

وترتدي هذه الإشارة أهمية خاصة في ظل غياب الإصلاحات البنيوية الاقتصادية وتأجيل الخصخصة في لبنان.

وهذه الخطوة تشكل نافذة على تشجيع التسليفات بالليرة اللبنانية، باعتبار أن مصرف لبنان يدرس آلية تشجيع إقراض القطاعات الاقتصادية والمشاريع الجديدة، عن طريق إعفاء هذه القروض من الاحتياطي الإلزامي لدى مصرف لبنان.

في الخلاصة، إن تشجيع التسليفات بالليرة اللبنانية من شأنه أن يستتبع خطوات خفض الفوائد تدريجيا، باعتبار أن الفوارق بين الاستدانة بالليرة وسندات اليوروبوند ليست كبيرة، اذ إن كلفة سندات اليوروبوند على الخزينة اليوم هي بحدود 5. 8 و75. 8 في المئة، فيما كلفة سندات الخزينة بالليرة اللبنانية لثلاث سنوات هي بحدود 9. 8 في المئة.

والسؤال الأساسي هو: هل يستفيد لبنان من نافذة الايجابية والتوجه للتوظيف في الليرة في عتمة الأزمة المالية وانعدام السيولة في المنطقة وتوافرها في لبنان؟

تبقى نقطة هامة وهي أن وزارة المالية استدرجت عروض المصارف اللبنانية لاستبدال استحقاقات العام 2009 من سندات اليوروبوند بالدولار، والبالغة 7. 2 مليار دولار، وقد أرست المناقصة على ثلاثة مصارف هي، بنك بيبلوس وبنك الاعتماد

119

اللبناني، وكريدي سويس، أي على مصرفين لبنانيين ومصرف أجنبي. وقد قسم الإصدار كما أشارت «السفير» امس الاول، إلى قسمين لآجال تتراوح بين 3 سنوات للقسم الاول بفائدة بين 75. 7 و87. 7 في المئة، أما القسم الثاني فحددت آجاله بحوالى 8 سنوات وبفوائد قدرها 25. 9 في المئة.

وتبقى عملية الإفادة من التحويلات إلى الليرة أبرز العناصر التي يجب أن توظف في تقليص المديونية بالعملات الأجنبية لحساب تعزيز الثقة بالاستقرارين النقدي والمالي والمباشرة بخفض الفوائد التدريجي على التسليفات بالليرة اللبنانية، مما يؤدي تدريجيا إلى خفض كلفة المديونية العامة المرتقب تزايدها في العام المقبل بأكثر من 600 مليار ليرة لتتخطى هامش الـ7000مليار ليرة.

2009/2/9

هل حذرت الهيئات الاقتصادية والمصرفية
الدولة والسياسيين من المخاطر؟

تزداد الحاجة يوميا إلى بروز دور ورأي للهيئات الاقتصادية عموما ونقابات
المهن الحرة وهيئات المجتمع الأهلي، خصوصا بعد أن قضى التشرذم
والتخاذل على أي دور فاعل للنقابات العمالية، تحديدا الاتحادات العمالية
التابعة للاتحاد العمالي العام، الذي وضع نفسه في زاوية الانقسامات
السياسية والاصطفافات الطائفية على حساب مصالح الطبقة العاملة، فبات
عاجزا عن حشد عشرات الأشخاص لنقل الرأي إلى المسؤولين.
ولولا النقابات والهيئات القطاعية كالمعلمين والأساتذة، لكانت الحركة
العمالية أقرب إلى جمعيات تنظيم الاسرة، والجمعيات الخيرية لتوزيع
المساعدات العينية خلال الحروب والنكبات.
غير أن الحديث عن غياب الهيئات الاقتصادية والمصرفية عن التأثير في
القرارات والتوجهات السياسية والاقتصادية للدولة، يبقى هو الرهان لقيام
المؤسسات القادرة على الإصلاحات باعتبار أن القطاع الخاص هو الرافد
الوحيد لمالية الدولة، وهو المساعد الاساسي في خلق فرص العمل، باعتباره
يستحوذ على أكثر من

ثلثي الطبقة العاملة، في مقابل الثلث من وظائف العمل التي تخلقها الدولة. فحسب التقديرات الأخيرة أن حجم القوى العاملة في القطاع الخاص هو بحدود الـ620 ألفا منهم حوالى 458 الفا خاضعون للضمان الاجتماعي. مقابل حوالى 220 الفا للقطاع العام أكثر من 85 الفا منهم في القطاعات العسكرية، بمن فيهم الموظفون المدنيون في هذه الاسلاك. والباقي في الوزارات والمؤسسات العامة والمصالح المستقلة وقطاعات التعليم بالإضافة إلى المتعاقدين عدا المتقاعدين.

1ـ مخاطر استمرار غياب الهيئات الاقتصادية

فكيف يمكن أن تستمر الهيئات الاقتصادية والمصرفية والمهن الحرة من بعدها، في القدرة على التدخل في التأثير في القرارات والسياسات الأساسية للدولة، خصوصا القضايا الاقتصادية والمعيشية والاجتماعية؟
وهل هناك أسوأ من الإشارات الثلاث على عجز الحكومة والدولة وهي:
ـ العجز عن التعيينات الادارية وفيها ترتبط أية عملية اصلاحية وتسيير امور الدولة والمؤسسات والقطاعات والمستثمرين.
ـ العجز عن اقرار الموازنة العامة والاشارة إلى المخاطر في اعتماد القاعدة الاثني عشرية وما ينتج عنها من تأخير للمشاريع الإنمائية والتقيد بسقف نفقات السنوات الماضية أو السنة الاخيرة للموازنة على الأقل، وكل ما عدا ذلك يعتبر مخالفة في تردي مصادر التمويل وتزايد المستحقات والاستحقاقات.

ـ إشارة إلى العجز عن عدم بت أية خطوة باتجاه إصلاح موضوع الطاقة والكهرباء، ولو جزئيا، وعدم التقدم بأية مشاريع مقنعة تؤشر إلى نية المعالجة والحد من الإضرار على صعيد المواطنين والمصانع والقطاعات. وكيف يمكن للقطاع المصرفي أن يستمر في تمويل احتياجات الدولة، من الخزينة إلى الموازنة بمعدل 3 مليارات دولار سنويا، من دون الاستئناس برأيه حول تعزيز النمو وتلافي آثار الأزمة المالية العالمية على الاقتصاد وعلى فرص العمل؟

صحيح أن لبنان لم يتأثر مباشرة في قطاعه المصرفي في الازمة، الا أن بورصة بيروت تأثرت وتراجعت القيمة الترسملية للأسهم أكثر من 7 مليارات دولار بين تموز 2008 ونهاية الشهر الاول من العام 2009. فماذا سيكون الوضع خلال هذه السنة اذا ما استمرت آثار الازمة من الخارج إلى الداخل؟

من حق الهيئات الاقتصادية والمصرفية أن تعطي رأيها في الموازنة العامة والتحذير من نتائج التأخير في إقرارها على الاوضاع الاقتصادية والمالية من جهة، وعلى مصداقية لبنان وصورته ازاء المؤسسات والدول المانحة من جهة ثانية.

فقدرات التمويل تراجعت عند الدول المانحة، وقدرات التأثير تراجعت عند المرجعيات اللبنانية، خصوصا بعد غياب الرئيس الشهيد رفيق الحريري صانع المناسبات والمؤتمرات لدعم لبنان، والذي على رصيده الدولي انعقد مؤتمر باريس 3 الذي تعطلت مساهماته وتأخرت بفعل الانشقاقات الداخلية وغياب ضغوط الهيئات الاقتصادية والمصرفية وعجزها عن ايصال توجهاتها واسماع صوتها إلى السياسيين المنشغلين في أكثرهم

بمصالحهم ومعاركهم الانتخابية، دونما حساب لمستقبل البلاد وضعف مسارب التمويل الخارجي.

فالموازنة تقترب من تخطي المهلة الدستورية لإقرارها، وهي الموازنة الخامسة منذ العام 2005 وحتى اليوم. أما أداء الحكومة فهو شبه معطل ولا يواكب حجم التحديات الآتية.

وأما التقديمات الاجتماعية فمتردية من الضمان الاجتماعي إلى الكهرباء وأكلاف الفاتورتين في الماء والكهرباء والصحة والتأمين.

وأما حركة الاستثمارات فشبه متوقفة، مما ينذر بعدم القدرة على خلق الفرص الجديدة للعمل في المجالات الأساسية، من الصناعة إلى السياحة والتجارة وحتى قطاع المقاولات.

لقد باتت ضرورية قضية إعادة إحياء معادلة التنمية والمساهمة بها بين الدولة والهيئات الاقتصادية، باعتبار أن كل دولار ينفق من القطاع العام في المشاريع الاستثمارية تقابله ثلاثة دولارات من القطاع الخاص، وهو امر معطل بقرار استبعاد مشاركة القطاع الخاص المالي والاقتصادي بتوجهات الدولة لتأمين التمويل وخفض كلفته، والسبل الأنجع لخلق فرص العمل والحد من البطالة خلال الفترات الصعبة المقبلة في سنة انتخابية متوترة اصلا في السياسة، فكيف في الاقتصاد؟

2ـ أين تعزيز الاستثمارات وتمويل المشاريع؟

يبدو من قراءة الإحصاءات المتوافرة حتى نهاية العام 2008 أن آليات القروض الميسرة والمدعومة الفوائد وتسهيلات باريس ـ3 لم تشكل مناسبة لتفعيل آلية التسهيلات للمؤسسات الاقتصادية

المتضررة من الاعتداءات الاسرائيلية المباشرة وغير المباشرة. كما لم تنعكس آلية الإقراض التي اقرها مصرف لبنان بتعميمه الأخير، مناسبة لتفعيل أداء مصارف الاعمال التابعة في معظمها للمصارف التجارية الكبرى على الأغلب، لا سيما وأن آلياتها اقرب إلى العملية الاستثمارية من المصارف التجارية، وهي أكثر تخصصا من المصارف التجارية في عملية تنشيط وتشجيع التوظيفات، وبالتالي رعاية تسهيلات القطاعات الإنتاجية، في ظل غياب شبه تام للمصارف المتخصصة قطاعيا (مثل مصرف الانماء الصناعي والزراعي والسياحي)، وكذلك غياب مؤسسات ضمان الاستثمار على غرار مؤسسة ضمان الودائع؛ وهذا ما استوجبته نتائج الحرب على الاقتصاد اللبناني، مما جعل رئيس جمعية المصارف الدكتور فرانسوا باسيل يقترح بمشروع خاص، أن تتضمن مؤسسة ضمان الودائع صلاحيات ضمان الاستثمار أيضا، نتيجة موجة المطالبة بالتعويضات من قبل أكثر المؤسسات المتضررة مباشرة أو غير مباشرة.

هذا الواقع يقود إلى تكرار القول بأن مصارف الاستثمار في لبنان، ومعها المصارف المتخصصة، لم تستطع حتى الآن التوصل إلى حدود الحجم القادر على جعل لبنان يلعب دوره المطلوب في جذب الاستثمارات، وتحقيق النتائج المقبولة والمتاحة حاليا لتحقيق نسب النمو المطلوبة في ظل توقعات أكيدة بتراجعات كبيرة لنسب النمو الاقتصادي، وبالتالي توسيع نطاق الخدمات الاستثمارية التي تحتاجها الأسواق لتخطي مفاعيل الأزمة الاقتصادية على لبنان والمتأتية من الازمة المالية العالمية.

بمعنى آخر، إن بعض المحاولات الجارية والتجارب القائمة

في بعض المصارف الكبرى التي خلقت مصارف استثمارية ومتخصصة، والتي كانت آخرها خطوة بنك بيروت، جاءت مشجعة وقادرة على التطور قدر المتوقع. كما يمكن لهذه المصارف أن تساهم بإمكانية خلق إدارات متخصصة وتقنية لهذا النوع من المصارف والخدمات، في حال استفادت من الآلية الجديدة التي يحضرها مصرف لبنان لدعم خلق المؤسسات الجديدة عن طريق تسهيل عمليات الإقراض بإعفاء المصارف من الاحتياطي الإلزامي على استخدام مثل هذه التسليفات.

غير أن المقارنة البسيطة لأحجام المصارف المتخصصة والاستثمارية في لبنان مجتمعة تظهر أن نسبة نشاطها لا تزال قليلة، قياسا إلى إجمالي حجم المصارف التجارية، وهي تتراجع مقارنة مع السنوات الماضية بالعدد والتسليفات والقدرات، استنادا إلى تطورات نشاطها وفقا لاحصاءات مصرف لبنان والمصارف ذاتها.

3ـ ضعف المصارف الاستثمارية
في الأداء والتسليفات

ماذا في واقع المصارف المتخصصة ونشاطها، مقارنة مع المصارف التجارية أو القطاع المصرفي بشكل عام، حتى نهاية العام2008 وبداية العام 2009؟
1ـ على صعيد حجم هذه المؤسسات، فيبلغ عددها 11مصرفا تصبح 12 مع بنك بيروت للاستثمار، وهي تملك 12 فرعا، بعدما كانت 10 مصارف في العام 2006، كما في العام

2005، وكان لديها أكثر من 12 فرعا. في المقابل هناك 64 مصرفا تجاريا لديها حوالى 863 فرعا بعدما كانت حوالى 855 فرعا في اواسط العام. هذا يعني أن حجم المصارف الاستثمارية والمتخصصة مجتمعة لا يشكل أكثر من 75. 18% من اجمالي عدد المصارف في بداية العام 2009 كما في اواخر العام 2008. واما بالنسبة لعدد الفروع فهي لا تشكل أكثر من 39. 1% من إجمالي عدد الفروع في القطاع المصرفي.

2ـ بالنسبة لموجودات هذه المؤسسات، فقد بلغت الميزانية المجمعة لمصارف الأعمال والمصارف المتخصصة في نهاية العام 2008 وبداية العام 2009 ما مجموعه حوالى 4158 مليون دولار، مقابل حوالى 3344 مليون دولار للعام 2007 أي بزيادة قدرها 814 مليون دولار هذه الميزانية توازي حاليا ما نسبته 41. 4% من إجمالي الميزانية المجمعة للقطاع المصرفي. وهي كانت تساوي حوالى 70. 4% من إجمالي الميزانية المجمعة للقطاع في العام 2007 وبداية العام.

إشارة إلى أن الميزانية المجمعة للقطاع المصرفي بلغت في نهاية العام 2008 حوالى 224. 94 مليار دولار. مع الإشارة أيضا إلى أن ميزانية المصارف المتخصصة كانت تشكل في العام 2005 حوالى 23. 5% من حجم القطاع.

3ـ على صعيد الاموال الخاصة لهذه المصارف الاستثمارية، فقد تراجعت بعض الشيء مقارنة مع العام 2007، وهي بلغت في نهاية العام 2008 حوالى 584 مليون دولار مقابل 627 مليون دولار للعام 2007. اما الاموال الخاصة للقطاع المصرفي التجاري فبلغت في نهاية العام 2008 ما مجموعه 7099 مليون

دولار. بمعنى آخر، انها تشكل ما نسبته 22. 8% من إجمالي الأموال الخاصة للقطاع المصرفي، بعدما كانت تشكل حوالى 01. 10% خلال العام 2007.

4ـ تقدر قيمة الودائع في المصارف المتخصصة في نهاية العام 2008 بحوالى 2711 مليون دولار مقابل حوالى 1871 مليون دولار للعام 2007، أي أن هذه الودائع زادت حوالى 840 مليون دولار بما نسبته 45 في المئة. وهذا العنصر في زيادة الودائع يطرح مجموعة أسئلة حول أداء هذه المصارف التي يفترض أن تكون نسبة نمو ودائعها قريبة من نسبة حجم نمو تسليفاتها، باعتبارها تعنى بتمويل المشاريع والاستثمارات، وهذا العنصر أيضا يفترض أن يكون إيجابيا فيما لو انعكس زيادة في التسليفات على القطاعات. ولكن الامر لا يبدو كذلك، استنادا إلى نتائج وتطور حجم التسليفات التي ترد لاحقا.

وتشكل الودائع في المصارف المتخصصة مقارنة مع اجمالي ودائع القطاع المصرفي ما نسبته 49. 3%، بعدما كانت كانت في العام 2007 عند حدود 7. 2% تقريبا. مع الاشارة هنا إلى انها كانت قاربت نسبة 84. 3% في العام 2005. اما اجمالي ودائع القطاع المصرفي فبلغت في نهاية العام 2008 حوالى 477. 75 مليار دولار، بنمو نسبته 59. 15 في المئة مما يعني أن نمو ودائع المصارف المتخصصة بلغت ثلاثة اضعاف نمو الودائع في المصارف التجارية مما يعطيها قدرة أكبر على التسليفات وتمويل المشاريع الجديدة مع التسهيلات المرتقبة من الدولة ومصرف لبنان.

5ـ الموضوع الأهم بالنسبة للمصارف المتخصصة يتعلق

بتطور التسليفات. فقد بلغت قيمة التسليفات المعطاة من قبل المصارف المتخصصة والاستثمارية حتى نهاية 2008 وبداية العام 2009 ما مجموعه حوالى 850 مليون دولار، مقابل حوالى 773 مليون دولار لنهاية العام 2007 أي بزيادة قدرها 77 مليون دولار في سنة بما نسبته 9. 6%. بما يعني عدم تقدم التسليفات إلى المستويات المرتقبة مقارنة مع حجم نمو الودائع، وهذا يعني تأثر حركة الاستثمارات في المشاريع الإنتاجية والاقتصادية بشكل عام. هذا الواقع يرتدي بعض السلبية، برغم كل الآليات والمحاولات لتحريك القروض التجارية والصناعية للمؤسسات الصغيرة والمتوسطة. وهذا الوضع يعكس إلى حد كبير تمركز حركة التسليفات في المصارف التجارية على انواعها من جهة، اضافة إلى تردد المؤسسات في الاقبال على الاقتراض نتيجة الأوضاع السياسية والامنية السائدة والمستمرة منذ سنتين وأكثر، مما اضعف امكانية نمو أداء المصارف المتخصصة وتوسعها أيضا برغم تزايد قدراتها ونمو موجوداتها والودائع.

إشارة إلى أن المصارف لا تسلف عادة القطاع العام، أي الدولة. وتشكل تسليفات المصارف المتخصصة ما نسبته 4. 3% من إجمالي تسليفات القطاع، بعدما كانت تشكل 79. 3% في نهاية 2007، و حوالى 65. 4 في المئة من اجمالي تسليفات القطاع المصرفي في العام 2006.

اشارة أيضا إلى ان اجمالي تسليفات القطاع المصرفي إلى القطاعات الاقتصادية بلغ حتى نهاية العام 2008 ما مجموعه 023. 25 مليار دولار، بزيادة قدرها حوالى 6. 4 مليارات دولار مقارنة مع نهاية العام 2007. يذكر أيضا ان التسليفات للقطاعات

الاقتصادية زادت خلال العام 2007 بما يفوق 3. 3 مليارات دولار مقارنة مع العام 2006 بزيادة نسبتها 20 في المئة تقريبا.

6ـ أما بالنسبة للأرباح المحققة في المصارف الاستثمارية والمتخصصة، فقد بلغت في نهاية العام 2008، ما مجموعه 46 مليون دولار، مقابل حوالى 62 مليون دولار للعام 2007 أي بتراجع قدره 16 مليون دولار ونسبته 8. 25%. وتشكل أرباح المصارف المتخصصة من إجمالي أرباح القطاع المصرفي في نهاية العام 2008 حوالى 23. 4 في المئة، بعدما كانت حوالى 34. 7% خلال العام 2007، باعتبار ان ارباح القطاع المصرفي خلال العام 2008 بلغ حوالى 1079 مليون دولار، بزيادة حوالى 54. 27% عن العام 2007.

وهذا الواقع يؤكد الحاجة إلى ضرورة تعزيز نشاطات هذه المصارف، مع العمل على تفعيل الاسواق المالية، وإجراء الإصلاحات التي تساهم في تكريس الثقة وزيادة حجم الاختصاص وتوسيع الخدمات وتنويعها.

في المحصلة إن نتائج الازمة المالية تجعل من المهمة شاقة، اليوم وضرورية لتفعيل حركة الاستثمارات وقيام القطاع الخاص والهيئات الاقتصادية بالدور الفاعل لإيصال صوت الإصلاحات والمساهمات في القرارات الاقتصادية المفصلية.

2009/2/16

الجزء الثالث

رفيق الحريري. . محطات لم تتوقف
من الاغتيالات السياسية والاقتصادية

كل الكوارث في الدنيا، تبدأ كبيرة وتصغر تدريجيا حتى الذوبان ودخول النسيان، إلا كارثة أو زلزال اغتيال الرئيس الشهيد رفيق الحريري كما أسماها السيد حسن نصر الـلـه، التي بدأت كبيرة جدا في لبنان، واستمرت في كبرها وتوسعها،لتطاول المنطقة، كونها طاولت وطنا بكامله وهددت مسيرة كيانه بارتداداتها، نظرا لضخامة الرجل وحجم علاقاته العربية والدولية التي لم يسخرها في حياته إلا لخدمة "البلد الذي لا أحد أكبر منه» في نظره، والتي ما زال يستخدمها بعد مماته من خلال الإرث الذي خلفه طوال مسيرته، من خلال استمرار الدعم للبنان، من المؤتمرات التي تنظم باسمه لدعم لبنان وآخرها باريس -3، واستمرار المعونات والمساعدات للدولة، من البلدان الشقيقة والصديقة، لدعم الاستقرارين المالي والنقدي وتمويل المشاريع المختلفة.

وهنا يحضر قول الرئيس الفرنسي السابق جاك شيراك خلال مؤتمر باريس 3، وهو يعلن نتائج المساهمات "إن من قتل رفيق الحريري كان يعرف ماذا قتل ومن يقتل في لبنان". والدليل هو

استمرار تصاعد النتائج الكارثية والانشقاقات الداخلية التي تحكم لبنان اليوم، منذ كارثة الاغتيال في شباط 2005 وحتى شباط 2008، والنتائج النهائية لهذه الارتدادات الزلزالية لم تنته بعد لضخامة الأضرار التي لحقت بالبنية اللبنانية وأساساتها وركائزها.

إلا أن استهداف الرئيس الشهيد لم يبدأ في شباط 2005، وهو تعرض خلال مسيرته لبدايات تشبه الاغتيالات لمشروعه الوطني، من خلال تعطيل مشاريع البناء والإعمار والقنص المتواصل على مشاريع التنمية وجذب الاستثمارات، وخلق فرص التوظيف، ومحاولات إعادة لبنان إلى الخريطة الاقتصادية والسياحية في المنطقة كمركز مالي أساسي، وهو دوره لما قبل الحرب الأهلية في العام 1975، من خلال جذب الرساميل وتكبير حجم الاقتصاد ومضاعفة الناتج المحلي، وإعادة تكوين بورصة بيروت التي كانت الأولى في المنطقة وباتت الأخيرة.

ويمكن التوقف عند بعض محطات إعاقة انطلاقة لبنان من خلال القنص على كل ما له علاقة بالإعمار والتعليم، لاسيما خلال المناكفات السياسية وخصوصا في فترة عهد الرئيس اميل لحود، وحتى خلال فترات من عهد الرئيس الأسبق المرحوم الياس الهراوي.

أولا - لقد تعرض الرئيس الحريري للكثير من الانتقادات السياسية والابتزازية لمشروعه الاقتصادي والمالي من قبل المجموعات السياسية المختلفة مع توجهاته، ليس بسبب خلل في المشاريع، وإنما بسبب ممارسة سياسة "التيرو"، أي القنص لتعطيل المشروع لمجرد أنه صادر عن الرئيس الحريري أو أي من فريقه. وأكثر الأحيان لم يكن المنتقدون يناقشون المشروع كونهم

لم يقرأوا مضمونه. وهذه هي حال الموازنات والإصلاحات. والأنكى من ذلك أن معظم المنتقدين والمعطلين كانوا يمارسون ذلك لحسابات شخصية، بداعي الابتزاز السياسي وليس بهدف تعديل المشروع أو تصويبه باتجاه الأفضل، إلا قلة قليلة من النواب الحياديين أحيانا. من هنا كانت بداية القنص ومحاولات الاغتيال لضرب توجهات الرئيس الشهيد لأسباب لم يستفد منها سوى أعداء لبنان وبعض المرجعيات لمصالح آنية.

ثانيا - لقد كان الاختلاف واضحا بين قدرات الحريري العربية والدولية التي كان يوظفها ويستخدمها لدعم وتطوير القدرات اللبنانية في المحافل الدولية، وبين قدرات المعارضات الداخلية ومحدودية العلاقات لمعطلي المشاريع تحت الكثير من الحجج الضعيفة، التي طالما خرجت عن مضمون المشاريع المطروحة. أكثر من ذلك، لقد ظهر الفارق أكثر عندما تحولت نتائج ضرب المشاريع تحت النكايات السياسية للحد من تمدد قدرات الرجل الذي وسع الفارق كثيرا بينه وبين القيادات السياسية الأخرى المحدودة العلاقات والتأثير على أصدقاء لبنان.

ثالثا - النقطة الأهم أن سياسة النكايات والتعطيل وصلت إلى حد استعمال مصالح الناس، ووقف المشاريع الكبرى في وسط بيروت، وهي لمؤسسات عربية ولبنانية، بهدف حصر مسؤولية التردي الاقتصادي بشخص رفيق الحريري، ومنها قضية تراكم الدين العام وتراجع النمو، بينما كانت آلية الاستدانة تحصل بمشاريع قوانين في الموازنة وخارجها، تقرها الحكومة التي لم تكن يوما كلها للرئيس الحريري، وكذلك يقرها مجلس النواب ويصدقها رئيس الجمهورية. كان واضحا، وهذه من أخطاء الرئيس

الشهيد وسعة صدره، إنه كان يأخذ الأمور بمسؤولية بينما بعضهم كان يسارع لتقديم الخدمات على حساب الهجوم على حكومات الحريري المتعاقبة، وهم أنفسهم كانوا يعطلون المشاريع التي يريدون، وعندما يتلقون التعليمات بذلك من دون مناقشة موضوعية أو تقنية لأي من هذه المشاريع، من مشاريع الاستملاكات إلى فسخ عقود شركتي الخلوي إلى تعطيل مشاريع الاستثمار في بيروت وجبل لبنان، إلى التغاضي عن فضائح الكازينو ووضع اليد عليه من قبل جهات محددة، التي كان الحريري يرفض التدخل فيها باعتبارها تتعاطى القمار والميسر. كذلك الأمر بالنسبة لتفتيت النقابات العمالية وشرذمة الاتحادات العمالية وتجييرها لمصالح شخصية على حساب مصلحة الطبقة العاملة.

وحتى الآن لا يزال هناك من يلاحق الحريري بضرب مشاريعه التي ميزت لبنان عن سنوات الحرب الطويلة.

رابعا - طالما إن الذكرى الثالثة لاغتيال الرئيس الشهيد تصادف اليوم فإن الشيء بالشيء يذكر: في إحدى الجلسات الخاصة في طائرته خلال توجهنا إلى البرازيل، وكأنت المناكفات على أشدها مع الرئيس اميل لحود وجماعته من الوزراء وغيرهم. سألته: دولة الرئيس، لماذا تعرض المشروع وتتراجع عنه وتتنازل كلما حصلت الاعتراضات، وأنت تعلم أن المشروع ملح وضروري لمصلحة الاقتصاد ومصالح الناس وخلق فرص العمل أو إنشاء المدارس (خلال الخلاف على الاستملاكات)؟. أجاب بوجدانية كاملة، وهو متأثر جدا من طرح السؤال، طالبا عدم النشر: إذا أنا تمسكت بموقفي، وهم تمسكوا بموقفهم ماذا يحصل؟

قلت: تتوقف المشاريع.

قال: كلا بل يتوقف أو يتعطل البلد، وهذا ما يريدون، بدليل تعطيل قرارات باريس 2 وغيرها من التوجهات التي سبق ووافقوا عليها باسم الدولة.

خامسا - النقطة الأخيرة الهامة هي أن الرئيس الشهيد يكاد يكون من رجال الدولة أو المسؤولين القلائل الذين أعطوا الكثير للدولة وللشباب في حياتهم، وكان تقديرهم بعد مماتهم أكبر بكثير من فترات إنجازاتهم ودورهم في بناء الدولة.

محطات أساسية من الأداء الاقتصادي

ولا بد هنا من التوقف عند بعض المحطات الاقتصادية والمالية من فترة مسؤوليات الرئيس الشهيد ونتائج كارثة اغتياله:

حين جاء الرئيس الشهيد رفيق الحريري إلى رئاسة حكومته الأولى في تشرين الأول من العام 1992، كانت البلاد تمر بحالة صعبة على الصعيدين المالي والاقتصادي، وشارفت على الانهيار النقدي، حيث تخطى سعر صرف الدولار 2400 ليرة، وهو أعلى سعر لامسه إزاء العملة الوطنية. وكانت حالة عدم الاستقرارين المالي والسياسي تتحكم بالتقلبات الحادة لسعر الصرف، وسط غياب الحد الأدنى من الضوابط، نتيجة تراكمات الحروب الداخلية من جهة، والإسرائيلية من جهة ثانية، طوال 17 سنة.

وترافق تكليف رفيق الحريري برئاسة الحكومة مع موجة من التفاؤل، أدت إلى انقلاب الطلب على الدولار إلى عروض، بحيث بدأت احتياطات مصرف لبنان تتعزز، باعتبار أن اللبنانيين طرحوا في السوق أكثر من مليار دولار خلال أقل من شهر

واحد، باعتبار أن مجرد مجيء الحريري بالنسبة لغالبية اللبنانيين والاقتصاديين، سيؤمن الحل المنشود لأزمات طويلة من التضخم وفقدان القيمة الشرائية لليرة والمداخيل الأسرية، بما فيها قيمة تعويضات وتقديمات الضمان الاجتماعي التي أكلتها سنوات انهيار العملة اللبنانية.

وبدأت بالفعل سياسة تثبيت سعر الصرف التدريجي منذ أواخر العام 1992 وبداية العام 1993 وحتى نهاية آخر حكومة للحريري، وهي سياسة لا تزال مستمرة وباتت مقنعة حتى لصندوق النقد الدولي، الذي بات يراها ضرورة لضمان الاستقرار الاجتماعي ولا يشكل المساس بها أي مساهمة في معالجة المالية العامة، بمعنى أن صندوق النقد، بعد اعتراضات طويلة على سياسة التثبيت، عاد وأقر بوجهة نظر الحريري بالتثبيت النقدي للبنان، وهو ما اعترض عليه في مؤتمر باريس 2.

كانت أولويات الحكومة الأولى والحكومات اللاحقة إعادة إعمار ما دمرته الحروب، وخصوصا بيروت التي كانت أكبر المتضررين من الحروب الداخلية وصولا إلى الاجتياح الإسرائيلي في العام 1982. من هنا، عرفت أولويات الحكومة، التي شهدت بعض الانتقادات السياسية أكثر منها اقتصادية ومالية، بأنها تركز على ثلاث نقاط:

- تثبيت سعر صرف الليرة، ولو بكلفة فوائد مرتفعة، باعتبارها أساس الاستقرار الاجتماعي والاقتصادي.

- إعادة الإعمار وتأهيل البنى التحتية من خلال إعادة إحياء المرافق الخدماتية الأساسية في البلاد، من مياه وكهرباء وهاتف

وطرق وأوتوسترادات، وتنظيف بيروت وضواحيها من ركام الحروب.

- محاولة تعزيز قطاعات الخدمات، والسعي إلى إعادة بيروت كمركز خدماتي ومالي في المنطقة، وكلاعب أساسي على الساحة الإقليمية، وإعادته إلى الخريطة الدولية.

هذه الأولويات التي ترافقت مع مشروع إعادة إعمار وسط بيروت التجاري، الذي بدأه في العام 1994، وهو ما كان يعتبره الحريري المشروع الأقرب إلى قلبه، باعتباره كان مقتنعا بأن تأسيس قلب العاصمة إنما هو إعادة تأسيس قلوب اللبنانيين نحو الإرادة المشتركة والمستقبلية، وهو طالما كرر هذا الكلام في أكثر من دردشة خاصة ولقاء عام، حتى في باريس 2- في العام 2002.

وبرغم الاهتمام بورشة الإعمار التي كانت الأضخم في المنطقة، من وسط بيروت إلى البنى التحتية، فإن الجدل السياسي طوال عهد الحكومات الست للرئيس الشهيد لم يتوقف مع كل طرح أو مناقشة لمشروع كان يراه مناسبا، بينما كان ينظر إليه بعضهم أنه ليس من الأولويات لهذه المرحلة، إلا أنه كان غالبا ما يتخطى المناكفات والعراقيل، إما بالتأجيل أو بإرضاء كثيرين ممن كانوا يحترفون الابتزاز السياسي لتحصيل منافع خاصة، وهم كثر في الحياة السياسية اللبنانية. من هنا، كانت مصادر الهدر في بعض القضايا والمشاريع، باعتبار أن المحاصصة كانت تفرض نفسها أحيانا على الرئيس الحريري الذي لم ينجح في تخطي هذه العقبات في معظم حكوماته، لاسيما خلال عهد الرئيس اميل لحود، حيث كان الهجوم يتم على الحريري وليس على مضامين المشاريع التي يطرحها، الأمر الذي عطل الكثير من محاولات

الإصلاحات المالية والاقتصادية وتشريعات تشجيع الاستثمارات الخارجية.
وكان الموضوع الآخر للنقاش الذي لا يخلو من الابتزاز السياسي للرئيس الحريري في حكوماته المتعاقبة، هو موضوع الدين العام ومحاولات تحميله مسؤولية المديونية العامة لتأمين كلفة إعادة الإعمار وتمويل عجز الموازنة، وبالتالي محاولات القول بأن المديونية يتحملها الحريري وحده، وهذا كلام فيه الكثير من التجني والقليل من الموضوعية، باعتبار أن حكومات الرئيس الحريري كانت تستدين بقوانين وتشريعات من ضمن الموازنات وخارجها وكلها قوانين كانت تقر وتناقش في الحكومات والمجلس النيابي.

وعندما ضاقت السوق الداخلية على استيعاب تمويل احتياجات الدولة وصعوبة الاستمرار من خلال الدعم الخارجي، بدأت محاولات الرئيس الحريري بالتوجه إلى الدول الداعمة عربيا ودوليا.

مؤتمرات أصدقاء الحريري من أجل لبنان
1- مؤتمر واشنطن في كانون الثاني 1996

تمكن الحريري من عقد أول مؤتمر دولي وجدي لمساعدة لبنان في واشنطن برعاية الولايات المتحدة تحت شعار "مؤتمر أصدقاء لبنان"، وذلك من خلال علاقاته الواسعة بمراكز القرار في الدول المانحة العربية والأجنبية والدول الصناعية الكبرى.
وقد شارك في هذا المؤتمر ثلاثون دولة وممثلون عن 10

منظمات ومؤسسات دولية من صندوق النقد إلى البنك الدولي والصناديق العربية، حيث تقررت مجموعة مساعدات وهبات وقروض لتمويل مشاريع إنمائية.

2- باريس - 1 في شباط 2001

نظمت فرنسا وبمسعى شخصي من الرئيس رفيق الحريري أول اجتماع مع المؤسسات الدولية، البنك الدولي، المصرف الأوروبي للاستثمار، المفوضية الأوروبية، في 23 شباط من العام 2001. كان الغرض من هذا الاجتماع التنمية الاقتصادية في لبنان. وأتاح للحكومة اللبنانية عرض سياستها الاقتصادية والمالية وتحريك 500 مليون يورو تقريبا كمساعدة دولية. وتقرر عند ذلك مبدأ اجتماع موسع يشمل الأساسيين من شركاء لبنان الاقتصاديين لدعم برنامج إنعاش الاقتصاد اللبناني.

3- باريس 2 في تشرين الثاني 2002

عقد هذا الاجتماع الثاني بحضور الأساسيين من شركاء لبنان الاقتصاديين في 23 تشرين الثاني من العام 2002. وشاركت فيه 23 دولة ومؤسسة دولية، بينهم رؤساء حكومات ألمانيا، بلجيكا، إسبانيا، كندا، الدانمارك، إيطاليا، لبنان، ماليزيا، قطر، ورئيس المفوضية الأوروبية.

وأشاد صندوق النقد الدولي خلال هذا المؤتمر بجهود السلطات اللبنانية في مجالي الإصلاحات الاقتصادية وتخفيض الدين العام بعد سلسلة تصحيحات على الورقة الإصلاحية التي تعهدت الحكومة بتنفيذها ومنعتها المناكفات السياسية، برغم موافقة كل السلطات اللبنانية على مضمون الورقة.

وأعلنت الدول المشاركة في مؤتمر باريس 2 عن تقديم مساعدات قيمتها 4. 4 مليارات يورو، توزعت بين 1. 3 مليار يورو للمساعدة المالية و3. 1 مليار يورو كمساعدة للمشاريع.
النتيجة الأكبر لمونة الحريري وهيبته كانت على المصارف اللبنانية التي طلب منها المساعدة في دعم العملية الإصلاحية حيث قدمت المصارف قرضا للدولة بقيمة 4 مليارات دولار كسندات خزينة لمدة سنتين من دون فوائد، وساهم مصرف لبنان بمثلها، وكانت النتائج المحققة فعلا هي خفض كلفة الدين العام بنسبة 50 في المئة نتيجة خفض الفوائد من 16 على حوالى 8 و9 في المئة، مما وفر أكثر من مليار دولار سنويا.

4- مؤتمر استوكهولم آب 2006

نظمت هذا المؤتمر حكومة السويد في 31 آب 2006، بالتعاون الوثيق مع الحكومة اللبنانية، وبمساندة الأمم المتحدة بعد حرب تموز في الصيف الماضي، وذلك بدعم وتغطية من الدول الصديقة والشقيقة التي كانت تربطها صداقات وعلاقات بشخص الرئيس رفيق الحريري ومسيرته.
وجمع المؤتمر حوالى خمسين مانحا من دول ومنظمات دولية وإقليمية وغير حكومية. وأتاح هذا المؤتمر توفير دعم سياسي ومالي للحكومة اللبنانية التي قدمت للمجتمع الدولي تقييما بالخسائر التي تعرض لها لبنان، وبالحاجات لإعادة التأهيل على المدى القصير. وجرى وعد بتقديم 980 مليون دولار، تأكدت فيما بعد في نهاية كانون أول من العام 2006، حيث تم تلزيم وإنفاق ثلثي المبلغ.

5- باريس 3 كانون الثاني 2007

وفي العام الماضي، وبعد أقل من سنتين على غياب الرئيس رفيق الحريري، وانطلاقا من الإرث الذي تركه الرئيس الشهيد من صداقات ومروحة علاقات للبنان مع أشقائه والأصدقاء، رعى رئيس الجمهورية الفرنسية جاك شيراك مؤتمرا دوليا لدعم لبنان في 25 كانون الثاني 2007، تلبية لطلب الحكومة اللبنانية ولم يتوان الرئيس الفرنسي عن تكرار اسم الرئيس الحريري الذي إليه أعاد الفضل في تنظيم المؤتمر برغم غيابه، باعتباره كان السباق في الدعوة والسعي لمثل هذه المؤتمرات كلما ضاقت سبل التمويل أمام لبنان.

مثل المؤتمر ثمرة أعمال مجموعة ما سمي "أصدقاء لبنان"، وأسفر عن مبالغ وصلت إلى 7 مليارات و625 مليون دولار أكثرها قروض طويلة الأجل لتمويل المشاريع الإنمائية، وجزء منها حوالى الثلث قد يستخدم في تمويل استحقاقات الدين العام بفوائد أقل وآجال أطول تصل إلى 7 و15 سنة تقريبا، إضافة إلى هبات مجانية لترميم وإعادة إعمار ما دمرته الحرب والتنمية الاجتماعية تقارب المليار دولار، ناهيك عن القروض من البنوك والمؤسسات الدولية إلى القطاع الخاص اللبناني عن طريق المصارف المحلية وتقدر بـ 940 مليون دولار.

يبقى الاستثمار الحقيقي في تمويل الهدوء السياسي والأمني بقروض معنوية من أصحاب القرار في الفرقاء اللبنانيين. وعندها فقط، يكون لبنان قد نجح في استثمار الدعم العربي والدولي لضمان استمراره بضمان استقراره.

انقلاب المعادلة وتكرار التعطيل واستمرار الاغتيال

بعد ثلاث سنوات من كارثة استشهاد الرئيس رفيق الحريري، ما زالت أفكاره حاضرة من دون تنفيذ، لذات الأسباب السياسية والاعتراضية. بل أكثر من ذلك، إن الظروف باتت تهدد البلاد بأكملها نتيجة التعطيل المستمر والانقسامات الخطيرة بين الفرقاء اللبنانيين الذين بات بعضهم يفضل التحدث باسم المصالح الإقليمية والخارجية على حساب اللبنانية، ويستخدم نفوذه وقدراته الداخلية لتفضيل وتقديم تلك المصالح على مصلحة لبنان، على العكس تماما من أداء الرئيس الشهيد، الذي كان يقتحم اجتماعات الدول الصناعية الكبرى في أي مكان من العالم ليطالب بدعم لبنان والتفريق بين المقاومة المشروعة والإرهاب. كما أن التعطيل يتم من دون بدائل أو ملاحظات اقتصادية مالية مقنعة من أي فريق سياسي جدي، باستثناء قلة تحاول إبراز بعض القضايا المعيشية المحقة، في مقابل استغلال الموضوع الضريبي لتعطيل كل مضمون البنود الإصلاحية، لأن الإصلاح الحقيقي يحتاج إلى مؤسسات، ولا يبدو أن أحدا من جميع المتنازعين يريد دولة بالحد الأدنى من المظاهر الإصلاحية.

وفي مقارنة بين ما تقدم من كل المؤتمرات، تظهر عناوين تتكرر منذ 1996 وحتى اليوم، وهي مضمون ورقة باريس 3، وفيها العناوين الملخصة الآتية:

- محور سياسي يلح على ضرورة دعم وتعزيز الدولة اللبنانية للإتاحة لها بسط سلطتها على كامل الأراضي اللبنانية.

- قسم خاص بحاجة القطاعات الاقتصادية والاجتماعية في لبنان.

- قسم ماكرو اقتصادي ومالي يتناول سبل معالجة الدين ودعم برنامج الإصلاحات.

ومن مضمون الورقة إشارة إلى أن مجلس الوزراء أقر برنامج الإصلاحات في جلسته بتاريخ 4 كانون الثاني 2007، على أن يجري تنفيذ برنامج الإصلاحات تدريجيا خلال المرحلة 2007 إلى 2011. ويهدف البرنامج بشكل أساسي إلى إنعاش الاقتصاد من خلال تحسين البيئة المناسبة للأعمال ومساندة النسيج الإنتاجي، تحسين ظروف العيش لجميع اللبنانيين، إعادة التوازنات المالية العامة، عبر تخفيض معدل الدين في لبنان من 180 في المئة من الناتج المحلي الإجمالي عام 2006 إلى 144 في المئة عام 2011.

في خلاصة العام الثالث على كارثة الاغتيال، تزداد الأمور تعقيدا في البلد الذي حمل همه الرئيس الشهيد رفيق الحريري إلى المحافل الدولية والعربية لمساعدته ودعمه في أزماته المالية والاقتصادية والسياسية، وفي مواجهة الاعتداءات الإسرائيلية المتكررة. مع ذلك كله ما زال القنص مستمرا ومحاولات الاغتيال قائمة لكل الإنجازات والمشاريع التي نفذها الرئيس الشهيد طوال مسيرته. وما لم تدمره إسرائيل في حربها الأخيرة تدمره حركات الخلافات الداخلية، وكأن مشاريع بيروت تخص دولة أخرى غير لبنان وشعبا آخر غير الشعب اللبناني الذي يساهم بتدمير بيته نتيجة العصبية التي كان يكرهها الحريري، الذي علم كل الناس وكل الطوائف بعيدا عن العصبية والمذهبية والتبعيات.

انتهاء 2008 وإطلالة 2009
بين انطلاقة الأزمات ومفاعيلها

لن يكون العام 2009، مهما كانت التوقعات السلبية، نتيجة الأزمة المالية العالمية أسوأ من العام 2008، على مختلف الصعد الاقتصادية والمالية والاجتماعية وحتى الأمنية والسياسية، باعتبار أن العام 2008 كان عام التأسيس وعام الانطلاقة لتكبير هذه الأزمات. هذا بالحد الأدنى للتفاؤل والتشاؤم على صعيدي الداخل والخارج.

وبمعزل عن نتائج العدوان الإسرائيلي على غزة وآثاره السلبية على العلاقات العربية والإقليمية البينية لجهة عدم تعزيز الاستقرارين السياسي والأمني، مما سيزيد من قوة ضغوط نتائج انعكاسات الأزمة المالية على لبنان والمنطقة.

طبيعي في لبنان أن تكون آثار الأزمة الاقتصادية، الناجمة عن الأزمة المالية العالمية، والمؤثرة في شكل كبير في المنطقة والأسواق العربية، أقل سلبية، وأن ترتدي الطابع غير المباشر، وبالتالي أن يكون لبنان الأقل تضررا، حتى على الصعيد المعيشي. ولهذا كله جملة أسباب يمكن سردها ببساطة كلية، ومن دون تعقيد وكثير اجتهاد.

أولا - إن لبنان ليس بلدا صناعيا، ومن الدول المصدرة للسلع المتوسطة والثقيلة، وصناعته تقوم على الصناعات التحويلية البسيطة، وبالتالي فإنه لن يتأثر كثيرا بحجم الركود الاقتصادي العالمي، الذي أدى إلى إقفال المصانع أو تقليص الإنتاج في المصانع الكبرى، من سيارات وآليات وبتروكيماويات وغيرها. فكل صادرات لبنان الصناعية السنوية تقارب الملياري دولار في أحسن الأحوال، يستورد مقابلها بأكثر من 11 مليار دولار، وهذا ما يظهر من خلال النمو الكبير في عجز الميزان التجاري الذي يتزايد سنويا. وما يهم في هذا الأمر أن التأثير في حال حصوله سيتقاسم السلبيات بالإيجابيات، باعتبار أن فاتورة الاستيراد ستتراجع وحجم العجز في الميزان التجاري سيتراجع بدوره، وقد تجد السلع اللبنانية فرصة لتغطية احتياجات السوق الداخلية، لاسيما وأن تراجع كلفة الطاقة والنفط يساعد على تخفيض الكلفة ويمكن الصناعات من المنافسة ضمن حدود الإعفاءات المتاحة.

ثانيا - على صعيد القطاع المالي والمصرفي فإن أزمة السيولة الحاصلة لم تشمله، بدليل ارتفاع حجم الودائع السنوي إلى حدود 12 في المئة، وهي كانت لتصل إلى أكثر من 14 في المئة لولا انطلاقة الأزمة في شهر أيلول. فقبل شهر أيلول كانت أحجام الودائع الشهرية تصل إلى حوالى المليار دولار، وهي تراجعت بشكل كبير إلى ما دون 300 مليون دولار بعد هذا التاريخ. ومع ذلك فإن العام 2008 كان جيدا بالنسبة للسوق المالية والمصرفية.

باستثناء بورصة بيروت التي تأثرت تراجعا في أسعار غالبية الأسهم ولو بنسبة أقل بكثير من الأسواق المجاورة. وهذا الأمر

يعود أولا لصغر حجم بورصة بيروت وضيق حجم الأسهم المتداولة من جهة، وإلى النتائج المالية الكبيرة والأرباح المحققة للمصارف وشركة سوليدير، وهي تشكل أكثر من 90 في المئة من حجم الأسهم المدرجة ورسملة البورصة السوقية.

وهنا لا بد من القول إن الأثر قد يستمر جزئيا خلال العام 2009 باعتبار أن الأسواق اللبنانية استوعبت عام الانطلاقة وهي قد تشعر بعام بداية المعالجات التي لا يبدو أنها نضجت حتى اليوم.

ثالثا - إن القطاع الأكثر تأثرا يفترض أن يكون القطاع العقاري، هذا ما حصل في العالمين الدولي والعربي، ولكن لبنان لم يشعر بتراجع الأسعار العقارية وبقي الطلب مرتفعا على المساكن بمختلف مستوياتها وخصوصا لذوي الدخل المحدود وعبر المؤسسات الضامنة والمانحة للقروض السكنية. قد يقول بعضهم إن الطلب تركز في مناطق بيروت وضواحيها وجبل لبنان، وهذا أمر صحيح، ولكنه لم يشهد تراجعات في أسعار المناطق. إن الاستقرار الذي حصل في القطاع العقاري خلال العام 2008 قد يستمر في العام 2009 بدليل أن أسعار الإسمنت في الداخل لم تتراجع وقد زاد الاستهلاك خلال العام 2008 أكثر من 7 في المئة عن العام 2007. حتى عائدات الرسوم العقارية خلال العام المذكور زادت بشكل كبير مقارنة مع العام الذي سبقه نتيجة الإقبال على العمليات العقارية وتسجيلها، والرساميل التي تخلق فرص العمل الجديدة في لبنان. وتؤكد تقديرات كبريات المصارف اللبنانية أن تأثر لبنان سيكون بتراجع حجم الاستثمارات الكبيرة

والتمويل للمشاريع الكبيرة. وهذا يعني ضعفا في خلق فرص العمل الجديدة لحوالى ألف طالب فرصة عمل سنويا، يضاف إليهم بضعة آلاف من اللبنانيين قد يتركون عملهم في أسواق الخليج والأسواق العالمية وجلهم من أصحاب المهن الحرة والخبرات في قطاعات أساسية منها المالية والعقارية والإدارية. وإذا ما أخذنا في الاعتبار أن نسبة البطالة في لبنان زادت بعد حرب تموز الإسرائيلية حوالى 6 في المئة مضافة إلى حوالى 11 في المئة سابقا هذا يعني أن نسبة البطالة تفوق الـ 17 في المئة في لبنان وهو من الأرقام المقدر لها أن تصل إلى 24 في المئة في حال تراجعت الفرص في الأسواق العربية والإقليمية وهذه من بين أعلى نسب البطالة بين الدول العربية باستثناء العراق وفلسطين.

سادسا - تبقى مشكلة الخدمات وقطاعات الكهرباء والتقديمات، وهو أمر أساسي في تعزيز فرص العمل والنمو وتحسين المداخيل للحد من الركود الاقتصادي. فقطاع الكهرباء وصل اليوم إلى الحدود الدنيا من العجز والكلفة قياسا إلى السنوات الماضية حيث تراجع العجز من حوالى 8. 1 مليار دولار إلى ما دون المليار دولار سنويا نتيجة تراجع أسعار النفط. فهل استفادت الدولة من هذا التراجع لتحسين الكهرباء وتحسين التغذية وتكوين الاحتياطات اللازمة في ظل ترقب تزايد أزمة السيولة وانسداد أفق تأمين التمويل لعجز الموازنة ولتسديد الاستحقاقات في ظل أزمات السيولة التي تغزو الدول المانحة والدول النفطية التي كانت تساعد لبنان في الأزمات، وهي باتت اليوم بحاجة إلى مساعدة في حل أزماتها؟

أخيرا يبقى الخوف أن يتحول العام 2009 إلى عام قطاف الأزمات بعدما شكل العام 2008 عام انطلاقتها وتكريسها اقتصاديا وماليا على الصعيدين العالمي والعربي، على أمل أن يبقى لبنان الأقل تضررا من الخارج بعد أن تشقق جسمه من أزمات الداخل السياسية والطائفية.

قراءة اقتصادية مالية وسياسية
لفكرة قيام حكومة ثانية

تبرز مع كل تصعيد خلافي بين اهل الموالاة والمعارضة تداولات لابتداعات
جديدة من الفعل وردود الفعل، كلها تصب في تسعير الخلافات، وتركز على
استبعاد الحلول أو امكانية البحث بها لاخراج البلاد من ازمتها، نتيجة
التمسك في تحسين المواقع ولو على حساب تعطيل العقل لحساب الغرائز
والطوائف والمرجعيات التي تعرف اضرار استمرار الانقسام على مستقبل
البلاد وكيانية لبنان.

الطروحات المتقابلة لم تؤد حتى اليوم سوى إلى المزيد من الأضرار على
المجتمع اللبناني، من مؤسسات وافراد، من دون أي اضرار على بقاء الحكومة
واستمرارها، أو على شعبية قوى المعارضة ومرجعياتها. وحده المواطن غير
المدعوم يتحمل الثمن والاعباء المالية والاجتماعية، ووحدهم الضحايا من
المدنيين والعسكريين قبل أي شيء، هم الذين يشكلون اكياس الرمل
والمتاريس دفاعا عن لبنان أو ما تبقى منه، عن قصد أو بشكل قسري، لأنهم
لا يملكون بلدا أو ملجأ غير لبنان.

ولا يبدو بحسب مسار التطورات أن الابتداعات السياسية

ستتوقف، إلى جانب التصعيد والتوترات الامنية والتفجيرات الحاصلة في الوضع الامني الذي يتنقل بين المناطق اللبنانية، وهي وحدها تنعم بالنمو المستدام، وهي تنمي معها مظاهر البطالة والهجرة والضحايا، خلافا للوضعين الاقتصادي والمالي اللذين يكادان يعجزان عن التحرك.

آخر الطروحات المتداولة بعد قرار الحكومة اجراء الانتخابات الفرعية في المتن وبيروت بعد جريمة اغتيال النائب الشهيد وليد عيدو وقبله الوزير النائب الشهيد بيار الجميل، هي امكانية لجوء رئيس الجمهورية اميل لحود إلى خطوة تشكيل حكومة ثانية، وهذه في رأينا من الخطوات الأكثر صعوبة، نظرا للنتائج والمخاطر التي قد تنجم عن ذلك على كل الوضع اللبناني، بمعزل عن شرعية ودستورية الخطوة أو عدم شرعيتها، باعتبار أن الخطوة ستدخل البلاد في الانقسام الاداري بعد الوزاري والنيابي والشعبي، وهو امر سيؤدي بالتأكيد إلى الشلل الكامل في العديد من القطاعات العامة والخاصة، من دون أن يؤثر على المواقف السياسية المتشنجة عند الاطراف.

هذا الامر يبدو مستبعد التحقيق فعلا، ونأمل عدم حصوله لصعوبة تطبيقه على الارض حرصا على ما تبقى من مؤسسات عامة لم يصبها التشرذم بعد. لكن لا يمكن لمراقب للتطورات والطروحات، الا ان يعرف خفايا التركيبات من تناول الصورة والنتائج الواقعية لشكل البلاد في حال قرر الرئيس لحود اللجوء إلى هذا الخيار المستبعد منطقيا، برغم كل الاداء غير المنطقي الحاصل من قبل اهل السياسة والقائمين على امور البلاد والعباد منذ اغتيال الرئيس الشهيد رفيق الحريري وحتى اليوم.

1- أسئلة حول صورة البلد مع حكومتين

كيف ستكون الصورة في حال قيام الحكومة الثانية في الاقتصاد والسياسة والإدارة والعلاقات العربية والدولية؟

1- في النقطة الاولى، لا بد من القول إن الوضع الاقتصادي، وانسحابا الوضع المالي، ليسا في خير، وهما يعانيان صعوبات وعراقيل تمنع امكانية النهوض في ظل الحكومة الواحدة، أي الحكومة الحالية، فكيف ستكون الوضعية في حال تعدد المرجعيات في أكثر من حكومة، واحدة تعتبر نفسها شرعية واخرى ستعتبر نفسها كذلك، في حال تأمنت لها الموافقة والثقة من عدد محدود من النواب وموافقة رئيس المجلس بعد رئيس الجمهورية.

ليس بالضرورة أن يتأثر وضع الحكومة الراهنة وانما ستشل معظم امور وقضايا الاقتصاديين والهيئات، وخصوصا اذا وصل الفرز إلى الهيئات المعنية داخل الادارة وخارجها، لا سيما أن الهيئات الاقتصادية في أكثرها كانت اعلنت في غير مناسبة دعمها لحكومة الرئيس السنيورة، فهل ستحصر معاملات الهيئات من المعارضة أو بعض المعارضة مع الحكومة الثانية، وتكون الهيئات الاقتصادية والمالية الاخرى موجهة في تعاملها مع وزراء حكومة السنيورة.

بالتاكيد، إن من يفكر بقرار الحكومة الثانية لا يرى ولا يهتم بهذه التفاصيل المهمة، وهو بالتأكيد لا يعرف مخاطرها على كل المجتمع اللبناني ومستقبله الاقتصادي والاجتماعي. علما أن الاستقرار الاجتماعي والاقتصادي هو من اوقف الدولة على قدميها طوال سنوات الحرب والتطورات والاحداث.

2- بالنسبة للمؤسسات المالية والمصرفية، وكذلك للمؤسسات العامة العاجزة التي تعتمد على تمويل الدولة، فمع من ستتعامل؟ المصارف التي تمول الدولة من خلال سندات الخزينة الاسبوعية تتعامل مع حكومة السنيورة وتتجاوب معها على اساس رصيد هذه الحكومة التي تتمتع بالدعم العربي والدولي من حكومات ومؤسسات مالية، من صندوق النقد إلى البنك الدولي إلى مساهمات دول باريس 3. أكثر من ذلك، هناك حكومات ودول وافقت على تسليف حكومة السنيورة واعطتها الثقة في العملية التمويلية لمساعدة الخزينة والقطاعات، فهل يمكن أن تواصل دعمها لحكومة اخرى، الاعتراف الدولي والعربي بها يكاد يحصر ببعض الجهات التي لا يتجاوز عددها اصابع اليد الواحدة، في حال تأمنت التغطية لها واذا ما التفت كل عناصر المعارضة حولها على ابواب الاستحقاق الرئاسي، حيث سيخاف بعض الطامحين على مستقبلهم في العلاقات العربية والدولية.

2- خطورة أكبر: اختلاف الظروف عن الانقسامات السابقة

3- يقول بعضهم إن الاجواء شبيهة بالعام 1989 وقيام الحكومتين ايام ميشال عون والرئيس سليم الحص، وهذه المقاربة في رأينا غير واقعية وغير منطقية، باعتبار أن حال البلاد كانت غير ما هي عليه اليوم، ذلك أن الانقسام حينها كان واقعا بين منطقتين شرقية وغربية. بمعنى أن الانقسام كان افقيا، اما اليوم فالانقسام لولبي وعمودي بين الطوائف والمذاهب والقوى السياسية، وهذا الوضع اخطر بكثير لعدة اعتبارات:

154

- هناك عنصر الميليشيات الذي كان يتحكم في معظم المقدرات الاقتصادية والاجتماعية، ولم تكن مرافق الدولة كلها في يدها، من المرافئ إلى المطار والمحروقات التي حررها حاكم مصرف لبنان الدكتور ادمون نعيم من احتكار الدولة، التي كانت تخسر الملايين من الدولارات بفعل سيطرة الميليشيات والخوات المفروضة على الخزانات من الجنوب إلى الشمال والدورة.

- لقد كانت الهموم محصورة بمشكلة اساسية هي تأمين رواتب الموظفين والمحروقات للكهرباء، وكان حجم الدين العام لا يتجاوز 3 مليارات دولار، كلها بالعملات اللبنانية، وكان مصرف لبنان يحمل أكثرها، وبالتالي كانت سيولة المصارف اسهل لتأمين الاحتياجات في حال طلب مصرف لبنان ذلك.

- أكثر من ذلك، لقد كان سعر برميل النفط تحت الـ20 دولارا، وكانت استهلاكات الكهرباء ربع ما هي عليه اليوم، وكانت عجوزات الكهرباء بملايين الليرات وليس بمئات ملايين الدولارات، وكانت الحاجة اقل والكلفة اقل والمردود اكبر وكلفة الموظفين اقل بكثير.

من هنا، فالمقارنة غير واقعية والظروف غير متشابهة مع فترة كانت فيها المراسيم الجوالة هي لغة التخاطب، نتيجة وجود وزارات في المناطق الشرقية فيها وزراء مسيحيون ووزارات في المناطق الغربية يديرها وزراء مسلمون، بعد فشل قيام الحكومة العسكرية برئاسة عون في استقطاب وزراء مسلمين من العسكر، بعد استقالة ثلاثة ضباط حاول عون ادخالهم حكومته العسكرية.

لقد كان دور مصرف لبنان في التعاطي اسهل مع حكومتين في منطقتين، من التعاطي مع حكومتين داخل منطقة واحدة. وهو

155

كان يتحكم بالنفقات وفق الضرورات، وهي كانت نفقات لا تذكر مع الوضع الراهن.

3- صعوبة التطبيق ومخاطر فرط الإدارة

4- هناك أسئلة مهمة جدا تحضر في مناقشة هذه النقطة الحكومية، وهي اين سيتواجد وزراء الحكومة الثانية في حال قيامها، وما هي الملفات التي سيتم وضعها في تصرفهم، ومن سيصرف حوالاتهم؟ واي من الموظفين سيتعامل مع كل فريق؟ وهل ستقسم الادارات بين موالاة وحكومة معارضة؟ عندما تصبح الحكومة الثانية موجودة سيكون هناك موالاتان ومعارضتان، إن لم نقل أكثر، باعتبار أن هناك من سيجد نفسه خارج التركيبتين من القوة الثالثة. الواقع الجديد في حال قيامه سيؤدي بالتأكيد إلى تشرذم في الادارة والمؤسسات العامة، بعدما غزا الانقسام الجسم النقابي والعمالي، وعندها يتم بكل بساطة تحكم بعض الفئات بمصير فئات اخرى من الموظفين ومجالس الادارات، باعتبار أن الحكومة الثانية تحتاج إلى وقت طويل لتكوين استكمال الفرق الادارية بعد تفريغ الادارات من بعض ملاكاتها بفعل الفرز والفرز المضاد.

اما الامكنة والمكاتب فهي عنصر في منتهى الصعوبة، الا اذا قرر اصحاب القرار غزو مكاتب الوزارات والسيطرة عليها، وعندها يكون هناك قرار جدي وظاهر بالحرب الاهلية والمناطقية، وفي ذلك لا يعود النفع بوجود ادارات أو وزارات أو مؤسسات، لأن الهدف سيكون خارج كل التوقعات وما هو مخطط له.

وعندها ستكون سياسة السيطرة بالقوة على الوزارات وترتدي طابعا لا يتعلق بالسياسة والخلافات السياسية الداخلية.

5- نقطة اضافية يمكن تناولها من حيث التأثير على وضعية المؤسسات العامة الاستثمارية والمرافق العامة والجبايات: هل ستضع كل حكومة يدها على ما تستطيع تحصيله من ايرادات، وتعتبرها من ايراداتها الشرعية أيضا، وتقوم بانفاقها وفق الموازنة العامة المعطلة منذ ثلاث سنوات أو على الطريقة الاثني عشرية أو غير ذلك من الطرق التي تقول بالخزائن الخاصة؟ ولمن تخضع عندها مؤسسات الرقابة، وهل تستطيع الدخول إلى أي من الادارات؟

لقد كانت خلال ايام الحكومتين بين العماد ميشال عون والرئيس سليم الحص بعض الخيوط من التعاطي، بما يسمى بالمراسيم الجوالة، بحكم حكومتي الامر الواقع، ولكن هنا اليوم حكومة مطعون في شرعيتها من قبل المعارضة، وهي لا تزال تتمتع بثقة المجلس النيابي وباكبر نسبة اجماع تنالها حكومة عندما كانت حكومة تمثل مختلف الاطراف وقبل أن ينسحب منها وزراء «حزب الـلـه» وحركة «امل». هذا الواقع سيقود بالتأكيد في حال ظهور ملامح الحكومة الجديدة إلى بروز مجلس نيابي ثان بما يشبه التقسيم الاداري المعلن، وهو امر يفترض ان يكون بعيدا عن المنطق السياسي والصراع على مصلحة البلاد، لأن المطلوب عندها التسابق على اكتساب التغطية الخارجية والعربية الاوسع، وهو امر يحمل لبنان ثمنا كبيرا، نتيجة الخطوات الاكبر منه، لأنه اعجز من ان يتحمل خصومات بعض الدول الشقيقة المجاورة أو

خصومات المجتمع الدولي والدول العربية المؤيدة لحكومته الوحيدة حاليا.

6- لقد كان لبنان خلال الازمات السابقة يعاني من تشرذم قواه الامنية قبل اتفاق الطائف، وكانت المؤسسات العسكرية منقسمة على نفسها، اما اليوم فان الجيش والقوى الامنية، ومصرف لبنان من جهة ثانية، تشكل قوى متماسكة، على الرغم من حياد ولاءات بعضها، لا سيما الجيش الذي سيضطر لأن يكون الحارس الوحيد وعلى مسافة واحدة من كل الفرقاء. والسؤال هنا هو: اوامر من سيتلقى الجيش؟

الامر بسيط بالنسبة إلى مصرف لبنان أكثر من المؤسسة العسكرية، باعتبار أن مصرف لبنان، وحاكمه تحديدا، يخضع لقانون النقد والتسليف، ولا يعتبر الحاكم بالمفهوم الدقيق للكلمة موظفا لعدم خضوعه لقانون الموظفين، وهو يتمتع بالاستقلالية، ولا يمكن للحكومة اقالته قبل انتهاء ولايته ما لم يرتكب جرما.

اما قيادة الجيش فعليها حينئذ أن تتحول إلى قيادة تدير نفسها، بما يجعل قائد الجيش بمثابة السلطة الوحيدة، ما يقرب الصورة من ايام الرئيس المرحوم العماد فؤاد شهاب والمخرج من ثورة العام 1958.

الصعوبة المالية تكمن في مصرف لبنان، الذي تنفي مصادره لـ«السفير» أي تحضيرات له بالنسبة للتعامل مع الحكومتين أو أي بحث في هذا الامر الا من باب استفسارات واسئلة عارضة من قبل بعض العاملين في القطاع المصرفي خلال لقاءات غير رسمية وعادية، الصعوبة إذا تكمن في أن مصرف لبنان يخوض في ظل الحكومة الحالية وحدها معركة تأمين اعتمادات المحروقات

لمؤسسة الكهرباء بالعملات الاجنبية، في حال توافر الاعتمادات بالليرة اللبنانية، فكيف سيكون الوضع مع عدم توافر الليرات اللبنانية.

إن مصرف لبنان عندها سيكون امينا على السياستين المالية والنقدية مع صلاحياته القانونية، وهي بحسب القانون تنحصر في الحفاظ على الاستقرارين النقدي والمصرفي والحد من التضخم. حتى ادارة الدين العام وتأمين الديون والمستحقات الداخلية والخارجية فهي من صلاحيات وزارة المالية والحكومة والمصرف المركزي دوره تنظيمي ومساعد للسلطة المالية في هذا الامر، وهذه هي نقطة الصعوبة ما لم تتوافر الاموال من «باريس 3» والمساهمات الخارجية من قروض وسلفات ومساعدات وهبات، وهي اموال يمكن أن تساعد مصرف لبنان على الحد من حجم ديونه التي يحملها على الدولة، وكذلك ما لم تتوافر القدرة على تعزيز الايرادات الداخلية.

4- خلاصة: واقعية الأمر الواقع

في الخلاصة، لا تهدف هذه المقدمة السياسية الاقتصادية إلى القول بعدم امكانية قيام الحكومة الثانية أو الاشارة إلى أنها باتت على الابواب كأمر واقعي، وانما الهدف هو محاولة تقديم قراءة واقعية لما ستكون عليه البلاد، وما يمكن أن يستعجل بالقضاء على ما تبقى من مؤسسات وادارات ما زالت تؤمن بوحدتها ووحدة المصير، برغم الخلافات السياسية والتوترات الامنية ذات المفاعيل الاقليمية والدولية.

الخلاصة الاهم هي أن التفكير بمثل هذه التطورات يدفعنا

إلى القلق الجدي بفقدان أي امكانية على القدرة في استمرار المجتمعين العربي والدولي من الاشقاء والاصدقاء بدعم لبنان أو الاهتمام بشؤونه ومساعدته ولو شكليا على تخطي الصعوبات الاقتصادية والمالية.

اما كلفة الاستدانة فستكون اكبر بكثير مما هي عليه اليوم، داخلية كانت ام خارجية، وكذلك الرساميل التي ستحول لبنان لمسرب إلى الخارج وليس مقصدا للاستثمار والربح والتوظيف وخلق فرص العمل. عندها لا يمكن لأحد أن يسأل عن اسباب تحول الشباب إلى وظيفة الارهاب. فهل من سائل عاقل عن مصير لبنان ومؤسساته قبل فوات الاوان الذي تريده جهات غير لبنانية بالتأكيد.

مع الاشارة هنا إلى تغليب استبعاد امكانية اقدام أكثر الفرقاء على تنفيذ فكرة الحكومة الثانية، الا أن بعضهم يراها فكرة قابلة للتنفيذ مهما كانت الظروف ومهما كانت الصعوبات التطبيقية؛ يمكن الاشارة أيضا إلى أن مساهمات ومساعدات الدول المانحة في باريس 3 لم يصل منها سوى حوالى 170 مليون دولار للحكومة المدعومة من المجتمعين العربي والدولي والمؤسسات والصناديق، فكيف الحال مع وجود حكومتين متنازعتين؟! هذا الوضع يذكرنا بالمساعدات العربية أيام القطيعة عندما تذرعت الدول المانحة بانها تدفع لمن: للرئيس الحص أم للرئيس أمين الجميل. فكأن ان ضاعت غالبية المساهمات المقررة بموجب قمة تونس على لبنان.

شخصيا، اظنني سبق لي أن حضرت مباشرة، مع كثير من اللبنانيين، مثل هذا الفيلم الطويل في السنوات السابقة من التدهور

والحروب بفعل ممارسات قريبة مما يحصل اليوم، ولكن مع غياب عناصر الابطال وتغير بعضهم والاستعاضة عنهم بتشكيل واحد من الكومبرس في الموالاة والمعارضة، وعندها على ما اذكر لم يسلم حتى مقر حاكم البنك المركزي في مصرف لبنان من مدافع خلافات إحدى الحكومتين.

قديما قيل «إن التكرار يعلم الحمار»، فهل تعلم الجميع من التجارب السابقة المتكررة؟

2007/6/18

من تموز 2006 إلى تموز 2007: السياسيون
يكملون تدمير ما عجز عنه العدو الاسرائيلي

بين تموز 2006، تاريخ الاعتداءات الاسرائيلية على لبنان، وتموز 2007، مسافة سنة من حيث الزمن، ولكنها توازي سنوات من السلبيات والاثقال الاقتصادية والاجتماعية والمالية والمعيشية، ناهيك عن الاحباط في معظم فئات المجتمع اللبناني الذي بات يبحث عن مخرج من بلده بعدما سدت المخارج من ازمته.

بكلام آخر، لقد اكمل الأداء السياسي الداخلي للمرجعيات اللبنانية في المعارضة والموالاة، بكل امانة، ما بدأه العدو الاسرائيلي في تدمير نفسيات البشر وبنى المؤسسات، بعدما دمر الاعتداء في حرب تموز كل المقومات المادية للبنان، ارضا وشعبا وموجودات وقطاعات.

ولأن العجز السياسي لدى المرجعيات تحول شحنا طائفيا ومذهبيا في الكثير من المجالات، مما اضعف الهامش اللبناني في الحل، فإن العجز في كل المؤشرات الاقتصادية والحياتية تصاعد بشكل مستمر، وسط صراع البقاء لبعض القطاعات الأكثر تحملا وقدرة على الصمود وتخطي المصاعب، على امل الخروج من الازمة المتعددة الجنسيات والرؤوس، وقد استطاع القليل منها

المحافظة على وضعه، مع تراجع حجم الاعمال لبعضها، وتقدم بسيط لبعضها الاخر، لا سيما في القطاع المالي والمصرفي الذي عزز صموده التوسع عربيا وإقليميا، للمحافظة على حجمه، ولبقائه في دائرة المنافسة مع المؤسسات العربية والدولية التي تكبر، بينما تتعرض مؤسسات لبنان للتهجير أو التصغير، بفعل غياب الاستقرارين الامني والسياسي، وتراجع الرساميل والاستثمارات الوافدة إلى لبنان.

هذا الكلام يستوجب التوقف عند بعض المقارنات والارقام، باعتبار أن فترة ما بعد تموز من العام الماضي ما زالت سارية على تموز من العام الحالي، ولكن بأدوات خلافية سياسية داخلية، تزينها ممارسات وتوترات امنية متنوعة الاشكال والالوان والمصادر.

بداية، يمكن القول إن النمو الاقتصادي الذي كان سلبيا بنسبة متفائلة قدرها 5 في المئة خلال العام الماضي، اضحى اليوم مع التقديرات المتفائلة جدا للدولة اللبنانية سلبية بنسبة واحد إلى 2 في المئة، مع ترقب تحسنها إلى ايجابية بنسبة واحد في المئة مع نهاية العام، وهذا امر لا يبدو قريب المنال في سنة استحقاقية رئاسية، مع خلافات مفصلية، ومقاطعة رئاسية حكومية ونيابية لعمل المؤسسات.

ضرب مثلث النمو من تموز 2006 إلى تموز 2007

لقد ضربت التطورات مثلث اسباب النمو الاقتصادي في لبنان، وهي: الحركة السياحية التي تأتي بالاموال النقدية لتحريك الاقتصاد، وكذلك ضعف نمو الصادرات اللبنانية التي كان يفترض

أن تحقق زيادات تفوق الـــ20 في المئة سنويا، تبعا لحجم انتشارها المرتقب في الاسواق. والعنصر الثالث والاهم هو تدفق التحويلات والرساميل الخارجية، وهي ما زالت اضعف بكثير من العام الماضي، برغم القرارات العربية والدولية ومساهمات باريس 3 التي لم يصل منها سوى 177 مليون دولار تقريبا حتى الآن.

فقد بلغت الرساميل الوافدة خلال الثلث الاول من العام الحالي حوالى 2957 مليون دولار، مقابل حوالى 3873 مليون دولار للثلث الاول من العام الماضي، أي بتراجع نسبته7 .23 في المئة.

اما ميزان المدفوعات فقد حقق خلال الاشهر الخمسة الاولى فائضا قدره 335 مليون دولار مع كل الدعم الخارجي، مقابل فائض للفترة ذاتها من العام الماضي فاق 1835 مليون دولار، أي بتراجع نسبته 7 .81 في المئة. هذا مع العلم أن النمو الايجابي برغم ضعفه يشكل انجازا قياسا إلى حجم الاحداث التي يشهدها لبنان.

وحده القطاع المصرفي استطاع أن يحافظ على بعض النمو في موجوداته، وإن كانت قليلة بما لا يقاس مقارنة مع النصف الاول من العام الماضي، الا انها ظاهرة صحية لقطاع تخطى العديد من الصعوبات في الحفاظ على ربحيته وأسواقه ومصداقيته.

اما على صعيد التقديمات والخدمات، فإن ما يتعرض له المواطن في التقديمات الاجتماعية والصحية من صندوق الضمان وتأخير المعاملات لأشهر أو لسنوات حتى، يذكر بأيام التفكك بين المناطق اللبنانية، وعندها كانت التقديمات افضل برغم العجز في الضمان الصحي والتعويضات العائلية، ولكن الاسوأ اليوم هو

غياب الحد الأدنى من العمل النقابي الضاغط لتحقيق مطالب العمال وتحصيل حقوقهم.

يبقى الاخطر اليوم، وهو امر على علاقة بنتائج الاعتداءات الاسرائيلية، هو قطاع الكهرباء الذي تعرض لأضرار في معمل الجية وبعض المحطات والشبكات. هذا القطاع يعيش ازمة مالية وعجزا تاريخيا بات يرهق الخزينة والمواطن الذي يدفع فاتورتين للمولدات الخاصة والدولة، ولا يحصل على الكهرباء بالشكل اللازم.

إلا أن الوضع الراهن، ومع بداية تموز الحالي، فأن الازمة الحاصلة في نقص الفيول اويل والمازوت، بسبب تأخر الاعتمادات، تنذر بازمة كهرباء وزياد التقنين من البداوي إلى الزهراني، مرورا بمعملي الذوق والجية، باعتبار أن المخزون المتوافر في المصافي والمعامل لا يكفي البلاد لأكثر من اربعة ايام على ساعات التغذية المطبقة حاليا.

السبب في ذلك هو أن الاعتمادات تأخرت بين الكهرباء والمالية ووزارة الطاقة ومصرف لبنان، لصعوبة توافر الاموال بالعملات الاجنبية من جهة، ولتراجع احجام الجباية التي خلفتها احجام التدمير التي ألحقها العدو الاسرائيلي بلبنان، مما خفض عائدات الكهرباء بأكثر من 33 في المئة، ناهيك عن القضاء على خزانات الجية التي تعمل حاليا على نقل الصهاريج وبنصف الطاقة.

إشارة إلى أن هناك ثلاث بواخر تنتظر في الزهراني ومصفاة طرابلس ومعمل الذوق، باخرتان منها تحملان المازوت وواحدة تحمل الفيول اويل. واحدة منها تنتظر منذ أكثر من شهر ونصف

الشهر فتح الاعتمادات للتفريغ، مما قلص المخزون إلى حده الأدنى في المعامل، وبات ينذر بأزمة تعتيم شاملة، بما يذكر بالتعتيم القسري الذي كانت تفرضه الاعتداءات الاسرائيلية.

نمو التسليفات يسابق نمو الودائع

بالاشارة إلى نشاط القطاع المصرفي حتى نهاية الشهر الخامس من عام 2007، فإن الميزانية المجمعة للقطاع المصرفي سجلت ما مجموعه 893. 77 مليار دولار في نهاية ايار، مقابل حوالى179. 76 مليار دولار لنهاية العام الماضي، أي بزيادة قدرها 1717 مليون دولار (ما يوازي 2585 مليار ليرة) وما نسبته حوالى25. 2 في المئة خلال خمسة اشهر.

مع الاشارة أيضا إلى ان الميزانية المجمعة زادت خلال شهر ايار وحده ما قيمته7. 873 مليون دولار، وهي اعلى نسبة تسجل خلال شهر واحد هذا العام. يذكر ان اجمالي الموجودات كانت زادت خلال الفترة ذاتها من العام الماضي بما قيمته 5813 مليار ليرة، بما يوازي 3856 مليون دولار، مما يعني تراجع نمو الموجودات بما نسبته 55 في المئة تقريبا.

اما حركة الودائع المصرفية فقد سجلت خلال ايار وحده ما قيمته 608 ملايين دولار، مقارنة مع شهر نيسان، حيث كانت حققت زيادة قدرها 1200 مليار ليرة، أي ما يوازي 800 مليون دولار، وهو مبلغ يفوق ما حققته زيادة الودائع خلال كامل الفصل الاول من السنة. وقد بلغ حجم الودائع في نهاية ايار 2007 ما مجموعه 484. 62 مليار دولار، مقابل حوالى 693. 60 مليار

دولار لنهاية العام الماضي، أي بزيادة قدرها 1791 مليون دولار خلال خمسة اشهر، بما نسبته 95 .2 في المئة.

نقطة اخرى لافتة في نشاط القطاع المصرفي وهي ارتفاع الاحتياطي لدى المصارف إلى حوالى 242 .20 مليار دولار، بزيادة قدرها 106 ملايين دولار خلال شهر ايار وحده.

وتبقى نسبة الزيادة في التسليفات للقطاعات الاقتصادية التي سجلت في نهاية ايار ما مجموعه1 .30861 مليار ليرة، أي ما يوازي حوالى471 .20 مليار دولار، مقابل حوالى801. 19 مليار دولار حتى نهاية الثلث الاول، أي بزيادة قدرها حوالى 1547 مليون دولار، ونسبتها حوالى 8 في المئة مقارنة مع نهاية العام الماضي.

على صعيد الاموال الخاصة للقطاع المصرفي، فقد بلغت في نهاية ايار ما قيمته 6 .9014مليار ليرة، أي ما يوازي979. 5 مليارات دولار، مقابل حوالى783. 5 مليارات دولار لنهاية العام الماضي، أي بزيادة قدرها 8 .196 مليون دولار، وما نسبته 40. 3 في المئة خلال خمسة اشهر.

وفي المحصلة، لا بد من القول إن التركيز الحاصل في الخلافات يستهدف اولا وأخيرا ضرب كل مظاهر التحسن، بحيث تأكل التطورات السلبية لكل شهر مقبل ايجابيات الشهر الذي سبقه، بينما من المفترض، لو ان نسبة من الهدوء تسيطر على الاسواق والاجواء السياسية الداخلية على الاقل، أن يتخطى شهر حزيران نسبة التراجع الحاصلة في الاشهر السابقة، لا سيما نتائج الفصل الاول من العام.

في هذا الوقت تبقى البلاد من دون موزانة ولا توازن أو

اتزان، بحيث تمسح السلبيات الآتية الايجابيات الجزئية التي تحققت، ويأكل العجز الآتي كل مقومات النمو الاقتصادي التي ترتكز اولا واخيرا على الايرادات السياحية، والتحويلات من الخارج وحركة الرساميل ثانيا، ومن ثم حركة الصادرات الصناعية والزراعية اللبنانية، وهي من عناصر الصمود التي بدأت تتأثر من جراء التطورات الأمنية وانعكاسها على الحدود اللبنانية السورية في الفترة الاخيرة، وهي من العناصر المؤثرة أكثر من غيرها بالنسبة للصادرات اللبنانية وكذلك حركة السياحة البرية، وهما عنصران اساسيان في المساعدة على تحقيق بعض النمو الاقتصادي للعام الحالي.

ارتفاع وتيرة ترك العمل بداعي الصرف والهجرة

المؤشر الأكثر دلالة على تردي الوضعين الاقتصادي والاجتماعي تكمن في وضعية سوق العمل؛ والضمان الاجتماعي هو المطرح الذي فيه الاحصاءات الاقرب عن هذه الوضعية المتردية، انطلاقا من حجم تزايد المسجلين الجدد في الصندوق من الأجراء في القطاع الخاص، باعتبار ان الدولة باتت عاجزة أكثر من أي وقت مضى عن استيعاب الشباب الخارج إلى سوق العمل من جهة، وباعتبار أن القطاع الخاص هو المحرك الاول والأخير لفرص العمل، وهو يخضع لقانون الضمان.

الاخطر في الامر أن عدد الخارجين من سوق العمل اضحى يوازي ويزيد عن عدد الداخلين إلى السوق، لا سيما في الفترة اللاحقة لحرب اسرائيل ضد لبنان والمقاومة في تموز من العام الماضي، حيث زادت البطالة وعمليات الصرف بشكل كبير فاق

الـــ6 في المئة، مما رفع نسبة البطالة الحقيقية السافرة والمقنعة إلى ما فوق الـــ20 في المئة بين فاقدي فرص العمل.

إشارة هنا إلى ان احصاءات الصندوق الوطني للضمان الاجتماعي اشارت بوضوح إلى أن نسبة المضمونين الذين صفوا تعويضاتهم في الاشهر الاولى بعد حرب تموز بلغت حوالى 100 مضمون يوميا، منهم حوالى 75 مضمونا على كل مئة مضمون، أي حوالى 75 في المئة من اجمالي الذين صفوا تعويضاتهم بسبب الترك خلال عام 2006 وعددهم حوالى 14 الف مضمون.

اما في النصف الاول من عام 2007، وتحديدا مع بداية تموز الحالي، فإن الاخطر هو استمرار الوتيرة عينها، مع تراجع بسيط بنسبة عدد الذين صفوا تعويضاتهم بسبب الترك المبكر.

وتشير احصاءات الصندوق الوطني للضمان الاجتماعي أن عدد الذين صفوا تعويضات نهاية خدمتهم خلال النصف الاول من العام الحالي بلغ 8120 مضمونا، منهم 5315 اجيرا بالترك المبكر، أي ما نسبته 5 .65 في المئة من اجمالي تاركي العمل المضمون.

في المقابل، بلغ عدد الذين صفوا تعويضاتهم بسبب بلوغ السن حوالى 1302 اجيرا، أي ما نسبته حوالى 16 في المئة، في حين بلغ عدد الذين صفوا بسبب 20 سنة خدمة حوالى 869 مضمونا، بما نسبته 6. 10 في المئة. ويشكل الرقم الخاص بالتصفية لبلوغ السن أو 20 سنة خدمة على ستة اشهر اقل من حجم عدد التصفية التي تمت لتاركي العمل بسبب الصرف أو الهجرة خلال شهر واحد، والذي بلغ خلال ايار حوالى 977 مضمونا وحوالى 984 اجيرا في شهر اذار، أي بمعدل يومي يصل

إلى 40 أجيرا على اساس 24 يوم عمل في الضمان. وهذه خطورة لم يشهدها لبنان حتى في اصعب ايام الحرب الاهلية والاجتياح الاسرائيلي عام 1982.

ماذا يعني الترك المبكر بالنسبة للمضمونين؟

يعني ذلك ببساطة أن المضمون يقدم على تصفية تعويضه مضحيا بما نسبته 25 إلى 50 في المئة من قيمة مستحقاته، تبعا لعدد سنوات الخدمة، لإقدامه على التصفية قبل بلوغ السن، أو بسب عدم امضاء 20 سنة خدمة أو لسبب العجز أو الوفاة أو بداعي الزواج بالنسبة للمرأة، وهي الحالات التي يحصل المضمون خلالها على تعويضه بنسبة 100 في المئة على اساس اجره الاخير اذا كان يعمل عند صاحب عمل أو مؤسسة واحدة.

في المحصلة، إن هذه النتائج تعكس تردي الوضع الاجتماعي والمعيشي بشكل تصاعدي، منذ ما بعد حرب تموز 2006 وصولا إلى ما بعد تموز 2007، وذلك بسبب تردي الأداء السياسي الداخلي وتفوق المصالح الشخصية للمرجعيات السياسية على ما عداها من مصالح المواطن اللبناني واقتصاده ومعيشته، وبالتالي تفوق نسبة المصالح الخاصة والمكاسب لأكثر المرجعيات على مصلحة لبنان الذي يخسر دوره في المنطقة، لتعزيز أدوار الغير.

2007/7/9

لبنان أمام مرحلة الاستخدامات السياسية
والانتخابية للقضايا المطلبية والاقتصادية

دخلت الانتخابات النيابية، وفي وقت مبكر، إلى قاعة مجلس الوزراء، وبدأ
العديد من الفرقاء السياسيين إظهار مواقف تصب في اطار مخاطبة قاعدته
ومنطقته الانتخابية. وهذا أمر يبشر بتعطيل مبكر لعمل الحكومة من جهة،
أي قبل ستة أشهر من الانتخابات النيابية، وتعطيل إمكانية ملء الفراغات
الادارية لدولة تدار بالوكالة أو التكليف في معظم وزاراتها من جهة ثانية، ما
لم تتلاق مصالح بعضهم مع شكل التعيينات والتنفيعات الادارية من جهة
ثانية.

غير أن الواقع الاجتماعي والمعيشي الذي ينتظر انعكاسات الازمة المالية
العالمية على الوضع الاجتماعي لجهة تزايد البطالة، وتراجع التحويلات المالية
من اللبنانيين الذين سيفقدون مراكز عملهم في الخارج، مما يهدد بتأثر البلاد
بأزمة السيولة وحال الركود الذي يغزو العالم، والذي لم تشعر به الاسواق
المالية والمصرفية المحلية وحتى اسعار العقارات في لبنان، باعتبار أن السيولة
متوافرة لدى القطاع المصرفي، وحتى لدى الشركات العقارية، ومنها شركة
سوليدير التي تواصل مشاريعها الكبرى في

لبنان، وتحافظ على معدلات نمو أرباحها برغم تراجع أسعار الأسهم في بورصة بيروت.
اذا، فان البلاد تمر في محطتين اساسيتين: محطة الاستخدامات الاقتصادية والمالية للمحافظة على نمو القطاعات المالية والمصرفية واستمرار المشاريع من جهة، ومحطة الاستخدامات السياسية والانتخابية للقضايا المطلبية داخل الحكومة وخارجها، في إطار تحسين المواقع على حساب القطاعات العمالية والنقابية ضمن حملة تحميل المسؤوليات، ولو على حساب عجز المالية العامة أو تردي التقديمات الاجتماعية والمطلبية.
غير أن غبار السلبيات الآتية لم تستطع إلغاء الايجابيات في بعض القطاعات والمشاريع في لبنان، ومنها مؤشر تحسين تصنيف لبنان ومصارفه لجهة النمو في الودائع والأرباح، أو لجهة استمرار الطلب على التوظيف في بعض القطاعات وبيع العقارات.

1ـ أسواق بيروت التقليدية تعود في الربيع

دخلت شركة سوليدير المرحلة النهائية من إنجاز مشروع الاسواق التجارية في وسط بيروت، وتقدر مصادر في ادارة الشركة افتتاح هذه الاسواق، وهي من المشاريع الأكبر في الوسط التجاري، خلال ربيع العام 2009 بعدما شارفت الاعمال على الانتهاء.
بداية فإن المشروع يتضمن اعادة الاسواق التقليدية في وسط بيروت في أماكنها، وهي سوق أياس، وسوق الطويلة، وسوق

الجميل. بمعنى آخر، إن سوق أياس وسوق الطويلة سيعودان إلى الموقع نفسه الذي كانتا فيه في السابق.

وتقع هذه الاسواق وفق المشروع قيد الانجاز بين شارع ويغان جنوبا وشارع طرابلس لجهة الشمال، وشارع اللمبي شرقا وشارع البطريرك الحويك شرقا. كما تمت بموجب المشروع المحافظة على الحي الفينيقي، وحائط القرون الوسطى، مع اعادة ترميم زاوية بن عراق (المقام). بحيث بات الموقع يضم الوضع التقليدي والأثري.

وعلم ان مشروع الاسواق الذي بلغت كلفته حوالى 50 مليون دولار بتمويل من شركة سوليدير ولحسابها، يتألف من حوالى 250 محلا تجاريا متنوعا بما فيها عدد كبير من المطاعم والمقاهي. وعلم ان أكثر من 90 في المئة من هذه المحلات تم تأجيرها قبلا حتى الآن، وان عائدات هذه المحلات سترفع عائدات شركة «سوليدير» من 21 مليون دولار حاليا، إلى 45 مليونا اعتبارا من العام 2009، باعتبار ان هذه الاسواق والمحلات ملك للشركة ومعدة للإيجار فقط وليست للبيع. ويقع السوق على مساحة قدرها حوالى 70 الف متر مربع يوازي حوالى 120 الف متر بناء.

ويضم السوق أيضا ثلاثة طوابق لمواقف السيارات تتسع لحوالي 2000 سيارة. وسيكون للسوق جزء آخر في الواجهة الغربية يضم المكاتب وصالات السينما، وحوالى 400 محل آخر، وهو سيجهز في العام 2010، مع مخازن كبرى للتسوق والمحال التجارية. أما عدد صالات السينما فيصل إلى 14 صالة. وهذا الجزء اجريت له مناقصة خاصة للتلزيم وتحديد الكلفة. وهناك

شركات لبنانية وعالمية ستشارك في هذه المناقصة لإنجاز أعمال القسم الثاني الذي ينتهي في العام 2010.

اشارة إلى انه فور انجاز الواجهة الثانية من الاسواق سترفع عائدات شركة سوليدير من الإيجارات إلى حدود 61 مليون دولار، وهو أمر يعني انها ستعتمد على الايجارات بعد الانتهاء من بيع العقارات المتبقية لديها، والمقدرة بحوالي 4 ملايين متر على الواجهة البحرية، وحوالي المليون في مناطق أخرى من الوسط. اشارة هنا إلى ان الشركة باعت عقارا خلال العام الحالي مساحته حوالي 56 الف متر مربع بمبلغ قدره 168 مليون دولار بسعر 3000 دولار للمتر الواحد. وهذا يعني أن أسعار العقارات في لبنان وفي وسط بيروت لا تزال على ارتفاعها بسبب محدودية المساحات. غير ان هذا الواقع الاقتصادي والمالي لشركة سوليدير وهي تقدر أرباحها بأكثر من 175 مليون دولار للعام 2008، أي أكثر من ارباح العام 2007، وهي شركة من دون ديون تقريبا، لا ينعكس على واقع سعر السهم الذي تراجع متأثرا بالأزمة العالمية الخارجية والبورصات العربية. ويعتبر بعض الخبراء ان سهم سوليدير كما اسهم المصارف اللبنانية لا تعبر عن السعر الاقتصادي وفق نتائج الأرباح المعلنة.

2ـ معركة المطالب الاجتماعية
وغياب المنح المدرسية

ينطلق التوقع الأكيد على صعيد الوضع المعيشي والمطلبي من اعتبار ان المرحلة المقبلة ستحمل معها معارك مطلبية واسعة

من مختلف القطاعات والنقابات، تصب كلها في إطار تعزيز التحرك السياسي تحت شعار تحسين المطالب الاجتماعية، التي يتركها أصحابها عند اول مفترق ليتابعوا معارك المصالح السياسية والانتخابية للجهات التي تحركهم وتوقفهم عند مفارق مصالحها وتقاطعها مع المصالح السياسية الأخرى، وعندها تضيع المطالب المعيشية المحقة، وهو ما حصل في معركة تصحيح الأجور التي تحولت إلى مساعدة اجتماعية مقطوعة لا علاقة لها بغلاء المعيشة المتراكمة منذ العام 1996.

كذلك الأمر بالنسبة للتوافق السياسي المؤقت بين اركان الحكومة الوطنية الموحدة الذي أخر إقرار تجديد مرسوم المنح المدرسية للقطاع الخاص، وهو مرسوم يجدد سنويا اعتبارا من شهر ايلول من كل سنة، وها هو شهر كانون الاول يشارف على نهايته، كذلك العام 2008، بينما مئات آلاف العمال والمستخدمين في القطاع الخاص يحرمون من المنحة التي هي في الأساس قليلة، ولا تشكل سوى حوالي المليون ليرة على ثلاثة أولاد، بواقع 500 الف ليرة عن كل ولد، على الا تزيد عن المليون ليرة على ثلاثة اولاد. هذا مطلب يخص حوالى 400 الف اجير وعامل في القطاع الخاص ضاع وسط البازارات السياسية، بعدما كان احد ابرز المطالب التي تحرك الاتحادات العمالية والقوى الاجتماعية في خارج الحكومة، وهي اليوم أضحت في داخلها.

هذا الاستهلال يهدف إلى القول إنه لم تعد هناك مكاسب سياسية لفرقاء المعارضة والموالاة في تحريك الشارع والمطالب الاجتماعية في ظل حكومة ما يسمى الوحدة الوطنية، باعتبار أن

الكل يستطيع ان يضع المسؤولية على الكل، بينما الحقيقة هي ضياع حقوق القوى العاملة وتراجع قيمة التقديمات وضياع الإصلاحات في التقديمات، وسط تزايد خيالي لتردي الأداء في الادارات والمؤسسات، في وقت يزداد فيه تراشق تحميل المسؤوليات من قبل الذين يفترض أن يكونوا أوائل المسؤولين عن هذا التردي، كونهم داخل السلطات ويساهمون بتعطيلها بالخلافات على حساب القوى العاملة التي تكاد تنسى همومها ومطالبها وسط ولاءاتها السياسية والطائفية التي تتقدم كل ما عداها من المطلوب.

بمعنى آخر إن محاولات الاستغلال الانتخابي للمطالب الاجتماعية يمكن استخدامها على خطي الموالاة والمعارضة، لأن الكل في المسؤولية وفي الحكومة، وهذه هي أخطر نقاط التحرك الذي سيذهب بحقوق اصحاب الحقوق الاجتماعية ليس إلا.

في المحصلة، لا بد من التأكيد على انه لا خروج من الازمة المالية للدولة، ومن ثم الأزمة الاقتصادية والاجتماعية الحاصلة في البلاد، الا باختصار العناوين الاصلاحية الخلافية التي يمكن التوافق حولها من قبل القوى السياسية التي تحتاج إلى مجلس يجمعها على الحد الأدنى من الطروحات المقبولة للحوار كمرحلة اولى. كما انه لا علاج لأزمة عجز الموازنة وزيادة الدين العام ونموه المتزايد إلا من خلال تصحيح هيكلية الأجور والتقديمات، بما يؤمن تصحيح القدرة الشرائية لأصحاب المداخيل المتدنية والمتوسطة، مما يخلق تحسنا في الدورة الاقتصادية بكسر الجمود الحاصل بعد كسر الاسعار المتوقفة عند حدود ارتفاعاتها، على ان يترافق ذلك مع حركة جدية في تقليص النفقات غير

المجدية، قبل ترقب زيادة الإيرادات بارتفاع عائدات الضرائب أو الرسوم، ومن دون ضرائب جديدة تزيد الأعباء على اصحاب المداخيل والاسر، ممن لا طاقة لهم على تحملها في ظل الازمات القائمة والمقبلة في ظل الركود الناجم عن ازمة السيولة العالمية.

ولا حاجة إلى الكثير من الجهود لتبيان حجم الخلل الاقتصادي والاجتماعي، في ظل غياب الحد الأدنى من السياسات التي تؤمن الحدود الدنيا من العيش الكريم للشباب اللبناني الذي تحول القسم الاكبر منه اما إلى طالب فرصة للهجرة بعد فقدانه كل فرصة للعمل في بلاده، أو اصبح عاطلا عن العمل، بعدما كبد أهله آلاف الدولارات ليصل إلى درجة علمية يفترض ان تؤمن له العمل اللائق لتعويض كلفة تعليمه في بلاده.

صحيح ان ميزة لبنان في كونه من الدول المصدرة لليد العاملة والمستوردة لها، ولكن سوء استخدام هذه الميزة حولت لبنان إلى مصدر للكفاءات والطاقات الأساسية القادرة على المساهمة في اعادة التطوير الداخلي للمجتمع اللبناني، وأبقت على غير القادرين على إيجاد فرص العمل في الخارج وكذلك في الداخل، وهذه الظاهرة هي التي رفعت نسبة البطالة، وهي التي تهدد في تحويل لبنان إلى مأوى للعجزة كما حصل في اوروبا بعد الحرب العالمية.

في المحصلة، يمكن القول إن مسؤولية الدولة في تحقيق عدة امور اساسية بعيدا عن المعوقات والخلافات السياسية، اولها احياء الهيئات والمجالس الثلاثية التمثيل بين العمال واصحاب العمل والدولة، ومنها تفعيل المجلس الاقتصادي، وتنشيط مجلس

ادارة الضمان الاجتماعي مع ديمومة عمل لجنة المؤشر بدل نشاطها الموسمي المقتصر على الملمات والتركات فقط. كما ان على الدولة التي تدفع أكثر من 600 مليون دولار للتقديمات الصحية ان ترعى ايصال هذه الخدمات بافضل حال إلى المواطن من وزارة الصحة إلى تقديمات الضمان الصحي، إلى تعاونية موظفي الدولة والأجهزة غير المدنية، وهي تقديمات كفيلة بتأمين أفضل المعالجات لغالبية الشعب اللبناني، وليس إلى الفئات المضمونة فقط.

كما انه لا بد من التذكير ان الدولة قدمت العديد من انواع الدعم من المحروقات إلى القمح والإنتاج الزراعي، مع التخلي عن أكثر رسومها وعائداتها من البنزين نتيجة تثبيت الاسعار، ولكن العبرة في ان تصل التقديمات إلى اصحابها من المزارعين إلى مستهلكي الخبز المنزلي، اضافة إلى تفعيل التقديمات الاجتماعية من صندوق الضمان. وكل هذه الامور تحتاج خطوة أولى بإحياء الحوار الاقتصادي الاجتماعي وسحب فتيل التأثيرات والمؤثرات السياسية في تجيير التحرك المطلبي لمصالح انتخابية وسياسية لا تمت إلى المصلحة العمالية والنقابية والمطلبية بصلة، لا من بعيد ولا من قريب.

2008/12/15

الجزء الرابع

"الإدارة العامة في ظل الوضع الراهن"

تآكل الأجور وذوبان المداخيل ـ أسباب وحلول

يمكن حصر أسباب تآكل الأجور والرواتب بنقاط محددة، تختلف من بلد إلى آخر، تبعا لوضعه الاقتصادي والإنتاجي والاستهلاكي، ولكنها تقع تحت العناوين ذاتها المؤثرة في الأسعار والأجور والمداخيل.

1- أولا يعود تآكل الأجور إلى سبب أساسي هو التضخم وارتفاع الأسعار، وهو أمر يصيب لبنان والدول المماثلة أكثر من غيرها، باعتبارها من الدول المستهلكة والمستوردة لأكثر احتياجاتها من المواد الضرورية والاستهلاكية، لاسيما المواد الغذائية.

2- هذا الوضع الاستهلاكي في لبنان يجعله عرضة للتأثر بنوعين من الانعكاسات الخارجية والداخلية. الخارجية بمعنى التضخم العالمي والارتفاعات الكبيرة في الأسواق الأوروبية والعالمية التي يستورد منها لبنان؛ فمعظم مستوردات لبنان من أوروبا وارتفاع سعر اليورو انعكس مباشرة على أسعار السلع والأدوية والمواد الغذائية والحبوب والحليب، الأمر الذي أظهر العجز الفوري للمداخيل والأجور عن مواكبة سرعة تطور

181

الأسعار. كذلك الأمر بالنسبة للتأثير الداخلي، وهو عنصر لا يقل أهمية عن العناصر الخارجية والمؤثرات الخارجية لغلاء السلع وانعكاسها على الأجور. فعنصر الحرية الاقتصادية يجعل السوق اللبناني عرضة للاحتكارات أكثر نتيجة ضيق السوق وغياب الأنظمة المؤثرة في ضبط الأسعار، عن طريق المراقبة أو الملاحقة في فرض نسب الأرباح، إلا لبعض المواد، من الرغيف إلى المحروقات، حيث الدولة تحدد الأسعار وفق تطور الأسعار العالمية، وكذلك الأمر بالنسبة لموضوع الدواء الذي يسعر بالتعاون مع الوكلاء والمستوردين من دون أي قدرة للدولة في كسر الاحتكارات.

3- هناك موضوع ارتفاع أسعار الطاقة والنفط، وهو أمر يصيب الأجور والقدرة الشرائية للمداخيل أكثر من أية سلعة أخرى. وهذا الأمر له علاقة مباشرة بطريقة وشمولية استخدام الطاقة من الإنتاج الصناعي الذي يتأثر ارتفاعا، وكذلك الإنتاج الزراعي. ناهيك عن أسعار الخدمات وكلفة الكهرباء في التعرفة الخاصة وتزايد استهلاك المياه المشتراة إضافة إلى الكلفة على الخزينة التي يمولها المواطن نفسه.

4- هناك تراكمات ضعف بنية الأجور في القطاعين العام والخاص، وهو أمر قديم ومزمن، ويفترض أن يعالج بسياسة اجتماعية محددة، فيها سياسة واضحة تربط الأجور بالأسعار والتضخم.

5- هناك تراجع القيمة الشرائية للمداخيل الأسرية والمجتمع، وهو العنصر الأكبر الذي يعكس تأثير ارتفاعات الأسعار، لعوامل تتعلق بتراجع فرص العمل أو تراجع حركة

الطلب، مما يضعف الأجر من جهة، ويقلص عدد العاملين في الأسرة من جهة ثانية.

6- هناك نتائج الأزمة السياسية والخلافات القائمة بين أهل السلطة والمعارضة. وهذا الأمر استفحل بعد الحرب الإسرائيلية على لبنان في تموز من العام 2006، حيث بدأت المحطات الأساسية لارتفاعات الأسعار بفعل الحصار الإسرائيلي الذي استمر شهرين، مما زاد الأسعار نتيجة تراجع حركة الاستيراد وموجة الاستغلال الكبيرة التي رافقت صعوبة تأمين السلع الأساسية. وهذه المحطة الأولى التي شهدت قفزة كبيرة في التضخم فاقت السبعة في المئة. ثم استمرت الموجة بعد الحرب نتيجة التشرذم الداخلي وتعطل المؤسسات من جهة، والانقسامات الكبيرة التي أعاقت الحركة الاقتصادية وخلق فرص العمل من ناحية أخرى. وهنا لا بد من الإشارة إلى أن تراجع فرص العمل وتزايد الهجرة وتزايد عمليات الصرف أثر على الدخل، مما أفقد المجتمع اللبناني خلال الفصل الأخير من السنة الماضية وحدها والفصل الأول من العام الحالي حوالى 15 في المئة.

7- نقطة أساسية أخرى لا بد من التطرق لها، وهي أن استمرار ارتفاع أسعار السلع الأساسية لا يمكن أن يعالج في الداخل إلا من خلال تعزيز القطاعات الإنتاجية المحلية في الزراعة والصناعة بهدف تخفيف فاتورة الاستيراد. وهذه الخطوة يجب أن تسبقها آلية متحركة لتصحيح الأجور بواسطة قيام مؤشر الأجور مع وضع مؤشر دقيق للغلاء والأسعار، وإبطال المؤشرات المتنوعة التي تعتمد توجهات ومصالح فرقاء الإنتاج كل وفق

حساباته الخاصة. كل ذلك نتيجة ضعف التحرك والتمثيل النقابي وعدم استقلاليته عن المرجعيات السياسية والطائفية.

وطالما الحديث هو عن ضعف التحرك والتمثيل النقابي وعدم استقلاليته عن المرجعيات السياسية والطائفية.

وطالما الحديث هو عن ضعف التحرك النقابي نتيجة التشرذم في الجسم العمالي، وحتى في داخل بعض الهيئات الاقتصادية والجمعيات التجارية تحديدا، لا بد من التذكير بنقطتين مطلبيتين مستحقتين منذ سنوات، تعالج بعض تفاصيلهما بالتقسيط وبعضها الآخر خارج إطار البحث نهائيا، وهما:

أولا - تصحيح الأجور المتوقف منذ سنوات، وتسديد المنح المدرسية وبدلات النقل لإجراء القطاع الخاص، والتي تنفذ جزئيا لتخلف أصحاب العمل وعجز الدولة عن فرض التطبيق، وهي تتأخر أشهرا عن إقرارها، لاسيما في السنوات الأخيرة في كنف الحركة النقابية الحالية. هذه المنحة المدرسية التي يجب أن يقترحها وزير العمل لتدفع في أيلول من كل سنة، وهي أقرت في كانون الثاني في مجلس الوزراء بتأخر ثلاثة أشهر، برغم الضائقة المعيشية لآلاف العمال وعائلاتهم.

ثانيا - يجب ربط تحرك الأسعار بتحرك الأجور أو على العكس أيضا جعل السلم المتحرك للأجور مرنا بمرونة ارتفاع الأسعار مع إقرار صيغة موحدة لاحتساب غلاء المعيشة والتضخم يكون واقعيا، يطبق على القطاعين العام والخاص بشكل فصلي أو نصف سنوي حتى لا نقول شهري كما تعدل أسعار السلع الأساسية عند تغير الأسعار.

وتبقى ملاحظة أساسية وهي أن القطاع الذي يستفيد من

زيادات دورية على الأجور والتقديمات، وهو القطاع المصرفي، كان الأكثر التزاما بالإضراب الذي أعلنته الهيئات الاقتصادية لمدة يومين، بينما تخلفت قطاعات عمالية أخرى.

إلى هذه العناصر مجتمعة، يضاف عنصر أساسي، وهو تراكمات ارتفاعات غلاء المعيشة منذ العام 1996، آخر تصحيح للأجور، والذي أعطي في العام 1996 عن العام 1995، وحتى العام 2007، والتي فاقت الـ 44 في المئة، حسب المؤشرات المصرفية، لا المؤشرات العمالية، وذلك بعد إضافة نسبة التضخم المسجلة خلال العام الماضي بنسبة تصل 8 في المئة حتى نهاية العام، وحسب نتائج مؤشرات نهاية أيلول الماضي.

في التفاصيل، تفيد أرقام دراسات بعض المصارف الكبرى، التي تم جمعها بمجهود شخصي من قبلنا، وهي أرقام قريبة جدا من مؤشر مصرف لبنان وبعض المؤسسات المصرفية التي تضع دراسات دورية، أن نسب التضخم أو غلاء المعيشة المسجلة كانت على الشكل الآتي:

- سجلت نسبة التضخم خلال العام 1995 و1996 ما نسبته 1. 15 في المئة، منها حوالى 9. 9 في المئة خلال العام 1996 وحده، وكانت نسب التضخم خلال العام 1997 حوالى 5. 3 في المئة، وفي العام 1998 حوالى 6. 1 في المئة، مقابل 5. 1 في المئة للعام 1999، قبل أن يسجل المؤشر تراجعا بنسبة 9. 0 في المئة خلال العام 2000.

- وبعد العام 2000 عاد المؤشر إلى تسجيل قفزات جديدة بعد تطبيق الضريبة على القيمة المضافة، حيث سجل المؤشر

ارتفاعا نسبته 3 في المئة خلال العام 2001، و2. 4 إلى 5 في المئة خلال العام 2002، ثم 3 في المئة خلال العام 2003.

- إن احتساب هذه النسب على أساس تراكمي، بعد إضافة نسب التضخم المسجلة حتى العامين 2005 و2006، أي الزيادة على الزيادة، تظهر أن أصحاب المداخيل المحدودة خسروا من أساس مداخيلهم ما يزيد من 35 إلى 38 في المئة خلال عشر سنوات، أكبرها خلال العام 2007. وهذا على حسابات القطاع الخاص المختلف عليها بين العمال وأصحاب العمل، وليس على حسابات الدولة أو الاتحاد العمالي العام وحده.

إن إجراء مقارنة فعلية على أساس معدل سنوي، مع تطورات بعض أسعار الاستهلاك الأساسية نتيجة ارتفاع اليورو، تعطي صورة أكبر عن خسائر الأجور خلال السنوات الماضية، وخصوصا خلال الأعوام 2002 و2003 و2006 و2007.

في الخلاصة، إن البلاد تعيش مرحلة ما بعد حرب العدو الإسرائيلي المدمرة، وهي أقسى وأكثر ضررا مما ألحقه العدو من أضرار في البنى التحتية، باعتباره يضرب البنى الفوقية بما يعني مقومات الإنسان اللبناني من العقول والنفوس، وليس مقومات اقتصاده ومصادر الرزق فيه فقط. من هنا يجب أن يرتدي التحرك الاقتصادي والقطاعي طابع الاستمرار بعيدا عن الاسترضاءات لجماعات مسؤولة، آخر همها ما يحل بالمواطن ومستقبله، خدمة لتوجهات ومصالح شخصية وفئوية يستفيد منها الجميع في الخارج على حساب لبنان ودوره.

في الخلاصة أيضا، إن تحسين مناخ الاستثمار وجذب الرساميل يحتاج كذلك إلى الاستقرار الاجتماعي، بوجود

تشريعات وسياسة للأجور وعلاقات العمل، بذات الحاجة إلى الاستقرارين الأمني والسياسي، باعتبار أن الاستقرار الاجتماعي هو أساس الاستقرارين الآخرين. إن اضطلاع القطاع الخاص اللبناني بأقل من 65 في المئة من قدراته حتى الآن من عناصر إضعاف الأجور وضرب نمو فرص العمل، وكل ذلك بحجة الظروف السياسية وهي عناصر ليست مستجدة.

الحركة النقابية وحرية العمل النقابي

لا يستطيع أي مجتمع في الدول المتقدمة والنامية الحفاظ على حقوق
ومكتسبات الطبقة العاملة فيه من دون حركة نقابية قوية ومتماسكة أولا.
وما يشهده لبنان على ساحة العمل النقابي منذ حوالى أكثر من عشرين سنة
لا يؤشر على إمكانية قيام حركة نقابية متماسكة وقادرة على تحصيل حقوق
الطبقة العاملة والمحافظة على الحريات العامة. وهي أكثر من ذلك، فقد
جعلتها التدخلات السياسية غير قادرة في تركيبتها على مواكبة احتياجات
المتغيرات والتطورات الاقتصادية والاجتماعية. وكذلك لا تبشر هذه التركيبة
التي ابتعدت كثيرا عن العمل النقابي والحزبي الحقيقي والتحقت غالبية
قياداتها لتكون عوامل مساعدة لمصالح الجهات السياسية والطائفية التي
تمثلها في ظل انكفاء ملحوظ لدور العمل النقابي عن مؤثرات أهل السياسة في
السلطة وخارجها.

هذا الواقع يقودنا إلى التطرق للحديث عن أزمة العمل النقابي التي تشكل
أساس عصب الحريات النقابية ومن مسبباتها عدم قدرة التنظيمات النقابية
في المحافظة على حقوق الطبقة العاملة، والدليل القاطع هو عدم التحرك
لتصحيح الأجور منذ العام 1996، وتزايد عمليات الصرف الجماعي والفردي
بنمو

يسابق نمو الدين العام، فلو كانت هناك حركة نقابية فاعلة ومؤثرة لما استمرت هذه الوتيرة من تراجع الحقوق، حيث أكل التضخم خلال السنوات منذ 1996 أكثر من 5. 32 في المئة حسب مؤشرات وتقارير مصرفية حول معدلات التضخم السنوية، علما أن هذا الاحتساب تراكمي.

إلى ذلك يضاف عنصر التردي في الضمان الاجتماعي الذي يتحمل الاتحاد العمالي نصف المسؤولية فيه، بالمشاركة مع الدولة وأصحاب العمل (تخفيض الاشتراكات).

إذن يبقى السؤال الأساسي متمحورا حول أسباب تراجع أداء العمل النقابي وعجزه عن الدفاع عن حقوق ومكتسبات الطبقة العاملة؟

عن هذا السؤال يمكن الإجابة بالأسباب التالية:

1- سيطرة الجوانب السياسية والطائفية التي أدت إلى تشرذم الحركة النقابية وفقدانها قدراتها المؤثرة في القرارين الاقتصادي والاجتماعي. وهذا السبب مرده إلى تزايد تأثير أهل السلطة في التحرك النقابي بدليل ضعف القدرة على الحشد العمالي خلال السنوات الأخيرة، بسبب فقدان بعض المصداقية لدى الطبقة العاملة وفئات الشعب.

2- العنصر الآخر والأهم هو موت الحياة الحزبية بالمعنى الحقيقي للكلمة، حيث كانت الأحزاب تشكل أفضل روافد الحركة النقابية. وقد تحولت هذه الأحزاب إلى عبء إضافي يضعف الحركة النقابية، بعد استنكاف الأحزاب الكبرى عن المشاركة إلا رمزيا.

3- تشرذم الحركات الطلابية في الجامعات وجنوحها نحو

الحركات الطائفية وليس الحزبية العلمانية، وهذا أيضا أضعف كثيرا
القدرات التنظيمية.

4- تراجع عدد المنتسبين والناشطين في النقابات (تقدر نسبة المنتسبين إلى
العمل النقابي حوالى 5 في المئة وما دون).

5- تزايد عدد النقابات العشوائي والاتحادات، بشكل زاد عدد النقابيين وقلل
من عدد المنتسبين. فلو نزلت مثلا إلى الشارع مجالس النقابات البالغة حوالى
490 نقابة لكان عدد المتظاهرين يفوق 5000 متظاهر عمالي.

6- يمكن عن طريق سرد بعض المعطيات تكوين صورة أساسية وأكثر واقعية
عن الحركة النقابية قبل الانتقال إلى الاقتراحات والحلول لإعادة الحياة
النقابية إلى فعاليتها.

فأين نحن من وحدة الاتحاد؟ وأين هي حدود الاستقلالية في مواجهة حدود
التدخل السياسي وأهل السلطة؟ وهل هناك حرية نقابية فعلية؟ وأين هو
البرنامج المطلبي والهيكلية النقابية؟

أ - يقدر عدد المنتسبين إلى النقابات العمالية بنحو 5 في المئة من مجموع
العمال والأجراء والمستخدمين الذين يحق لهم قانونا الانتساب إلى هذه
النقابات. وهذه النسبة في تقديرنا إلى تراجع، باستثناء النقابات الحرة وبعض
المصالح المستقلة والمصارف أيضا، علما أن نسبة الانتساب في الدول النامية
والمتقدمة تفوق 10 إلى 15 في المئة.

ب - تفيد لوائح الشطب في الانتخابات النقابية أن الناشطين (تسديد
الاشتراكات - الاقتراع. . .) يشكلون ما بين 35 إلى 45 في المئة فقط من
مجموع المنتسبين إلى النقابات.

ج - يتبين من خلال التحركات التي قادها الاتحاد العمالي

العام في السنوات الأخيرة (ما عدا أحداث 6 أيار 1992) هزالة المشاركة العمالية فيها وطغيان الطابع الحزبي والشبابي أو التمثيل الرمزي للهيئات والمنظمات والفعاليات المختلفة، وغالبا ما كانت منتمية إلى صفوف المعارضة للحكومات، وكثيرا ما تكون البيانات الموزعة على الإعلام أكثر من عدد المتظاهرين أو المعتصمين خلال المناسبات المفصلية.

د - تراجع معدلات الانتساب إلى النقابات وتراجع عدد الناشطين نقابيا ترافق في السنوات العشرين الماضية مع تزايد هائل في عدد النقابات وبالتالي الاتحادات النقابية.

هـــــ - انخفاض عدد اللجان العمالية في المؤسسات والشركات وزوال بعضها والاتجاه أكثر نحو النقابات بمعزل عن تركيبها التمثيلي أو المهني أو الجغرافي.

و - طغيان الخطاب السياسي بحجة الشعارات الوطنية على الخطاب النقابي في مرحلة ما بعد الحرب واستمراره في المراحل اللاحقة وحتى اليوم، فيما تراجع الاهتمام بعقود العمل الجماعية والمطالب الفئوية للعمال.

ز - طغيان المطالب الاقتصادية - الاجتماعية العامة على المطالب القطاعية.

. وبالتالي إهمال النقابات لميدان عملها الخاص لصالح الانخراط في التحركات الوطنية الكبرى (محدودية التحركات غير الشاملة ما عدا تجارب قليلة منها نقابة الميكانيك، المصالح المستقلة، مصالح المياه، عمال البلديات، روابط العاملين في الجامعة اللبنانية. . .).

ح - فشل تجربة المؤتمرات النقابية وتحول هيئة التنسيق النقابية إلى أداة موسمية تخضع أحيانا لقيادة الاتحاد العمالي العام

وتوجهاتها السياسية، وهذا يفسر التحرك المنفرد لقطاع المعلمين في بعض الأحيان.

في الخلاصة،

لا بد من أن تقوم النقابات بتنقية العمل النقابي عن طريق اعتماد الدورات النقابية على صعيد قطاعي، بعيدا عن المناطقية والطائفية لتكوين هيكلية متنوعة.

لا بد من فتح باب الانتساب بعد التوعية أمام عناصر الشباب للانخراط في العمل النقابي مما يؤمن استعادة بعض الثقة في الحركة النقابية التي يقع على عاتقها المحافظة على فرص العمل والضغط باتجاه تعزيزها.

لا بد من فك الارتباط في العمل النقابي بين القوى السياسية والحزبية التي تدخل السلطة وبين نقاباتها، باعتبار أن وجود الوزراء من الأحزاب المعروفة نقابيا أضعف الحركة النقابية، باعتبار أن العديد من النقابات لا تتحرك ضد وزرائها.

2. 6 مليار دولار قيمة العقارات المملوكة
من المصارف ومصرف لبنان

لا يختلف اثنان بأن العام 2005 كان الاسوأ على لبنان من الناحية الاقتصادية والمالية على أكثر من صعيد، وهو كان أو سيكون على الارجح عام اللانمو الاقتصادي بعدما كان العام 2004 الأكثر نموا خلال السنوات العشر الماضية ، وربما كانت سنة كارثة اغتيال الرئيس الشهيد رفيق الحريري تحتاج إلى سنوات من الترميم السياسي والاقتصادي في حال استمرار الاداء على النحو الجاري حاليا، وخاصة الاداء في القطاع العام الذي أصبح من العوائق في وجه العمليات الاصلاحية المنتظرة والمطلوبة من لبنان من قبل المجتمع الدولي. ويبقى موضوع الخلاف على التعيينات نقطة أساسية حول صيغة تركيبة الادارة الممكنة للمرحلة المفصلية.

وطبيعي أن يكون الهم الاجتماعي والمعيشي قد غاب عن الاهتمامات الرسمية، كما غاب عن ورقة الهيئات الاقتصادية التي اكتفت بتعداد المطالب المالية وتسهيل عمل المؤسسات والاستثمار وتفعيل الضمان الاجتماعي من دون التطرق إلى إصلاح التقديمات وتفعيلها لطبقة عاملة تعاني من جمود المداخيل منذ عشر سنوات،

وكذلك من تردي التقديمات وغياب إيصال التقديمات المتاحة من دون إذلال أصحابها على أبواب المدارس والمستشفيات الخاصة والرسمية. أكثر من ذلك، إن هناك ما يشبه السياسة في تغييب عملية الحوار الاقتصادي والاجتماعي، وكأن الاوضاع مرتاحة إلى حد لا يستوجب مجرد التفكير في خطورة الازمة الاجتماعية وانعكاسها على الاستقرارين الاقتصادي والسياسي، وبالتالي الاستقرار الامني، باعتبار أن الامان الاجتماعي يكرس الامنين السياسي والمالي. من هنا نرى أن المؤسسات الثلاثية التمثيل غائبة عن الاولويات عند أهل السلطة، في حال توافرت، سواء في تأخير وتفعيل انطلاقة المجلس الاقتصادي والاجتماعي بما يعني ذلك من الاستهتار بمقدرات تفعيل المؤسسات، أو بعجز الدولة عن رعاية المؤسسات الاهلية والرسمية المعنية بالشأنين الاجتماعي والاقتصادي المشترك بين الهيئات العامة والقطاع الحاص.

وربما كان قرار تنفيذ الاستملاكات بما قيمته 275 مليون دولار أبرز الخطوات التي تحمل بعض المعاني الاجتماعية والاقتصادية الانمائية، كونها تطال مشاريع حيوية وملحة في جميع المناطق اللبنانية، حتى لا نقول بالغياب الكامل للحكومة عن أمور الناس وتحريك القطاعات.

1- العقارات المملوكة من المصارف ومصرف لبنان

2-

يبدو أن حجم العقارات المملوكة من مصرف لبنان والقطاع المصرفي أصبحت كبيرة، وهي من أجل ذلك شكلت هدفا للمعالجة بموجب أكثر من تعميم بالنسبة لتسويات الديون المشكوك

بتحصيلها من جهة والتي تشكل أكثر من 15 في المئة من إجمالي التسليفات من جهة، ومعالجة تسييل العقارات وتكوين مؤونات خلال فترات معينة مقابل العقارات المستوفاة لقاء ديون أو المأخوذة كضمانات لديون حسب المادتين 153 و154 القانون.

1- فبالنسبة للعقارات الممتلكة من المصارف استنادا للمادة 153، فهي تبلغ في نهاية تموز من العام 2005 ما قيمته 2131 مليار ليرة، أي حوالى المليار و420 مليون دولار. وقد كانت هذه العقارات في نهاية العام 2004 حوالى 2126 مليار ليرة، أي ما يوازي حوالى المليار و417 مليون دولار، وفي نهاية العام 2003 حوالى 2101 مليار ليرة، أي ما يوازي حوالى المليار و400 مليون دولار. اللافت في الامر أن نمو العقارات المأخوذة لقاء تسويات مع المدينين، أي استنادا للمادة 154 قد بلغت حتى نهاية تموز 2005 حوالى 790 مليار ليرة، أي ما يوازي 526 مليون دولار، مما يرفع إجمالي قيمة العقارات المملوكة من القطاع المصرفي إلى حوالى 1946 مليون دولار. مع الاشارة إلى أن المصارف ملزمة بإنجاز حوالى 20 في المئة من التسويات قبل نهاية العام 2005، ومن ثم انها ملزمة بتسوية الديون المشكوك بتحصيلها بنسبة 50 في المئة قبل منتصف العام 2006 بعدما تم تمديد مهلة التعميم الخاص بالتسوية إلى نهاية العام 2006 بدلا من نهاية العام الحالي بسبب الظروف الاقتصادية العامة وعجز المؤسسات عن الايفاء والمصارف عن إتمام التسويات.

2- في المقابل يؤكد حاكم مصرف لبنان أن قيمة العقارات المملوكة من قبل المصرف المركزي تقدر بحوالى 700 مليون دولار، وهو يقوم بتسوية أوضاعها وبيعها وفقا للقانون، وهذه

العقارات مأخوذة من المصارف التي عانت صعوبات ولقاء توفير السيولة من قبل مصرف لبنان للمصارف التي تم تملكها أو وضع اليد على ممتلكاتها بسبب التعثر والتي قام المصرف المركزي بتأمين السيولة لها لدفع ودائع المودعين.

بمعنى آخر، إن قطاع المصارف ومصرف لبنان يملكان عقارات قيمتها حوالى 2. 6 مليار دولار، وهي عقارات يمكن من خلال تسييلها أن تؤمن فرصا أكبر للتجار والقطاعات الانتاجية للتسليف ولتحريك العجلة الاقتصادية.

2- الاستملاكات والإصدار لتغطيتها

باشرت لجنة الاستملاكات اجتماعاتها مع وزارة المالية بدعوة من الوزير جهاد أزعور للتأكد وللتدقيق بالمبالغ المقررة والمرصودة للاستملاكات في مختلف المناطق وفقا للتقارير التي سبق وأحيلت إلى اللجنة، إضافة إلى مواضيع الاعتراضات والزيادات المطالب بها من قبل أصحاب العقارات المستملكة.

في هذا الوقت، أكد الوزير أزعور أنه بدأ التحضير لإصدار السندات الخاصة بالاستملاكات والمقدرة بـ275 مليون دولار، القسم الاكبر منها يعود لمشاريع ينفذها مجلس الانماء والاعمار.

ويشير وزير المالية إلى أنه لا مشكلة في تنفيذ عملية الاصدارات، وهذا أمر سبق لوزارة المالية أن نفذته لجهات اخرى في وقت سابق.

وتفيد لوائح مجلس الانماء والاعمار بأن قيمة الاستملاكات المطلوب تأمين اعتماداتها تبلغ 258. 2 مليون دولار موزعة على على كل المناطق والقطاعات ترتبط بها مشاريع قيمتها 1351. 3

مليون دولار، وان هذه المشاريع قد بدأ تنفيذ قسم منها بما يفوق قيمته
468 .4 مليون دولار. وتقدر قيمة الاستملاكات فيها حوالى 70 .4 مليون
دولار.

يلاحظ من توزيع قيمة الاستملاكات على المناطق أن حصة بيروت هي 47 .6
مليون دولار تتعلق بمشاريع استملاك لإنشاء المدارس، منها فقط حوالى
المليون و100 الف دولار استملاكات لمشاريع المياه. وهذه الاستملاكات
وحدها شكلت معركة مناكفات طويلة في السابق ضد الرئيس الشهيد رفيق
الحريري، وكانت نتائجها تعطيل العديد من المشاريع بسبب المناكفات
السياسية.

وتبلغ حصة جبل لبنان من الاستملاكات 79 .9 مليون دولار، في حين تشكل
حصة الشمال حوالى 50 مليون دولار لتنفيذ بنى تحتية وطرق وصرف ومياه.
أما حصة الجنوب من الاستملاكات فتقدر بحوالى 21 .2 مليون دولار، وحصة
البقاع 30 .3 مليون دولار، مع حوالى 28 .2 مليون دولار لمناطق مختلفة.
وتتوزع أنواع الاستملاكات على ستة عناوين من المشاريع في المناطق، وهي
تدل على توزع الاكلاف وتقدم المراحل بالنسبة للمبالغ المخصصة والجاهزة
للمشاريع والتي قيمتها 1 .351 مليار دولار، وهي جاهزة للتنفيذ اعتبارا من
العام الحالي.

2005/8/29

هل تخفف برودة الحوار السياسي من حماوة
أعباء النقاط الإصلاحية في ورقة «بيروت 1»؟

مواضيع التباين: الخصخصة وزيادة الضرائب
ومضاعفة تعرفة الكهرباء وإلغاء الدعم

اذا ما كتب للمؤتمر الحواري السياسي بين «الكبار» من أهل السلطة
والمعارضة والطوائف النجاح للخروج من مفاصل القضايا الخلافية في
السياسة، وهو أمر في أساس الاولويات لتحريك العجلة الاقتصادية ومنع
الكوارث الاجتماعية في المرحلة القليلة المقبلة، فإن الورشة الاقتصادية والمالية
لن تقل أهمية في نقاطها الخلافية التي تحتاج نقاشا وأكثر من مؤتمر على
الصعيد الوطني للخروج بتوافق يمنع الكوارث الاجتماعية ويؤمن الاصلاحات
بالحدود الدنيا على المكلف والمستهلك اللبناني، خصوصا أن الورقة الاصلاحية
المنوي تقديمها إلى المؤتمر الدولي تشكل هذه المرة، بعد إقرارها من الدولة
اللبنانية، وثيقة تعهد في الاصلاح المالي والاقتصادي والاداري، وهي إن أقرت
ولم تطبق ستكون كلفتها عالية على المجتمع اللبناني، وإن أقرت ونفذت
ستكون لها كلفة كبيرة أيضا وستكون أكثر إرهاقا للطبقات الفقيرة والمتوسطة

في حال عدم توافر الدعم والمساعدات الدولية، سواء بالهبات أو القروض الطويلة والميسرة والمقدرة على بعضها بحوالى 7 .2 مليارات دولار، منها هبات ومساعدات بحدود المليارين ونصف المليار دولار تساعد على تحسين ظروف التقديمات الاجتماعية والصحية والتربوية، وهو أمر يقع حتى اللحظة في خانة التمنيات، باعتبار أن ثقل الرئيس الشهيد رفيق الحريري الشخصي لدى أصدقاء لبنان من الدول العربية والغربية ليس بالزخم ذاته اليوم من حيث المونة، باعتبار أن الرعاية الاميركية لمؤتمر بيروت لا تساهم مباشرة بالمساعدات، وهذه تجربة عاشها لبنان من خلال نتائج باريس 2 واستطاع وجود الحريري الاستعاضة عنها بدعم الاصدقاء العرب والفرنسيين والماليزيين، وهو أمر يعرفه جيدا من كان في صلب المباحثات والمتابعة.

وانطلاقا من الوقائع والتطورات الحاصلة حتى اللحظة في السياسة والتحضير لمؤتمر بيروت، يمكن اختصار العناوين الخلافية في الورقة الاصلاحية التي وزعت عناوينها على الوزراء وحرمت منها الهيئات الاقتصادية والنقابية برغم المناقشات المختصرة للعروض السريعة التي تمت من خلال اللقاءات بالمفرق وبالجملة مع المجموعات الوزارية على أمل التخفيف من حدة المناقشة واختصارا لوقت المناقشة المستقبلية في داخل مجلس الوزراء والمجلس النيابي لاحقا، وهو أمر لن يحصل بالتأكيد نظرا لتعدد المواضيع الصعبة وغير الشعبية التي تحتاج توافقا سياسيا لا يقل أهمية عن مواضيع السياسية الجاري مناقشتها اليوم بين الفرقاء السياسيين، داخل الحكومة وخارجها، والتي يبدو أن الخروج منها بحلول ليس بالامر اليسير بعد مواقف رئيس الجمهورية اميل لحود

التي زفها إلى اللبنانيين انه مستمر في مهمته حتى آخر ولايته، أي في تشرين 2007.

عناوين خلافية تحتاج مؤتمرا داخليا ؟

ومهما تنوعت المناقشات حول الورقة الاصلاحية في مجلس الوزراء أو خارجه فإن العناوين الخلافية يمكن اختصارها ببعض النقاط ذات الوقع الثقيل على المواطن، والتي لا تستطيع الحكومة وبالتالي الدولة تمريرها بسهولة نظرا لارتباطها بتقاطع مصالح الشعب والقوى السياسية المعارضة لسياسات الحكومة وإن كانت الأكثرية ترى ضرورة بهذه الاصلاحات. أما العناوين الاساسية والصعبة في إقرار الورقة الاصلاحية برغم محاولاتها ملامسة الهموم الاجتماعية والوعد بتحسين التقديمات، فهي الآتية:

1- الهدف الاول على الصعيد المالي من الورقة التي يفترض أن تناقش قريبا هو تقليص النفقات، وزيادة الايرادات توصلا لخفض عجز الموازنة العامة إلى حدود 2 في المئة من الناتج المحلي، أي إلى حدود حوالى 600 مليار ليرة على أساس تقديرات الناتج الحالي، وهذا يعني تقليص العجز بحدود 2200 مليار ليرة خلال خمس سنوات على أساس الكلفة الحالية للعجز. هذا الامر يحتاج إلى زيادة الايرادات وتحديد سقف الانفاق عن طريق إعادة النظر بموازنات بعض الوزارات، وقد يشكل ذلك نقطة خلاف سياسية تبعا لتبعية الوزارات التي سيطاولها التخفيض، وهو أمر يبقى أقل أهمية من وقع زيادة الضرائب على القيمة المضافة التي بدأت الصرخات حولها من التجار قبل الطبقات الفقيرة التي تتحملها. وكذلك هذا الامر يتطلب تحرير أسعار

المحروقات لا سيما مادة البنزين التي خسرت الدولة من جراء تجميدها أكثر من 400 مليار ليرة خلال السنة الماضية، ويعني تحرير أسعار المحروقات ان سعر صفيحة البنزين على الاسعار الحالية والرسوم السابقة للدولة المقدرة بحوالى 600 مليون دولار سيكون بحدود 30 إلى 32 الف ليرة، وكذلك الامر بالنسبة لسياسات الدعم الاخرى على الزراعة والمازوت وغيرها.

2- النقطة الاساسية المتشابكة بين السياسة والاقتصاد والوضع المعيشي للمواطن تتعلق بقضية عجز الكهرباء المقدرة على أسعار النفط الحالية بحوالى 800 مليون دولار يقدرها حاكم مصرف لبنان بحوالى المليار في حال استمرت تطورات اسعار النفط العالمية بالارتفاع.

والمشكلة في قضية الكهرباء هي أن مقترحات الورقة الاصلاحية تتحدث عن تدابير تقليص العجز بمعدل 500 إلى 600 مليون دولار خلال 3 سنوات انطلاقا من تخفيض يصل إلى 100 مليون دولار هذا العام ومن ثم 175 مليونا في العام 2007 وحوالى 150 مليونا في العام 2008، وهذا أمر يحتاج إلى تدبير أساسي يقضي بمضاعفة التعرفة الكهربائية عما هي عليه اليوم، إضافة إلى تحسين نسبة الجباية من حوالى 60 في المئة اليوم إلى 85 في المئة بمنع الهدر الفني وغير الفني على الشبكات. لذلك لا يمكن الخروج من المشكلة مهما تعددت «الاختراعات» من دون زيادة التعرفة من متوسط قدره 85 ليرة للكيلووات ساعة لغالبية المستهلكين من المواطنين البالغ عددهم حوالى المليون و100 الف مشترك، إلى سعر قدره 190 إلى 200 ليرة للكيلوات وهو سعر كلفة إنتاج الكيلوات ساعة حاليا، هذا من دون احتساب

توقعات مشاكل جديدة وأعطال كبيرة تصيب المعامل القديمة خلال الفترات المقبلة بسبب القدم وانعدام التحديث الذي يحتاج إلى مئات ملايين من الدولارات لإيجاد معامل حديثة.

وطبيعي أن يكون السؤال الاول من المساهمين في مؤتمر بيروت 1 والدول الصديقة والمنظمات الدولية وصندوق النقد والبنك الدوليين حول وضعية الكهرباء التي تأكل نصف عجز الموازنة تقريبا، وقد سبق للصندوق أن طالب برفع سعر الكهرباء إلى حدود الكلفة، على أن تكون التقديمات الاجتماعية بمثابة التعويض عن ارتفاعات الاسعار والضرائب، وهذا أمر سياسي بامتياز وإن كان إنقاذيا بالنسبة لانهيار مؤسسة الكهرباء. وسيسأل المساهمون في مؤتمر بيروت هل سنقدم الدعم في حال حصوله لينفق على عجز الكهرباء؟ ونحن نسأل من هي القوى السياسية التي سترفع أسعار تعرفة الكهرباء أو تضاعفها في الوقت الذي يعجز فيه المواطن عن تأمين الضروريات لعائلته، علما أن تعرفة الكهرباء هي الاعلى في العالم؟ أما الحديث عن استخدام الغاز والتوفير المقدر بحوالى 100 مليون دولار لكل معمل فإنه يحتاج بدوره إلى تكاليف جديدة وتجهيزات والى بعض الوقت، وهو أمر لا يطاول كل حاجة البلاد من الكهرباء والمقدرة بحوالى 1750ميغاوات في أوقات الطلب.

3- إن الاعتراضات السياسية ستندمج خلال الفترة القليلة المقبلة مع الرفض السياسي والشعبي لبعض التدابير انطلاقا من القول بأن شعارات تقليص النفقات يجب أن تسبق تدابير زيادة الايرادت والضرائب ورفع الدعم عن بعض السلع الزراعية والمستوردة، وهذا الرفض ينبع لأن الحكومات كانت دائما ترفع

شعارات تقليص النفقات وزيادة الايرادات وينتهي الامر بها بفرض الضرائب من دون تقليص اية نفقات لأسباب سياسية بحتة. يقول وزير الاقتصاد والتجارة سامي حداد لـ«السفير» إن الموضوع العام للورقة، بمعنى العناوين الاساسية، قد نوقشت مع الهيئات والاتحاد العمالي وكانت هناك ملاحظات ورفض من قبل المصارف لزيادة الضرائب على الودائع وتحذير من آثارها، كما كانت هناك مواقف للاتحاد العمالي العام من بعض القضايا الاجتماعية والضريبية، وكذلك كانت ملاحظات للصناعيين حول بعض الامور، وكان الشعار لدى بعضهم يقول: قلصوا النفقات لنتعرف على حجم التوفير مما يخفض الكلفة على المواطن في زيادة الايرادات. وهذا الامر يعتبر جيدا من حيث طرح كل الامور قبل التوصل إلى الصيغة النهائية والبدائل اذا كانت هناك بدائل للمقترحات والتدابير.

وخلص حداد إلى القول إنه لم يكن هناك رفض بالمطلق للمقترحات كما أنه لم تكن هناك موافقات بالمطلق، وبالتالي إن أي اعتراض قابل للنقاش وهذا أمر صحي.

4- الموضوع الآخر الذي سيتحول جدلا سياسيا واقتصاديا وماليا، هو موضوع خصخصة الهاتف الخلوي وإنجاز بيع الرخصتين الحاليتين قبل نهاية هذا العام، وهو البند الاساسي الذي يمكن أن يؤمن بعض العائدات للدولة لإطفاء جزء من الدين العام وبالتالي تخفيض كلفة الدين العام في الموازنة العامة والمقدرة بحوالي 4700 مليار ليرة لهذا العام، بزيادة 700 مليار ليرة عن العام 2005 نتيجة ارتفاع الفوائد من جهة وارتفاع قيمة الدين إلى أكثر من 38. 6 مليار دولار تقريبا من دون المستحقات

التي ترتبت على الدولة، ومنها المتراكم لكل من صندوق الضمان حوالى 914 مليار ليرة حتى نهاية العام 2006، وحوالي 187 مليون دولار للمصارف الاجنبية واللبنانية ولموردي النفط، وهذه نقطة موضوع شكوى من 3 مصارف أجنبية هي: بنك «اي ان جي» الهولندي في سويسرا وهو يطالب الدولة بـ11 مليون دولار، وبنك فايننس الهولندي ويطالب بـ9. 6 ملايين دولار، وبنك سوسيتيه جنرال فرنسا ويطالب بـ6. 5 ملايين دولار. إشارة إلى أن هذه المصارف تتجه إلى توجيه كتاب إلى مؤتمر بيروت، وهي وجهت كتبا إلى وزارة المالية ومصرف لبنان وطلبت موعدا في بروكسل مع رئيس الحكومة فؤاد السنيورة. إشارة إلى أن هناك سلفة أقرت من قبل الحكومة لدفع المستحقات بقيمة 152 مليار ليرة يجري حولها خلافات مع المعنيين بالنسبة لطريقة الدفع التي تسعى الحكومة لكي تكون بموجب سندات خزينة، وهو ما ترفضه المصارف الاجنبية وموردو النفط في الوقت الذي يسعى وزير المالية ويؤكد موافقة المصارف اللبنانية على قبول الاكتتاب بسندات الخزينة بفائدة أقل من الفوائد العادية.

والى جانب هذه المستحقات هناك موضوع تسوية الخلوي مع الجانب الفرنسي، أي شركة فرانس تلكوم التي قبلت المصالحة وإلغاء الدعاوى مقابل قبض 96 مليون دولار بدلا من 2566 مليون دولار ربحتها الشركة على الدولة مقابل حقها بالمشاركة في المناقصات العالمية لتخصيص الهاتف. وتبقى القضية العالقة مع شركة ليبانسيل اللبنانية التي ربحت أيضا الدعوى التحكيمية كما شركة فرانس تلكوم بما قيمته 266 مليون دولار، ولم تسع الدولة إلى تسوية معها باعتبارها عطلت مشروع اندريه طابوريان الذي

اقترح تسوية مع الشركتين وقبلت ليبانسيل وقتها بمبادرة طابوريان أيام حكومة الرئيس ميقاتي التي عرضت 153 مليون دولار على ليبانسيل باعتبارها قبضت تعويضا أقل من فرانس تلكوم بحوالى 52 مليون دولار، على شرط مساواة إجمالي التعويضات المقبوضة منذ فسخ العقود بين الشركتين، أي ان تكون بحدود 208 ملايين دولار وهو إجمالي ما قبضته شركة فرانس تلكوم لقاء وقف النزاع والدعاوى التحكيمية، علما أن دعاوى ليبانسيل منها ما يتعلق باستخدام الاسم التجاري لما بعد الفترة القانونية، ومنها ما يتعلق بإبعاد الشركة عن حق المشاركة بالمناقصة والمزايدة لتلزيم إدارة القطاع من قبل الوزارة.

فالخلاف حول موضوع الخصخصة برغم وروده في البيان الوزاري سيظهر تباعا مع تحضيرات فريق رئيس الجمهورية اميل لحود لتعطيل اية خطوة في هذا الاتجاه تحت شعار الحفاظ على المال العام. إضافة إلى فريق سياسي من داخل الحكومة وخارجها يجمع معلومات حول ما يدور في وزارة الاتصالات من تحضير لإلقاء الضوء على الثغرات بهدف ضرب بند الخصخصة والابقاء على خصخصة الادارة، وهذا الموضوع سيشهد نقاشا لاحقا بانتظار الخلافات المقبلة حول تركيبة الهيئة الناظمة لقطاع الاتصالات وتركيبة مجلس إدارة شركة اتصالات لبنان المسؤولة عن الهاتف الثابت والخلوي وهي شركة قابلة للتحول إلى القطاع الخاص.

في الخلاصة لا يهم المواطن بعد هذه العناوين ما اذا كانت الحكومة نجحت في تحقيق النمو الاقتصادي بين 4 و5 في المئة سنويا، كما أن المواطن لن يهتم كثيرا بخصخصة الكازينو وأي

فريق سياسي سيركب إدارته العتيدة، وكذلك لن يهتم المواطن الفقير بما اذا كانت «انترا» باعت حصتها بالكازينو باعتباره لا يعلم أن كل السرقات والعجز تصب في اطار فرض الضرائب الجديدة.

ما يهم المواطن أن تتحسن خدمات الادارة والتقديمات الاجتماعية ويفعل صندوق الضمان. وكل هذه الامور ستكون مواضيع نقاش ومماطلة وانقسامات ليس دفاعا عن اصحاب المداخيل الصغيرة والمتوسطة وانما دفاعا عن الحقوق الحصرية للنافذين وكبار المرجعيات الذين يعتبرون أن هذه المؤسسات المنوي إصلاحها هي من تركات بعض أهلهم.

اخيرا إن الدول المانحة والصناديق ستسأل بالتأكيد من هي الاجهزة التي ستتولى إجراء العمليات الاصلاحية، كما ستسأل عن مكان إنفاق المساعدات والمشرفين عليها، وستسأل أيضا وأيضا عن ادارة الاموال والخصخصة، وعن التراكمات التي قد تأكل كل محاولة إصلاحية. وهذا يستحضر السؤال الاخير: هل تدار المحاولات بجدية من قبل المعنيين؟

يروي أحد أعضاء اللجنة الوزارية المكلفة وضع الورقة الاصلاحية لمؤتمر بيروت 1 أنه في خلال الجلسات التي عقدت مع فريق الوزراء، بعد تقسيمهم إلى مجموعات لإطلاعهم على البنود والعناوين والآليات، جلس بعض الوزراء، وكان عدد الحضور شبه محدود ينظر إلى السلايت وبعضهم الآخر إما يتلقى مخابرة وآخر يجري اتصالا من دون متابعة الشروحات التي كان يقدمها الوزير جهاد أزعور، ثم بدأ بعض الوزراء بالانسحاب

بحيث بقي أزعور يشرح الخطة أو البرنامج إلى عضوين من اللجنة التي وضعت هذا البرنامج، هذه قصة جدية وواقعية عن مدى عدم جدية العديد من الوزراء الذين يفترض بهم الدفاع عن توجهات الدولة. فكيف سيكون الامر مع مرحلة القرارت التنفيذية المرهقة للمجتمع الذي سيدفع الكلفة العالية من دخله وجهده المرهق أصلا؟

2006/3/20

عناوين معيشية ومؤشرات غير سياسية
خارج انتباه المسؤولين في مؤتمر الحوار

لم تعد لغة الحوار الوطني في لبنان بحجم هموم الشعب اللبناني، السياسية
منها وغير السياسية، تحديدا الاوضاع المتردية على الصعد كافة، من الاقتصاد
إلى تزايد عجز المالية العامة ونمو الدين العام، الذي بلغ مع نهاية شباط ما
قيمته 38. 8 مليار دولار، بزيادة 8. 5 في المئة، وانتشار البطالة وتوسع
مقاصد الهجرة وتردي التقديمات الاجتماعية ووقف نمو الاقتصاد الوطني،
بشكل عام، مع خرق بسيط تسجله الودائع المصرفية ونشاط القطاع المصرفي،
الذي بدأ يبحث عن توسيع نشاطه في الخارج، هربا من سوء الأداء السياسي،
وسعيا إلى توسيع النشاطات ومخاطر التسليفات والمحافظة على معدلات
الأرباح، ليتوافق والشروط الدولية ومنها بازل 2. ومع ذلك فإن حجم نمو
الودائع ما زال ضعيفا مقارنة مع العام 2004، باعتبار أن العام 2005 كان
الأسوأ اقتصاديا على لبنان.
وكلما احتدمت المعركة على «حلبة» الحوار في المجلس النيابي وخارجه،
ازدادت حدة الانكماش في الأسواق وحركة التقديمات الاجتماعية. وبالرغم
من محاولات السوق المالية وسوق القطع من تحييد نفسيهما عن تلوث غبار
الورشة السياسية،

فإنها لم تسلم كليا نتيجة تردد المتعاملين من الاستثمار حتى في القطاعات المربحة في أسهم البورصة.

ولولا هذه «المصارعة» السياسية الداخلية الجارية بطاقم حكام أجانب وإقليميين، بالقرب من منطقة سوق «اللحامين القديم» في وسط بيروت، لكان لبنان استفاد من حركة رساميل كبيرة خلال هذه الفترة المنقضية من العام تعوض ما فاته خلال العام الماضي. ومع ذلك فقد بلغ حجم الرساميل الوافدة حتى نهاية شباط ما مجموعه 1452 مليون دولار، منها حوالى 889 مليونا خلال الشهر الاول من السنة، ناجمة عن عمليات مصرفية وعن تحويلات واستثمارات في الأسهم، وهي شكلت مع ذلك حركة إيجابية حسنت ميزان المدفوعات. وكانت هذه الرساميل خلال الفترة المقابلة من العام الماضي قد سجلت فقط 312 مليون دولار، نتيجة اغتيال الرئيس الشهيد رفيق الحريري.

لقد أصبحت القضايا المتراكمة اقتصاديا واجتماعيا وماليا، وهي قضايا لا تزال خارج «حلبة» الصراع المسمى حوارا، تراكمات من الهموم الثقيلة على ابواب المسؤولين والمتحاورين في المجلس النيابي والحكومة، وكله بالقرب من سوق «اللحامين»، مما قد يؤدي في حال استمرار الضغوط على المجتمع اللبناني من جهة، وتجاهل همومه واحتياجاته من جهة ثانية، إلى تضييق منافذ الحوار ومن ثم إقفال كل الابواب على المتحاورين، مما يصعب خروجهم من المأزق المقبل.

قضايا خارج اهتمام المتحاورين: الوضع المالي

على الصعيد المالي اولا، وهو بيت الداء بالنسبة لتحسن

الوضع الاقتصادي والمعيق الأول لانطلاقة النمو في البلاد، فإن أمره يحتاج إلى توحيد الخطاب الوطني حول سبل الخروج من بيت الداء، أي عجز الموازنة المقدر بأكثر من ملياري دولار سنويا. وهذا الامر لن يتم إلا من خلال تقليص حجم الدين العام البالغ رسميا حوالى 38. 8 مليار دولار، والمرجح ان يصل إلى أكثر من 40 مليار دولار، في حال احتساب بعض المستحقات المتراكمة على الدولة للضمان والمتعهدين والمستشفيات وسلاسل الرتب والرواتب. ناهيك عن المتوجبات العالقة بموجب قرارات التحكيم الدولية التي خسرتها الدولة اللبنانية مع شركتي الخلوي السابقتين، والتي توجب على الدولة دفع أكثر من 300 مليون دولار في حال التسوية التي بدأت مع فرانس تلكوم. وكذلك بالنسبة لديون موردي النفط وبعض المصارف الأجنبية واللبنانية، والبالغة حوالى 178 مليون دولار، أقر قسم منها ولم يدفع حتى اليوم. ولا بد من التوقف أمام جملة عناصر تقع تحت عنوان الوضع المالي.

الوضع المعيشي وأعباء الخدمات

هذا بالنسبة للأوضاع المالية بشكل عام، فماذا عن الاوضاع الاجتماعية والمعيشية والخدماتية للمواطن، من قضية عجز الضمان الصحي وضمان التعويضات العائلية التي تهدد حوالى المليون ونصف المليون لبناني بوقف التقديمات الصحية، باعتبار أن التوازن المالي لفرعي الصندوق المذكورين يحتاج إلى 287 مليار ليرة سنويا من دون ضم فئات جديدة للصندوق. وماذا بالنسبة لقضية الكهرباء وأزمتها التي تهدد المواطن بالتقنين المتواصل،

(التقنين مستمر على غالبية المناطق توفيرا للكلفة)، نتيجة عجز مؤسسة الكهرباء المقدر على أسعار النفط الحالية بحوالى 800 مليون دولار، ويقدرها حاكم مصرف لبنان رياض سلامة بحوالى المليار، في حال استمرت تطورات أسعار النفط العالمية بالارتفاع. والأزمة في قضية الكهرباء لن تتوقف عند هذا الحد، باعتبار أن الورقة الإصلاحية تتحدث عن تدابير تقليص العجز بمعدل 500 إلى 600 مليون دولار خلال 3 سنوات. بما يعني ذلك مضاعفة التعرفة الحالية، وهي الأعلى في العالم، كون الدولة تبيع الكهرباء بأقل من 50 في المئة من كلفة إنتاجها، نتيجة استخدام المازوت وهو اعلى كلفة انتاج في العالم. لذلك لا يمكن الخروج من المشكلة مهما تعددت اجتراحات الحلول من دون زيادة التعرفة من متوسط قدره 85 ليرة للكيلوواتس ساعة لغالبية المستهلكين من المواطنين البالغ عددهم حوالى المليون و100 الف مشترك، إلى سعر قدره 190 إلى 200 ليرة للكيلوات، وهو سعر كلفة إنتاج الكيلوات ساعة حاليا، هذا من دون احتساب توقعات مشاكل جديدة وأعطال كبيرة تصيب المعامل القديمة خلال الفترات المقبلة، بسبب القدم وانعدام التحديث الذي يحتاج إلى مئات ملايين من الدولارت لإيجاد معامل حديثة. وهذه نصائح سمعها المسؤولون في لبنان من غير جهة دولية عشية مناقشة الورقة الإصلاحة لمؤتمر بيروت. وهذا ما لن يتحمله الشعب اللبناني ومؤسساته المرهقة بالكلفة المرتفعة أصلا على غير صعيد.

والسؤال البديهي في الموضوع الاجتماعي يتعلق بنمو نسبتي البطالة والهجرة إلى جانب عمليات الصرف الجماعي والفردي من

الخدمة من قبل المؤسسات المتعثرة، حيث تسجل إحصاءات الصرف من الخدمة معدلات عالية في صفوف الشباب الذين يلجأون إلى الهجرة والترك المبكر للعمل نتيجة تقلص الفرص. أكثر من ذلك، فإن نسبة البطالة في صفوف متخرجي الجامعات تفوق الـ 33 في المئة، وإن نسبة البطالة في صفوف المهن الحرة، وهي الطبقة الوسطى، عمود الاقتصاد، إلى أكثر من 16 في المئة بين بطالة سافرة وبطالة مقنعة. هذا قبل تناول أحد البنود في الورقة الإصلاحية الذي يقترح إلغاء الدعم عن الزراعات المدعومة من التبغ إلى القمح والشمندر، وهذه زراعات تفترض إيجاد زراعات بديلة، فكيف ذلك مع عدم وجود سياسة زراعية منذ قيام وزارة الزراعة، وماذا يفعل المزارعون الآخرون الذين يواجهون ركود تصريف المواسم بشكل مزمن؟

الهجرة تحولت إلى عمود الاقتصاد

إن الاقتصاد اللبناني يقوم حاليا على عنصرين أساسيين:

العنصر الاول هو الهجرة وتحويلات اللبنانيين العاملين في الخارج، الذين يرفدون الاقتصاد اللبناني من خلال تحويلاتهم إلى عائلاتهم بما يقارب 5 مليارات دولار سنويا، من اصل اجمالي تحويلات تفوق 7 مليارات دولار تدخل لبنان. وهذه التحويلات من المهاجرين تساعد على تسكين وعدم انفجار الازمة الاجتماعية، باعتبار ان لبنان يصدر شبابه أكثر مما يصدر منتجاته الصناعية والزراعية. لقد تحولت الهجرة وهي عنصر سلبي على المجتمع اللبناني إلى الظاهرة الايجابية الوحيدة التي يقوم عليها الاقتصاد. هذا من دون الدخول في كلفة تعليم الشباب المهاجر

على المجتمع اللبناني وعلى العائلات اللبنانية والتي تقدرها بعض الدراسات بأنها قريبة من كلفة الدين العام خلال السنوات الـــ15 الاخيرة.

اما العنصر الثاني الذي يقوم عليه الاقتصاد فهو ارتفاع اسعار النفط وتوافر السيولة في يد المستثمرين العرب والخليجيين، الذين توجهوا إلى الاسواق اللبنانية لشراء العقارات واقامة بعض المشاريع وشراء بعض الاسهم التي حسنت في بعض المراحل اسعار الاسهم المصرفية واسعار اسهم سوليدير من دون تحسين الاسهم الصناعية. ولو كانت الاوضاع السياسية أكثر استقرارا لكانت الاستثمارات العربية أضعاف ما حصل عليه لبنان من فتات من السيولة التي لا تعرف إلى اين تذهب، ولم تخلق لها المناخات المستقرة، و«البركة» في أداء السياسيين في لبنان من داخل الحكم والحكومة وخارجهما في القدرة على تهريب الاستثمارات، وبالتالي حرمان الشباب من فرص عمل لائقة.

وتكفي نظرة على المؤشرات الاقتصادية العامة خلال الفترة المنقضية من العام 2006، كي تتكون الصورة عن الانعكاسات السياسية وتصاعد الخلافات منذ العام الماضي، وحتى المهرجان الاخير من الخرطوم إلى ساحة النجمة في المجلس النيابي وبعدهما جلسة مجلس الوزراء في المجلس الاقتصادي الاجتماعي المعطل بقرار واع من الحكومة التي تستخدمه كمقر لاجتماعاتها، ومن دون تفكير بإمكانية إحياء المجلس ليخوض مهمة الحوار الاجتماعي الاقتصادي في البلاد بعد تفعيله.

الصادرات الزراعية تراجعت خلال الشهرين الاخيرين بما نسبته 7. 7 في المئة، وهي بلغت فقط 12 مليون دولار. في

المقابل، تراجعت مستوردات الآلات الصناعية بما نسبته 55. 3 في المئة مقارنة مع الشهرين الاولين للعام 2005، علما ان العام الماضي كان الأسوأ مع تحسن ملحوظ في الصادرات الصناعية. كما تراجعت مساحات البناء المرخص لها برغم فورة مشتريات العقارات التي سجلت مع أواخر العام الماضي، والتي تراجعت مع مهرجانات الخلافات السياسية.

حركة المطار تراجعت بنسبة 5 في المئة في شهرين مقارنة مع العام الماضي، وكذلك تراجع عدد البواخر إلى مرفأ بيروت بنسبة 2 في المئة، مع تحسن في حركة البضائع وحركة المسافرين عن طريق مطار بيروت، وقد يكون لحركة الهجرة نصيب فيها.

اما ميزان المدفوعات فقد سجل عجزا خلال شهر شباط بلغ 38 مليون دولار، ليتراجع الفائض التراكمي من 391 إلى 353 مليون دولار، نتيجة تأثر حركة الرساميل الوافدة التي كانت بدأت بالتحسن مع نهاية العام 2005.

يبقى موضوع خصخصة الهاتف الخلوي وإنجاز بيع الرخصتين الحاليتين قبل نهاية هذا العام، كما تقضي الورقة الإصلاحية التي تحدثت عن منتصف العام الحالي، وليس نهايته.

ويعتبر بند الخصخصة من البنود الاساسية الذي يمكن ان يؤمن بعض العائدات للدولة لإطفاء جزء من الدين العام، وبالتالي تخفيض كلفة الدين العام في الموازنة العامة، والمقدرة بحوالى 4700 مليار ليرة لهذا العام، بزيادة 800 مليار ليرة عن العام 2005، نتيجة ارتفاع الفوائد من جهة وارتفاع قيمة الدين من جهة ثانية إلى أكثر من 40 مليار دولار تقريبا، من دون المستحقات التي ترتبت على الدولة حتى الآن.

في الخلاصة إن تعدد عناوين الهموم الحياتية التي نكررها غير مرة في وجه المعنيين الغائبين عن الوعي، الا فيما يخص مصالحهم وصراعاتهم الشخصية والطائفية خدمة للمرجعيات، ستحتاج كلما تأخر بحثها إلى معالجات وحوارات تفوق من حيث الأهمية ما يجري حاليا في ساحة النجمة والاسواق.

2006/4/3

تحرك الهيئات الاقتصادية والعمالية

حسنا تفعل الهيئات الاقتصادية والنقابية والعمالية بالتحرك المشترك الذي تطلقه اليوم بمؤتمر صحافي من غرفة بيروت، لتجنيب البلاد المزيد من الخسائر والصرف والهجرة، باطلاق طلب هدنة سياسية لمدة 100 يوم، تمكن القطاعات والبلاد والعباد من التقاط انفاسهم، بعد الحروب المتعددة، الاسرائيلية منها والداخلية، والتي تؤدي حتى اللحظة الغرض نفسه، باعتبارها بدأت تقضي على كل مقومات البلاد الاقتصادية والاجتماعية بعد الدمار الاسرائيلي المباشر للحجر وهجرة البشر، وهي كذلك بدأت ترفع وتيرة حركة الافلاسات المعلنة والمستترة السافرة منها والمقنعة للعمال واصحاب العمل معنا.

الاهم في هذا التحرك هو عدم توجه الهيئات إلى اطراف النزاع في المعارضة والسلطة بشكل زيارات استجداء الهدوء، وهو ما سيعطي التحرك حجمه وفاعليته، اذا ما تخلت الهيئات المختلفة، من اقتصادية وعمالية ومهنية، عن سياسة تفضيل مصالح مرجعياتها السياسية على مصالح المجتمع الاقتصادي والمعيشي الذي حول نصف الشعب اللبناني إلى ما دون خط الفقر، ووجه أكثر من 50 في المئة من الشباب إلى الهجرة، وأجبر أكثر من ثلث المؤسسات اللبنانية والاستثمارات المشتركة على البحث عن

مطارح استثمار خارج لبنان وتقليص اعمالهم في بلدهم، بفعل «انجازات» اهل السياسة المرتبطين والمفضلين والداعمين لكل المصالح الاقليمية والخارجية ماعدا مصلحة لبنان وشعبه الذي يكرسهم زعماء، وعليه يستندون لاظهار قدراتهم في الشوارع ضمن استعراض القوى، وأكثرها من القوى العاملة الفقيرة الجاهلة لمصالحها بفعل العماء الطائفي والمذهبي أو الافادات المالية السياسية المحدودة.

المهم أن على الهيئات الاقتصادية والنقابية والمهنية بعد اشراك نقابات المهن الحرة، وهي عصب الطبقة الوسطى اللبنانية، أو ما تبقى منها، بفعل الحروب الامنية والسياسية المفتوحة والمستمرة على اصحاب المداخيل المحدودة والمتدنية، أن على الهيئات أن تضع خطة عمل لاجبار القوى السياسية في المعارضة والموالاة والمستقلين على تحرير الوضع الاقتصادي والمعيشي من فلسفة التطورات الدولية والاقليمية، وتوفير مناخ الهدنة السياسية الداخلية لاستعادة ولو جزء بسيط من الفرص المالية والتنموية والاستثمارية التي خسرها لبنان بفعل انجازات القادة الميامين على مختلف المستويات التي لا تعد ولا تحصى في اطار تعداد الحسنات الدنيوية والدينية.

1- الخطوات اللاحقة لتحرك
الهيئات الاقتصادية

ابرز الخطوات المقبلة ستكون في الدعوة إلى مؤتمر وطني في اواسط ايار لكل شرائح الهيئات الاقتصادية والعمالية والنقابية

والاهلية، وهو سيكون في الاونسيكو، ومن دون رعايات رسمية أو سياسية، لكي تستطيع الخطوات اللاحقة ان تؤدي نتائجها في تكريس بعض الهدوء لالتقاط الانفاس ووقف الصرف من الخدمة، الذي طاول في الصيف الماضي أكثر من ثلث العاملين في القطاعات السياحية، اضافة إلى آلاف العمال في القطاعات الصناعية والتجارية، بفعل آثار الحرب الاسرائيلية على لبنان وتدمير المؤسسات والبنى التحتية.

تبقى نقطة اساسية تتعلق بتنوع المطالب والهموم حسب كل فئة من الهيئات المعترضة على تعطيل الحياة الاقتصادية والاجتماعية، باعتبار أن معظم القطاعات بدأت تشعر بهول صراع البقاء، كل من زاويته وهمومه، من العامل إلى صاحب العمل.

هي معضلة تصلح من حيث تعدد عناوينها لتكون مطرحا لجملة اسئلة يمكن التوقف عندها، تبعا لتعدد القطاعات والهيئات المعنية:

السؤال الاول، هل يشعر المسؤولون في الموالاة والمعارضة بحجم غلاء المعيشة وارتفاع اسعار السلع، التي بدأت مع الحصار الاسرائيلي وحتى اليوم، حيث بلغت نسبة ارتفاع الاسعار للمواد الاساسية والضرورية أكثر من 20 في المئة، من الاجبان والالبان والمواد الاستهلاكية المستوردة من اوروبا بشكل خاص استنادا لارتفاع اليورو؟

السؤال الثاني، هل تنبه القائمون على الحياة السياسية، عفوا «الطائفية»، من نواب أو ناشطين، بأن نسبة البطالة ارتفعت في لبنان، بين بطالة سافرة ومقنعة، نتيجة صرف العمال بحجة الاوضاع الاقتصادية المتردية وبسببها، بفعل مسلسل الخلافات

الداخلية المكملة لنتائج الحرب الاسرائيلية، ونتيجة تقليص تقديمات وأجور آلاف العمال بفعل تقليص عمل المؤسسات، بحيث فاق المعدل 24 في المئة على القوى العاملة، غير نسبة بطالة الخارجين إلى سوق العمل حديثا، والمقدر عددهم بحوالي 40 الف طالب فرصة عمل سنويا؟

السؤال الثالث، هل يعلم هؤلاء أن سياسة الاجور والتقديمات غير موجودة منذ أكثر من 12 سنة، موعد آخر تصحيح للأجور في العام 1996 عن العام 1995، وبعدها لم يحصل أي حوار اقتصادي بين العمال واصحاب العمل على التقديمات والرواتب، وأن التضخم خلال الاشهر الاخيرة وحدها قضى على 8 في المئة من قيمة المداخيل أو ما تبقى منها، بعدما خسرت الاجور منذ 1996 أكثر من5. 32 في المئة من قيمتها حتى نهاية العام 2006؟

هل يشعر القائمون على خط التوتر السياسي انهم حولوا البلاد والمراكز التجارية فيها إلى خطوط تماس لتكريس الفصل بين المناطق، بعدما كرسوا الانقسام بين فئات الشعب وطبقاته، بخطين واحد افقي واخر عمودي، يستحيل مع استمرارهما استئناف الحد الأدنى من النشاطات الاقتصادية المشتركة والمختلطة بفعل الحذر الذي زرعوه في النفوس والمصالح؟

هل سأل بعض الغيارى والمتبارين في تبادل تهم الخيانة والتخوين والتصريح بالولاءات المختلفة من المحيط إلى الخليج، أن المرضى من المضمونين وغير المضمونين يعانون كل انواع الابتزاز والصعوبات في سبيل الحد الأدنى من التقديمات الصحية، وأن المرضى المسنين الاختياريين من دون تقديمات نهائيا منذ اشهر طويلة؟

يبقى السؤال الاساسي حول تعطيل المؤسسات ومحاولات الحكومة الشرعية وغير الميثاقية حسب التعابير المختلفة الدارجة، كيف يمكن للبنان أن يترجم مقررات باريس 3 والافادة من الدعم الدولي وتأمين احتياجات الدولة في ظل غياب أية ملامح لتطوير اداء المؤسسات والاصلاح لبعض القطاعات وتطوير عمل القطاعات الانتاجية وافادتها من مساهمات المؤسسات الدولية؟

هناك صعوبة مقبلة اذا لم تصل مساهمات باريس 3 في تمويل احتياجات الدولة وتأمين اموال الادارات، وهو مشروع صرخة جديدة لتأمين المستحقات للمؤسسات والمناطق والقطاعات الاقتصادية، لا سيما الاموال الخاصة باعتمادات الكهرباء المقدر عجزها بحوالى 800 مليون دولار للعام 2007، وهو المعضلة الاساسية، فهل هناك نية لهدنة تجعل وصول المساهمات ممكنا للافادة منها في تحريك الادارات شبه المعطلة؟

سؤال اخير من بين المئات المتبقية: هل يمكن تحييد الهموم المعيشية عن صراع المصالح السياسية التي لا يوظف غيرها في البلاد حتى اليوم في مواسم الطوائف؟ وهل يمكن تجميد موسم تحسين المواقع الشخصية لتحسين الافادة من حركة الصيف على الاقل، لوقف موجات الهجرة والصرف ولو مرحليا؟

وهل لنا من يخبرنا بسبل استعمال الاموال المخصصة من الدولة والمصارف العالمية لتسليف المؤسسات المتضررة بشروط ميسرة أو تجارية بمبالغ تصل إلى 970 مليون دولار، اذا كانت المؤسسات تتردد في الاقتراض خوفا من الظروف والتطورات السياسية والامنية، وبالتالي من هو المغامر الذي سيركب عليه ديونا جديدة اذا لم يشعر بالاستقرار ومناخ الاستثمار؟

2- المشروع الصيني في طرابلس:
1500 شركة صينية

وسط تراجع حركة الرساميل الوافدة إلى لبنان خلال الشهرين الاولين من العام، ولو بشكل جزئي، نتيجة تحسن الرساميل الوافدة في شهر شباط عن الشهر الاول من العام، تبرز الحاجة إلى استثمارات خارجية، والدولة مدعوة لتقديم تسهيلات كبيرة لاقناع الشركات الاجنبية بالمجيء إلى لبنان، في محاولة لاعادة تحريك التنمية والمرافق اللبنانية.

والمعروف أن حركة الرساميل الوافدة حتى شهر شباط 2007، ومنها بعض المساهمات العربية والدولية من باريس 3 بلغت حوالى 1457 مليون دولار، مقابل 1452 مليون دولار، أي بتحسن طفيف، علما انها بلغت خلال الاشهر الاول حوالى 390 مليون دولار فقط.

وهنا يبرز موضوع اقرار الحكومة مؤخرا للمشروع الصيني في مرفأ طرابلس بالاشتراك مع شركات لبنانية، لتحويل معرض طرابلس إلى معرض دائم للمنتجات، ومركز تسويق للبضائع الصينية، بما يحيي المنطقة الشمالية، باعتبار أن المجموعة الصينية طلبت السماح بتسهيلات لاجازات عمل لحوالى 3000 عامل وفني صيني لحوالى 1500 شركة صينية ستعمل في المعرض الدائم. وكانت نقطة الخلاف هي في الاعفاءات من رسوم اجازات العمل، باعتباره يكلف الخزينة حوالى1. 10 مليارات ليرة من الاعفاءات، أي ما يوازي 7. 6 ملايين دولار.

تجدر الاشارة هنا إلى أن فوائد المشروع من الناحية الاقتصادية اكبر بكثير من الاعفاءات، باعتباره يخلق حوالى 3 الاف فرصة عمل للبنانيين أيضا ويحول لبنان الشمالي نقطة حيوية في حركة الاستيراد والتصدير ناهيك عن الحركة العقارية لإسكان الشركات الصينية ومكاتبها. اشارة أيضا إلى أن موقف لبنان من التفاوض وكذلك الشركاء اللبنانيين ازداد صعوبة بعد الحرب الاسرائيلية بسبب الاوضاع السياسية اللاحقة والمستمرة، وهذا ما جعل الصينيين يطلبون التأخير، غير أن الشركاء اللبنانيين اصروا على الاستمرار في المشروع، بعدما غزت الشركات الصينية بالآلاف الدول المجاورة من مصر إلى دبي وسوريا. لذلك بحث مجلس الوزراء في طلب وزارة الاقتصاد اقرار الاعفاءات للشركات الصينية لانطلاق المشروع، مما يعطي بعض الامل في قدوم الاستثمارات الخارجية ويشجع غيرها.

3- تقرير الاقتصاد:
تسهيلات مطلوبة لاستثمار معرض رشيد كرامي
تفوق تكاليف تشغيل معرض رشيد كرامي الدولي في طرابلس دخله، اذ يبلغ دخل قاعات وصالات العرض اضافة إلى الدخل المتأتي من الفندق حوالى 500 مليون ليرة سنويا، في حين تبلغ مصاريف المعرض أكثر من مليار ليرة سنويا، خاصة بعد ارتفاع اسعار المازوت، لان المعرض يعتمد على انتاج طاقته الذاتية.
كما أن مستوى صيانة المعدات الموجودة متدن للغاية ولا يحافظ على المعدات الموجودة.

يوظف المعرض حوالى عشرين عاملا فقط، وهو الذي عول عليه للمساعدة على النهوض الاقتصادي لطرابلس ومنطقة الشمال.

لذلك، كان لا بد من النظر في الموضوع واستدراك الامر والبحث في استثمار هذا المعرض من اجل الابقاء عليه، وبهدف انعاش منطقة الشمال تحقيقا للهدف الذي بني المعرض من أجله.

من هنا جاءت فكرة اقامة المعرض الصيني الدائم في معرض رشيد كرامي الدولي في منطقة الشمال، وذلك باستقطاب 1500 شركة صينية ستقوم بعرض منتجاتها في المعرض لمدة ثلاث سنوات، وسوف ترسل هذه الشركات ثلاثة آلاف مندوب دائم للاقامة في لبنان لهذه الغاية.

إن فوائد المشروع عديدة، ففضلا عن المردود المادي على خزينة الدولة، من شأن هذا المشروع:

1- أن يؤثر على مجمل الاقتصاد اللبناني بشكل عام وينعش منطقة الشمال بشكل خاص.

2- أن يخلق ما يفوق ثلاثة آلاف فرصة عمل للبنانيين داخل المعرض، اضافة إلى آلاف فرص العمل بطريقة غير مباشرة، ابتداء من ورشة اعمار وتأهيل المعرض ومرورا بالخدمات اللوجستية التي سيحتاجها المعرض لاحقا.

3- تقترح شركة «تشايناميكس» أن يتم دفع بدل الايجار على الشكل التالي:

السنوات الخمس الاولى لا شيء.

السنوات الخمس التالية مليون دولار.

السنوات الخمس الاخيرة 1.5 مليون دولار.

4- من المتوقع أن تصل القيمة الحالية (NPV) للضريبة على

الارباح خلال الـــ15 سنة القادمة إلى 21 مليون دولار، (اذا لم تعف الدولة مستثمري وشاغلي المعرض من جزء منها).

5- انعاش السوق العقاري في طرابلس، عبر الحاجة لاستئجار ما يفوق الـــ500 شقة سكنية.

6- انعاش الحركة السياحية في الشمال وخاصة حركة الفنادق والمطاعم.

7- سوف تؤول كل التحسينات والانشاءات التي ستقوم الشركة ببنائها للدولة بعد 15 عاما.

ان اهم الامور العالقة في هذا الموضوع هي اعفاء المندوبين الصينيين، وعددهم ثلاثة آلاف مندوب، من رسوم الاقامة وتأشيرات العمل. اذ تتعدى تكلفة الاقامات وتأشيرات العمل لثلاثة آلاف عامل صيني7. 6 ملايين دولار في السنة، وهي موزعة كالتالي بالليرة اللبنانية:

كلفة اجازة العمل مليون و500 الف، كلفة الاقامة مليون و800 الف، كلفة معاملة الاقامة 70 الفا، المجموع 3 ملايين و370 الفا، المجموع لثلاثة الاف عامل هو 10 مليارات و110 ملايين ليرة لبنانية.

وحيث أن الموقع التفاوضي للدولة اللبنانية قد ضعف بعد الحرب الاخيرة، ونحن بحاجة ماسة إلى جلب الاستثمارات إلى لبنان، نرى انه من الضروري اعطاء هذه التسهيلات للشركة الصينية لتبيان اهتمام الدولة بجلب الاستثمارات، ولعدم افشال هذا المشروع، مما يرتد بشكل سلبي على الحكومة من الناحيتين السياسية والاقتصادية.

لكل ما تقدم، جرى اعداد مشروع القانون لاعفاء الجانب الصيني من رسوم الاقامة وتأشيرات العمل.

ملاحظة: تجدر الاشارة إلى انه اذا ما طبق القانون 2001/360 لتشجيع الاستثمارات على مشروع طرابلس، قد تحصل شركة «تشايناميكس» على ما يلي:

يمنح القانون 2001/360 اعفاء كاملا من الضريبة على الدخل وعلى توزيع انصبة الارباح الناتجة من المشروع، وذلك لفترة تصل إلى عشر سنوات بدءا من تاريخ مباشرة استثمار المشروع.

كما يسمح القانون 2001/360 بتخفيض رسوم اجازات العمل والاقامة بنسبة تصل إلى 50 في المئة كحد اقصى، مهما كانت فئتها، وذلك تبعا لعدد الاجازات المطلوبة. كما تخفض قيمة شهادة الايداع لدى مصرف الاسكان إلى النصف.

بذلك تكون الحكومة في صدد منح اعفاء لحوالى 5 مليارات ليرة لبنانية سنويا، اضافة إلى ما يمنحه القانون 2001/360.

2007/4/23

الهاتف الخلوي كما الكهرباء:
أعلى كلفة فاتورة على المستهلك لأسوأ خدمة

من المسؤول والمستفيد من تردي الخدمات
وتحميل المشتركين الأعباء الاضافية؟

باتت مشكلة خدمات الهاتف الخلوي وترديها بشكل كبير، منذ عودة القطاع
إلى الدولة، وتخصيص إدارته للمشغلين الحاليين: شركتي «ام تي سي» و«ألفا»،
مشابهة لمشكلة وازمة كهرباء لبنان، من حيث وقعها على المواطن كأغلى
تعرفات، لأدنى وأسوأ الخدمات، بما يعني اعباء مرتفعة على المستهلك، لقاء
خدمات متدنية ومتردية، مع احتكار للدولة ومنافع للشركات المشغلة على
حساب تراجع الجودة وتردي نوعية الخدمة بشكل كبير. هذا مع فارق
بسيط وهو أن الكهرباء تعاني من تدني الايرادات والعجز بحوالى المليار دولار
سنويا، بينما الهاتف الخلوي بيضة ذهبية، يتنافس عليها العديد من التكتلات
السياسية على اختلاف مشاربهم، على امل الفوز بحصة ما، مباشرة بالشراكة،
أو بصورة غير مباشرة، بتزكية مشغلين وشركات فاعلة، كما حصل بعد
استرجاع القطاع من قبل الدولة، وحتى حملات

الابتزاز السياسي التي رافقت المعارك مع الشركتين السابقتين «فرانس تلكوم» و«ليبانسيل».

وتتفاوت احجام وانواع الاضرار على المواطن، بين قيمة الاشتراكات المرتفعة وكلفة دقيقة التخابر، التي تصل إلى 17 سنتا تبعا، لطريقة الاحتساب على العدادات. وضمن هذه التعرفة هناك رسم الستة سنتات على الدقيقة للدولة، اضافة إلى قيمة الاشتراك الشهري، مع الخدمات الاضافية الوهمية والحقيقية، والتي تصل إلى 28 دولارا شهريا.

هناك أيضا انقطاع الاتصالات المفاجئ، وضعف الارسال في المناطق، الذي يعود ويزداد مع كل ضغط على الشبكة، بحيث يدفع المشترك كلفة مخابرتين، كلما انقطع الاتصال بسبب نظام الفوترة المعتمد حاليا، وغير المضبوط لغياب الرقابة والغاء الاجهزة السابقة لشركة اريكسون.

هذا مع الاشارة إلى قصر مدة البطاقات المباعة سلفا والمحددة بشهر، بما يلزم المستهلك بحجم اتصالات تفوق الـــ38 دولارا شهريا، بدل أن يكون عمر البطاقة أكثر من ثلاثة اشهر، كما في معظم البلدان، وهذا ما يفترض أن تدرسه وتقترحه الهيئة الناظمة لقطاع الاتصالات، التي لا تزال تبحث عن صلاحياتها ودورها، وسط تضارب المصالح والصلاحيات بين الادارات المعنية.

هناك تردي خدمة «اس ام س» التي تصل متأخرة لمدة ساعات تصل إلى 24 ساعة احيانا، ناهيك عن تداخل الخطوط بطريقة الخطأ، نتيجة تحميل الشبكة أكثر من سعتها على مدار السنة، لاسيما في ايام الصيف، مع حضور بعض السياح، حيث

يرتفع عدد الخطوط حوالى 200 الف خط، تزيد من ارهاق الشبكة واعباء المشتركين الدائمين واصحاب البطاقات المدفوعة سلفا.

أنواع التردي وأسبابها. . وانعدام التطوير والرقابة

هذا التردي الحاصل في قطاع الخلوي، منذ فترة ليست بالقليلة، هو إلى تزايد نتيجة انعدام الصيانة والتطوير على الشبكات والمحطات، باعتبار أن مجموع ما انفق على التأهيل والتطوير، منذ استرداد الدولة للقطاع وتلزيمه للمشغلين الحاليين، لا يزيد عن 75 مليون دولار، بينما الحاجة المطلوبة كانت بحدود الــــ350 مليون دولار على مدار السنوات الخمس الاخيرة، أي بمعدل يزيد عن الـــ50 مليون دولار سنويا.

ويرى المدير العام للاتصالات وأوجيرو الدكتور عبد المنعم يوسف ان المرض هو في العقد الذي يربط عمليات التطوير والتأهيل بموافقة الوزارة، حيث يستغرق الامر عدة اشهر، مما يعيق عملية التطوير ويجعل الشبكة على حالها من الترهل وتردي الخدمات. ناهيك عن ضياع المسؤولية، بين مديريتي التجهيز والأنشاء من جهة، والصيانة من جهة ثانية. اضافة إلى اقتصار المراقبة والتشغيل على هيئة واحدة للشركتين بعدما ذهب فريق كامل مع خروج الوزير جان لوي قرداحي من الوزارة.

والسؤال هنا حسب المعلومات المتوافرة، هل الوزارة أو الدولة تتعمد اضعاف القطاع، قبل اطلاق الخصخصة المرتقبة قبل بداية العام 2008، سعيا لتقديمه لشركات، يتردد انها توزع في

الداخل والخارج لشراء الشبكتين منها بعض المشغلين الحاليين مع شركاء مقربين من بعض المرجعيات السياسية؟

السؤال الاخر هل أن الدولة تحاول القول إن عدم الانفاق على التجهيز يزيد الايرادات، بتوفير نفقات التطوير بهدف الايحاء بأن موارد الخزينة تبدو اكبر من المتوقع، وهل تمت مقارنة كلفة الاستهلاك للمعدات وتراجع قيمتها نتيجة عدم التجهيز وتردي الخدمات مع الايرادات الاضافية وهي وهمية، حسب خبراء الهيئة الناظمة وقطاع الاتصالات في لبنان؟

سؤال أيضا، من يتحمل مسؤولية تردي الخدمات وارتفاع الكلفة على المستهلك، من انقطاع الاتصال ومعاودته أكثر من مرة، إلى غياب الارسال في المناطق، الدولة ووزارة الاتصالات ام الشركات المشغلة؟ ومن المستفيد من احتساب طريقة التخابر؟

اين اصبحت معدات شركة اريكسون للرقابة والعدادات التي ركبت سابقا ثم توقفت وهل تراقب عمليات الشركات من قبل الدولة لاسيما عمليات الفوترة والتدقيق بمصالح وسلامة الاداء للمشتركين والدولة؟

معروف أن عقد التلزيم الذي ينفذه المشغلان الحاليان، ينص على أن الدولة تدفع كلفة التطوير والتجهيز، بموجب طلبات تتقدم بها الشركة المشغلة. وهذا العقد الذي سبق لديوان المحاسبة أن اعتبره مخالفا قبل توقيعه واقراره، يجعل من عملية التجهيز عرضة للمساومات من قبل الادارات المعنية، ضمن الصراع على النفوذ والسمسرات، وهذا ما يؤدي إلى تأخير المعاملات المحالة من الشركات إما بحجة ارتفاع اسعار التجهيزات المطلوبة من الشركتين

المشغلتين، وإما بحجة انه ربما تكون هناك عمليات تواطؤ بين شركات التصنيع أو وكلاء التجهيزات والشركات المشغلة للخلوي بما يجعل امكانية التلاعب قائمة، مما يزيد عوامل العرقلة اما بداعي المتاجرة وحفظ الحصص، واما بداعي شعار المدافعة عن المال العام وهو شعار بعض الساعين إلى تعزيز حصصهم في قطاع الاتصالات الخلوية.

إيرادات الخلوي كبيرة على المستهلك
مضخمة على الخزينة

اما القول بالمحافظة على زيادة الايرادات على حساب تردي الخدمات، فهو شعار ليس حقيقيا، باعتبار أن عائدات الهاتف الخلوي الاجمالية، حسب نتائج افضل السنوات، تقدر بـــ900 مليون دولار سنويا. ولكن هذا المبلغ يتراجع إلى حدود 450 مليون دولار بعد حسم العناصر الاتية:
بدل المخابرات الدولية على الشبكة الخلوية وبدل رسم الستة سنتات وهو مبلغ يقدر بحوالي 120 مليون دولار.
بدل ضريبة القيمة المضافة وقدرها حوالي 90 مليون دولار.
بدل التجهيز والتطوير الذي لا ينجز على الشبكات وقيمته حوالي 50 مليون دولار في حال توافرت النية لتطوير الخدمات على الشبكتين. هذا من دون احتساب كلفة الاهتلاكات السنوية للتجهيزات والمعدات التي تحتاج إلى تحديث دوري وسريع حتى لا تفقد الكثير من قيمها وهو ما يحصل اليوم. الكلفة الادارية المدفوعة لكل شركة والمقدرة بحوالي 5

ملايين دولار شهريا أي حوالى 120 مليون دولار سنويا للشركتين.

هذا الواقع يعرفه المتابعون للملف بشكل دقيق، ويعرفون أن مفاعيله زادت حصة الدولة من العائدات، وبشكل وهمي، على نفقة المواطن المشترك الذي يتحمل اعلى كلفة تخابر في العالم في حال احتساب رسوم التأسيس والاشتراك الشهري على الخطوط الدائمة وقدرها 28 دولارا تقريبا.

وهنا السؤال الاساسي، طالما أن القطاع اصبح بملكية الدولة، فلماذا تبقى رسوم الستة سنتات على دقيقة التخابر؟ ولماذا يبقى رسم الــ25 أو الــ28 دولارا؟

الجواب هو أن الدولة كما الشركات المشغلة، حولت القطاع إلى مصدر جديد للجباية، بعدما عجزت عن تحسين شروطها في الخصخصة الكلية أو الجزئية وتحصيل اية مبالغ اضافية عن طريق طرح المنافسة أو تحسين الخدمات، نتيجة عدم الانفاق على التجهيز والتطوير، بهدف القول بأن الايرادات تتحسن، بينما التجهيزات تتآكل واسعار موجودات القطاع تتراجع بفعل تقلص الخدمات وتعب الشبكات وذلك لعدة اسباب:

السبب الاول عدم وجود إدارة قادرة على تحسين القطاع لتحسين عائدات الخزينة.

السبب الثاني، تضارب الصلاحيات بين وزارة الاتصالات، الادارات داخل الوزارة تحديدا، ومحاولة بعض المديرين الامساك بالقطاع بالتفاهم مع الوزراء في الوزارات المتلاحقة من جهة، في مقابل تهرب بعض المديرين من المسؤولية في اطار المساهمة في زيادة تردي القطاع لانجاح الخصخصة بأدنى الاسعار، لحسابات

بعض الشركات الطامحة من جهة ثانية، أو بهدف الامساك بالخدمات لاهداف مالية أو سياسية خدماتية. وهذا الواقع يفسر النزاع بين بعض الادارات المعنية، لاسيما بعد قيام الهيئة الناظمة لقطاع الاتصالات التي يفترض أن تتولى تدريجيا مهام وتواقيع وزارة الاتصالات ومديرياتها.

الهيئة الناظمة ماذا فعلت؟

حتى الآن لم تستطع الهيئة الناظمة القيام بأية خطوات تنفيذية تذكر، وهي مازالت في مرحلة اعداد انظمتها وملاكاتها الداخلية التي احيلت إلى مجلس الوزراء مؤخرا لاقرارها.

والهيئة الناظمة لم تمارس اية صلاحيات، برغم كونها المعنية بممارسة صلاحيات الوزارة، الا أن تعاون الوزارة لايزال في مراحله الاولى، باعتبار أن التراخيص للشركات والمؤسسات المعنية بقطاع الاتصالات والبث لا تزال تعتمد على تواقيع المديرين في الوزارة والوزير.

كذلك فان المراسلات مع الادارات الاخرى لم تحول إلى الهيئة الناظمة التي تسعى إلى تعيين جهازها الاداري المكون من 80 عنصرا لاربع دوائر حسب الملاك المقترح.

ما قامت به الحكومة حتى الآن، بعد تعيين الهيئة، هو تخصيص موازنة لها قدرها 48 مليار ليرة، وهي اعطتها سلفة على الموازنة التي احيلت من خارج الموازنة العامة. وعلمت «السفير» أن الهيئة الناظمة بدأت مقابلاتها لقبول الموظفين، وهي اجرت أكثر من 600 مقابلة لاختيار جهازها الاداري، بانتظار اقرار الملاك في مجلس الوزراء. ولم تخل اعمال الهيئة من تدخلات

السياسيين لادخال بعض المحسوبيات إلى الملاك الا أن رئيس الهيئة كمال شحادة، قال لـ«السفير» إنه يحاول الحد من التدخلات في التعيينات، بالاعتماد على اصحاب الكفاءات.

نقطة اخرى هي تضارب الصلاحيات وتتعلق بالعلاقة بين الهيئة الناظمة والمجلس الاعلى للخصخصة، باعتبار أن المجلس هو المسؤول عن بيع موجودات وتجهيزات قطاع الخلوي، بينما مسؤولية الهيئة تكمن في اعطاء الرخص للشركات والاشراف على عملية بيع الاجازات ومراقبة السوق من الناحية التجارية والفنية ومصلحة المستهلك. هذه نقطة خلاف مقبلة ستبرز عند اطلاق الخصخصة في حال جرت مع بداية العام 2008 كما تقدر مصادر الهيئة الناظمة، حسب تأكيدات غير مسؤول في الوزارة.

وتأتي مرحلة ما بعد فسخ العقود من قبل الدولة، التي حولت ارباح الشركات من ارباح كبيرة ، إلى ارباح اكبر، مع الاشارة إلى ان متوسط الارباح يصل إلى حوالى المليون دولار في الشهر لكل شركة من دون تحمل اية مخاطر للتطوير، إن للصيانة أو التجهيز أي بدل كلفة ادارة القطاع فقط.

ما يمكن قوله هو أن العقد الجديد وبسبب سوء التقدير والادارة اطلق يد الدولة بعد الشركات للتحكم في السوق، من دون اية حماية أو رعاية لمصلحة المستهلك الذي يدفع الكلفة الاعلى في العالم ويحصل على الخدمات المتدنية بالكمية والنوعية.

الخطورة في الامر هي في غياب التحرك العمالي والنقابي والسياسي، بعدما كان الخلوي ايام الشركتين السابقتين شاغل

الدنيا والناس وكل الهيئات، وبعدها سكتت الاصوات، الا فيما ندر وتبعا لمناسبات تحريك الهيئات الاهلية، مع الاتحاد العمالي، التي جاء تحركها من باب رفع العتب، ولم يكن بعيدا عن الغايات السياسية في الفترات الاولى لما قبل تسلم الدولة للقطاع.

من هنا يجب ان يكون التحرك محكوما بالنجاح هذه المرة لغير اعتبار، اولها أن التحرك هو باتجاه وزارة الاتصالات والدولة، ولم يعد موضوعا للابتزاز السياسي والمالي، كما كان سابقا ايام المناكفات السياسية بقيادة فريق الرئيس اميل لحود ومصالح اتباعه، وثانيها لان الفشل سيقضي على الصوت المعترض دفاعا عن ظروف المعيشة وقطاع الخدمات بحيث لن يجد اصحاب المداخيل المتدنية من يوصل اصواتهم إلى المسؤولين ويجبرهم على الاستماع، في حال استمرت عملية تجاهل مطالب تحسين الخدمات الخلوية وغيرها وتخفيض اكلافها، وهي حال قطاع الكهرباء، والاخطر من ذلك ان تترك الساحة لانواع اخرى من التحرك غير المحكوم بالمرجعيات العمالية والنقابية وحتى الحزبية.

والتحرك المطلبي يعتبر من المحطات الاساسية المؤشرة على الصورة السياسية والاقتصادية والاجتماعية في ظل المؤشر الاساسي المستمر ابدا وهو المناكفات السياسية بين اهل السلطة والتي بدأت تضر بالوضعين المالي والاستثماري داخليا وخارجيا.

من ابرز المؤشرات على تأثر المصداقية والسمعة اللبنانيتين على الصعيد الاقتصادي في الخارج كما في الداخل بسبب

المناكفات السياسية بين اهل السلطة وتحديدا حول قضايا الخصخصة والتسنيد لبعض القطاعات والمؤسسات العامة، هو قلة عدد الشركات العالمية التي ابدت اهتماما بالمشاركة في المزايدة أو المناقصة لخصخصة الهاتف الخلوي، الذي كان مخصخصا في الاصل.

اشارة إلى أن القطاع في لبنان كان يمتلك مميزات عن غيره في المنطقة في السنوات السابقة، باعتباره كان سباقا قبل أن تضرب عناصر التميز، وابرزها:

أولا: إن الخلوي في لبنان اختبر عمليا واظهر انه قطاع مربح وان اللبناني هو الأكثر تكلما على الهاتف الخلوي في العالم.

ثانيا: إن الشبكات كانت جاهزة ولا تحتاج إلى استثمارات لانشاءات جديدة الا في حالات التطوير والتجهيز العادية على عكس ما هي عليه اليوم، كونها تحتاج لمئات الملايين من الدولارات للتجهيز والتطوير.

ثالثا: إن عدد المشتركين اللبنانيين في الخلوي يقارب المليون و100 الف مشترك بمعدل 550 الف مشترك لكل من شركتي «ام تي سي» و«الفا» على شبكة لا يمكنها تحمل هذا العدد من دون تطوير دوري.

في الخلاصة ترى مصادر في قطاع الاتصالات أن الشبكة الخلوية لا يمكن أن تتحسن ما لم تتم عملية التطوير والتجهيز شبه المتوقفة منذ سنوات، مما ينعكس سلبا على اسعار القطاع عند الخصخصة. كما تقول هذه المصادر إن على الهيئة الناظمة في

حال التفكير في تنظيم القطاع ان تدرس المنافسة بزيادة عدد المشغلين في المستقبل القريب جدا حرصا على مصلحة الخزينة ومالية الدولة. كما أن على القائمين على القطاع المباشرة بالغاء مبلغ الستة سنتات على دقيقة التخابر، مما يخفض الكلفة على المواطن الذي يتحمل اغلى سعر لأدنى خدمة على شبكة تتحمل أكثر من مليون و100 الف خط، تزيد مع الطلب في فترات الصيف فتزيد ضعف الارسال والخدمة، وترتفع الكلفة على المشترك والمؤسسات، وتضر بالاقتصاد بعدما كان الخلوي في لبنان رائد المنطقة مع اواسط التسعينيات وكان يفترض أن يشكل الجاذب الاول للرساميل وتفعيل الحركة الاقتصادية، هذا ما خربته المصالح السياسية والصراع والتناحر لوضع اليد على فوائد القطاع وتنفيعاته.

لقد كان الهاتف الخلوي خلال السنوات الماضية الموضوع الدائم الاهتمام من قبل السياسيين في المعارضة والموالاة، واذ تحول فجأة إلى نقطة سكون لا انتقاد حولها ولا مشكلات برغم تردي الخدمات وتزايد المنافع لبعض السياسيين من مكاتب بيع البطاقات وتعبئة الخطوط، إلى مراكز الاتصالات الخاصة والدولية الحزبية منها وغير الحزبية. لقد تقاطعت المنافع بين بعض اهل الموالاة وبعض المعارضة كما تقاطعت الملفات التي كانت تعد تحضيرا لمستقبل القطاع فسكتت الاصوات ووقع المستهلك مرة اخرى ضحية الاتفاق عليه وتلاقي كل المصالح فوق مصلحته وهمومه.

اخيرا وليس اخرا، تبقى العبرة في آلية الخصخصة ودفاتر

الشروط والتحضيرات لبيع القطاع، حيث تستعد الشركات من المشغلين الحاليين والطامحين إلى شراء الرخصتين الحاليتين، اضافة إلى الرخصة الثالثة أو الرابعة، حسب التأكيدات، للفوز بحصص في القطاع بين المقربين من المسؤولين وبعض الشركاء من الداخل والخارج، وهو امر تبينه شفافية المزايدات أو المناقصات في الهيئة الناظمة ومجلس الخصخصة ومن حولهما من ادارات معنية.

2007/7/2

لبنان يحصد سلبيات ارتفاع أسعار النفط
ويخسر الإيجابيات بضرب مناخ الاستثمار

تختلف الصورة المالية والاقتصادية بين واقع المالية العامة وصعوبة تمويل احتياجات القطاع العام لا سيما مستجدات عجز الكهرباء الناجمة عن ارتفاع اسعار النفط، وبين حركة بعض القطاع الخاص الذي ما زال، برغم الصعوبات، قادرا على التعويض ولو متأخرا، بالافادة من فائض الفورة النفطية وتوافر السيولة الباحثة عن مجالات للاستثمار في لبنان وهي لا تجد حتى الآن سوى تجارة العقارات.

حتى الان تبدو الصورة السياسية من خلال الاداء أن لبنان أو القائمين عليه لا يعرفون سوى تفويت الفرص على لبنان ومؤسساته ويضربون، عن معرفة أو عن جهل، كل سبل الايجابيات ولا يرضون الا بقطف السلبيات كاملة مع تحميل المواطن اعباء ارتفاع اسعار النفط كاملة من دون أي توظيف للفوائض المتوافرة في يد المستثمرين العرب وغيرهم، مجيرين ذلك إلى الدول المجاورة، البعيدة منها والقريبة، الصديقة والعدوة، على حد سواء.

بمعنى آخر، إن لبنان بات اقدر دولة على الافادة من حصد

السلبيات والعف عن الايجابيات، نتيجة الاداء السياسي والخلافات ومناسبات الاستحقاقات التي لا تنتهي منذ سنوات، مع العلم ان لبنان الأكثر تضررا من ارتفاع اسعار النفط في المنطقة، وهو الاقدر بواسطة قطاعه الخاص ومؤسساته الاستثمارية على الافادة من استقطاب الفائض من الرساميل لتعويض هذه الخسائر والاعباء الناجمة عن ارتفاعات اسعار المشتقات النفطية، هذا اذا توافرت الحدود الدنيا من الوطنية لدى رجال السياسة والقائمين على امور البلاد في أكثرهم.

1- ترك إيجابيات ارتفاع النفط والاحتفاظ بالسلبيات

فبالنسبة لموضوع اعباء الكهرباء، وبمعزل عن الاسباب السياسية والامنية والوضعين المالي والاداري الناجمين عن الهوة الكبيرة بين القدرات على تقليص الفوارق بين كلفة الانتاج وسعر المبيع للمشتركين من جهة، وهو أمر ليس بيد الدولة والحكومة أو المؤسسة على المدى المنظور. بعدها يأتي أمر اصلاح المؤسسة لتلبية احتياجات ومتطلبات نمو الاستهلاك للسنوات المقبلة وهو امر يحتاج إلى المال اولا، بما يوازي 1 2 مليار دولار للسنوات الثلاث الاولى، شرط ان يترافق ذلك مع القرار السياسي حول مستقبل المؤسسة من جهة ثانية، وهو موضوع خلاف ومزايدات سياسية بعيدا عن الحد الأدنى من التقنية والموضوعية في النظرة الاقتصادية التي تفرض التوازن المالي، والنظرة الاجتماعية التي تحتاج إلى اعادة نظر بالتعرفة المعمول بها اليوم، وهو ما لا قدرة للمواطن على تحمله نتيجة تدني الدخل الاسري، وتراجع القدرة الشرائية للأسرة اللبنانية بفعل تقلص فرص العمل وتراكم التضخم

239

منذ أكثر من عشر سنوات اكلت خلالها ثلث الرواتب لاصحاب المداخيل مع تراجع قدرات المؤسسات، وهي عناصر تصب في ذات خانة تهريب الرساميل وتفويت الفرص على تحريك العجلة الاقتصادية وتحفيز النمو.

تكفي الاشارة هنا إلى القول بأن الرساميل الوافدة حتى نهاية الفصل الثالث من العام الحالي والبالغة حوالى 5600 مليون دولار لم تصل إلى حدود ما تحقق من رساميل وافدة خلال النصف الاول من العام 2006 الماضي والتي فاقت الــــ 6200 مليون دولار قبل وقوع الحرب الاسرائيلية على لبنان.

2- مصرف لبنان وتمويل احتياجات الدولة

من آثار تفويت الفرص على لبنان بجذب فوائض الرساميل التي تبحث عن مناخات الاستثمار في المنطقة بعد هزات الاسهم المصرفية والبورصات المتتالية في اميركا وأوروبا، وآخرها منذ اشهر بسبب الرهونات العقارية التي تركت آثارها وخسائرها على آلاف المستثمرين وحاملي بعض الاسهم من العرب في الخارج، وهي أزمة بقيت المصارف اللبنانية بعيدة عن آثارها.

ومن آثار تفويت الفرص عدم تحول أي من الرساميل العربية الكبيرة إلى مشاريع في لبنان هربا من الواقع الخلافي الذي يحكم لبنان منذ ما بعد كارثة اغتيال الرئيس الشهيد رفيق الحريري وحتى اليوم مرورا بحرب تموز.

اما ابرز هذه النتائج فهي الصعوبة في افادة لبنان من المساهمات والمساعدات الخارجية المقررة من مؤتمر باريس - 3 التي تتطلب اصلاحات وخطوات وتشريعات لا يمكن توافرها في

ظل الانقسامات السياسية القائمة، وبعضها مشروط بالتوافق السياسي وحتى الطائفي.

غير أن مصرف لبنان وبسبب صعوبات تأمين اعتمادات الدولة بالعملات الاجنبية لمؤسسة الكهرباء ولتسديد بعض الديون المتوجبة الاداء لجأ إلى اساليب مختلفة، آخرها القيام باستبدال سندات الخزينة بالليرة اللبنانية التي يحملها في محفظته بسندات اليورو بوند بالعملات الاجنبية التي تحملها الدولة، حيث يقوم بتسويق هذه السندات في الخارج ولدى المصارف. هذه الخطوة كما هو معروف هدفها تأمين التمويل بالعملات الاجنبية حتى لا يتأثر احتياطه من العملات الاجنبية البالغ حوالى3 .12 مليار دولار حسب التقديرات الاخيرة.

اما الخطوة الاخرى التي قام بها مصرف لبنان لاراحة الدولة في التمويل خلال الفترة المقبلة فهي استبدال شهادات ايداع كان اصدرها بالليرة اللبنانية بسندات خزينة على الدولة، حيث استبدلت المصارف حوالى 28 في المئة من الشهادات التي تحملها على مصرف لبنان، وهي تستحق في العام 2010 بسندات خزينة على حساب الدولة اللبنانية، لتستحق في العام 2012، مما يعني تخفيض دين من محفظة مصرف لبنان على الدولة من جهة، واطالة اجل هذه النسبة من الدين لمدة سنتين على الاقل من جهة ثانية.

اشارة هنا إلى أن قيمة شهادات الايداع التي تحملها المصارف على المصرف المركزي تقدر بحوالى 4500 مليار ليرة، تم تحويل حوالى 1000 مليار ليرة إلى سندات خزينة على الدولة بتعديل بسيط للفائدة من3 .11 إلى5 .11 في المئة.

2007/10/29

531 مليون دولار مساهمات باريس 3 المحققة
لدعم الخزينة. . ومخاطر تمركز الدين العام قائمة

إذا سارت الامور السياسية على حالها الراهن، من دون التوصل إلى الحد
الأدنى من التوافق، بين اهل المعارضة والموالاة، حول اعادة احياء المؤسسات،
انطلاقا من انتخاب العماد ميشال سليمان رئيسا للجمهورية، كمرشح توافقي،
فإن الازمة الاقتصادية المعيشية ستتخطى في خطورتها المأزق السياسي، باعتبار
أن لبنان يكون دخل مرحلة التفريط في احياء المؤسسات، التي مازالت تشكل
العنصر الوحيد الجاذب لفتافيت الرساميل المحركة للاقتصاد من جهة. كما
يكون دخل مرحلة البدء بخسارة ما تبقى من الدعم المالي والاقتصادي العربي
والدولي، الذي من شأنه ان يؤمن استمرارية التمويل لعجز الموازنة بالكلفة
المخفضة وبالفوائد المقبولة قياسا إلى تصنيف لبنان السيادي ومخاطر ديونه.

قد يكون هناك بعض من السياسيين، الذين لا يعرفون حجم هذه المخاطر،
على لبنان واجياله ومؤسساته وقطاعاته المختلفة، ولكن في المقابل قد يكون
هناك بعضهم الآخر الذي يسعى للوصول إلى هذا الحجم من التعطيل لمرافق
البلاد، تحقيقا

لمكاسب لا تفيد الا الطامعين في تفكيك البلاد لمصالح خارجية دولية أو اقليمية، وهو الامر الظاهر حتى الآن، من خلال الاداء السياسي وعرقلة كل محاولات أو امكانات التوافق المطروحة، مهما كانت منطقية وقريبة من الواقع، عملا بمضمون المثل الشعبي القائل «الجمل بنية والجمال بنية اخرى».

ومع استثناء اساسي للقطاع المالي والمصرفي، من الصعوبات التي تتهدد الاوضاع الاقتصادية والمالية العامة ، باعتبار أن القطاع المصرفي حقق نموا ملحوظا في الودائع والموجودات ونمو الارباح، التي تخطت هذا العام مبلغ الــ800 مليون دولار، بزيادة تفوق ال 20 في المئة عن العام الماضي.

وباستثناء الحركة التوسعية في الخارج للقطاع المصرفي، وبعض القطاعات الانتاجية في الخارج، التي مازالت تؤمن استمرارية فروعها الداخلية، فإن كل القطاعات الاجتماعية والمعيشية والانتاجية الاخرى، من الصناعة إلى الزراعة والسياحة، تعاني من صعوبات نتيجة عدم الاستقرار، ستفوق ما حصل خلال العام الماضي. كذلك فإن تردي الخدمات من عجز الكهرباء التي تفوق كل التوقعات، نتيجة ارتفاع النفط، على الرغم من توقع وصول الغاز العربي اواسط السنة الحالية إلى معمل دير عمار، والذي سيوفر باحسن الاحوال 100مليون دولار في كلفة الانتاج، من اصل أكثر من مليار دولار، العجز المتوقع مع سياسة التقنين المعتمدة. إلى ذلك يضاف عجز صندوق الضمان الاجتماعي وتردي خدماته التي تصيب أكثر من ثلث اللبنانيين المضمونين والمستفيدين من فرعي الضمان الصحي والتعويضات العائلية.

1- في صعوبات المالية العامة والتحركات المطلبية

لا شك أن المرحلة المقبلة ستكون زاخرة بالحركة المطلبية الاجتماعية والمعيشية، باعتبار أن الظروف الحياتية تزداد صعوبة، بفعل الغلاء وتراجع القدرة الشرائية عند الاسر، بفعل ارتفاع اكلاف المعيشة، وهذا امر كان ولا يزال محقا قبل الارتفاعات الاخيرة للأسعار، وهو ما عطلته السياسة وتبعية الهيئات الاهلية والنقابية للمرجعيات الطائفية والسياسية، مما ساهم في ضرب الحركة المطلبية المستقلة عن التحريك السياسي والتوجيه لغايات سياسية أو فئوية لا أكثر. ومن الطبيعي ان تعود هذه الحركة المطلبية للتحرك مع تصاعد الخلافات السياسية، وبدعم من جهات سياسية وحزبية ضد الدولة والحكومة، مع العلم أن المطالب المستجدة اليوم لتحسين الوضع المعيشي، لا تشكل سوى جزء بسيط من الازمة المتراكمة والمتصاعدة، منذ ما بعد حرب تموز من العام 2006 وحتى اليوم. وهي لاتشكل سوى جزء من انعكاسات التضخم المتراكم منذ سنوات المناكفات السياسية، من عهد الرئيس السابق اميل لحود، حيث لم تتحرك التقديمات الاجتماعية والاجور منذ 1996، برغم كل تركيبات مجالس الضمان وإداراته والخلافات التي لم تنفع صاحب الدخل المحدود بأي نوع من التقديمات، التي تخفف عبء المعيشة المتزايد الصعوبة منذ ذلك الوقت.

اذا المطالب المعيشية ستغلف بكثير من السياسة، وبقليل من الجدية والفعالية النقابية، مما سيؤدي، في ظل الخلافات والانقسامات القائمة، إلى ضياع جديد لحقوق ومطالب الطبقة

العاملة والفئات الشعبية، على خلفية التصعيد السياسي ، وهو سيحمل المزيد
من الانقسامات في صفوف الهيئات والنقابات المهنية، ويمكن ان تصل إلى
الهيئات الاقتصادية تبعا للطروحات المرتقبة، والاصطفافات الجاري تحضيرها،
في غير مكان من المطابخ السياسية، التي تملك قدرات الحشد المطلبي، وكذلك
تلك التي تمتلك القدرات على الحشد المقابل ، وكله في السياسة اولا.

هذا الواقع كان بدأ يظهر من خلال بعض التحركات المتفرقة، في غير منطقة
وغير قطاع ، احتجاجا على تردي الخدمات ومطالبة بالتعويضات عن الاضرار،
من محاولات تعطيل محطة الحاويات في المرفأ، إلى قطاع النقل، مطالبة
بجملة امور كانت قائمة منذ سنوات بعضها محق وبعضها لاسلطة للدولة
عليه كارتفاع اسعار النفط والبنزين.

3- أين أصبحت مساهمات باريس 3
في خضم الازمة السياسية؟

لاشك أن أكثر من6. 4 مليارات دولار، من مساهمات بارريس 3، تبقى
مشروطة بتحسن الظروف السياسية، على الرغم من وصول جزء من
المساهمات الخاصة بدعم الخزينة، منها القديم مثل تمديد الوديعة الماليزية
لدى مصرف لبنان لعدة سنوات، ومنها الجديد الذي وصل فعلا وهو يقدر
بحوالي 1031 مليون دولار بما فيها مساهمة ماليزيا المجددة. وهذا يعني أن
المساهمات لدعم الخزينة التي وصلت حتى منتصف كانون الثاني، لدعم
الخزينة 531 مليون دولار فقط ، موزعة كالاتي :

أ- 100 مليون من المملكة العربية السعودية.

ب- 100 مليون دولار من البنك الدولي.

ج- 250 مليون دولار من الولايات المتحدة الاميركية.

د- 300 مليون دولار من الامارات العربية.

هــ- 10 ملايين دولار من عمان.

و- هناك 285 مليون دولار تحت التنفيذ، أو قيد التنفيذ خلال هذه الفترة، اضافة إلى حوالى 77 مليون دولار مساهمة من مصرف لبنان من اصل تعهد بحوالي 120 مليون دولار. اضافة إلى الوديعة الماليزية المذكورة.

اما المبالغ الموقعة مع المصارف للقطاع الخاص والتي وصل بعضها، واستخدم لتسليف القطاعات الاقتصادية المتضررة من الحرب مباشرة، أو غير مباشرة، فبلغت 944 مليون دولار، وقد بوشرت عمليات اقراض من هذه المبالغ من قبل العديد من المصارف، التي وقعت اتفاقات في هذا الصدد في العام الماضي.

هذه المبالغ الخاصة بدعم الخزينة، خففت خلال العام الماضي من معضلة التمويل لاحتياجات المالية العامة، الا انها لن تكون نتائجها بذات الوقع لهذا العام، باعتبار أن هذه المبالغ لن تكون بالحجم نفسه، خلال هذه السنة كون أكثرية الاموال والمساهمات الاخرى المخصصة هي مشروطة بمشاريع تحتاج إلى قوانين واصلاحات، والى توافق سياسي وليست مخصصة لدعم اعمال المالية العامة.

بمعنى آخر، إن استحقاقات المالية العامة للعام 2008 والمقدرة بحوالى 11مليار دولار، منها حوالى 2.1 مليار دولار

بالعملات الاجنبية، اضافة إلى عجز الموازنة للسنة والمقدر بحوالى 2 1 مليار دولار لن تكون سهلة التجديد، في ظل ازمة سياسية متصاعدة ومناخ من عدم الاستقرار، وان كانت المصارف تتعهد بتمديد الاكتتابات بحدود المستحقات بسندات الليرة اللبنانية. هذا من دون نسيان العنصر الاساسي، وهو متوجبات تمويل الفاتورة النفطية لمؤسسة الكهرباء بالعملات الاجنبية والتي ترهق الخزينة وتتعب مصرف لبنان في الحصول عليها من الاسواق بمعدل 120 مليون دولار شهريا.

4- المديونية العامة وخطورة استمرارية تمركزها

إذا سارت الامور السياسية على حالها من دون تحقيق الاصلاحات فإن حجم الدين العام سيقفل على حوالى 44 مليار دولار، مع استمرار مخاطر تمركز الدين العام، برغم التنوع واتفاقية «ابيكا» التي تفرض على المصرف المركزي تخفيض مديونيته على الدولة من جهة ، وشروط بازل-2 التي ستطبق على المصارف، والتي تحد من توسع القطاع المصرفي في إقراض الدولة، باعتبارها تفرض تكوين مؤونات بزيادة الاموال الخاصة، لتغطية الديون الرديئة والمشكوك بتحصيلها والبالغة حوالى5 .3 مليارات دولار.
وتتوزع الديون الخارجية بما نسبته 88. 6 في المئة على سندات اليوروبوند، ومعظمها مع المصارف اللبنانية. اما ديون الدول والقروض فتقدر بما نسبته 4.11 في المئة، بما يوازي الملياري دولار تقريبا. في حين يحمل الديون الداخلية كل من مصرف لبنان، بما قيمته حوالى 9000 مليار ليرة، وما نسبته

31.4 في المئة من اجمالي هذا الدين، في مقابل 13900 مليار ليرة للقطاع المصرفي، جلها من سندات خزينة بالليرة اللبنانية، اضافة إلى 45 مليار ليرة قروض للمؤسسات العامة. ويتوزع الباقي الجمهور والضمان الاجتماعي والمؤسسات المالية بما نسبته حوالى5 .19 في المئة.

اخيرا، لا بد من التطرق إلى سلامة النظام المالي في لبنان، حيث يشكل انكشاف المصارف على الدين العام نقطة مركزية. هذا الانكشاف من ناحية الاكتتابات بسندات الخزينة بالعملة الوطنية وبالعملة الاجنبية يمتص حوالى 32 في المئة من الميزانية المجمعة للمصارف في لبنان. وفي حال اضافة توظيفات المصارف لدى مصرف لبنان ترتفع هذه النسبة إلى حوالى 51 في المئة من الموجودات المصرفية.

ويعني ذلك أن الدين العام يواجه تمركزا في تمويله، باعتبار أن 50 في المئة منه ممول من المصارف، وحوالى 29 في المئة يموله المصرف المركزي والضمان الاجتماعي ومؤسسة ضمان الودائع، في حين أن 12 في المئة فقط تمولها الجهات الخارجية. وهذا الانكشاف المتبادل يشكل مخاطر رئيسية على الفرقاء كافة. لذلك فان اهمية مساهمات باريس-3 تاتي ضمن خطوة تخفيف انكشاف المصارف المباشر على الدين العام، بما يقلل المخاطر المصرفية، التي تواجه بعض التحسن في معدلات نمو الودائع من جهة، مع تأثر التحويلات من الخارج من جهة ثانية. هذا برغم استمرار المحافظة على نمو معدلات الارباح، باعتبار ما تحقق خلال العام الماضي، واستمر بحكم التراكمات في الارباح والتوسع الجديد، في حين أن تخفيض انكشاف الدين على

المصارف يؤدي إلى توسيع دائرة المكتتبين وبالتالي يسهل استمرارية التمويل بمخاطر اقل. تبقى الاشارة إلى أن احد المصارف الكبرى حقق زيادة في الودائع داخل لبنان بحوالى 1580 مليون دولار وزيادة في ارباحه فاقت الـــ21 في المئة عن العام 2006 ، كذلك فإن بعض المصارف حقق نموا في الودائع خارج لبنان بما يزيد عن المليار و200 مليون دولار مما يعزز متانة القطاع في اطار مواجهة التطورات والتوسع باتجاه الاسواق الجديدة، وبعدما ضيقت التطورات السياسية والامنية الداخلية على توسع حركة الاستثمارات الخارجية وحتى اللبنانية في السوق الداخلية.

2008/1/21

ضرب فرص النمو الاقتصادي
يرفع نسبة البطالة في لبنان

4. 3 مليارات دولار قيمة الصفقات العقارية في 2007. .

لن يستطيع لبنان، نتيجة حال التوتر المستمر في الاوضاع السياسية والامنية، وبرغم تحسن بعض المؤشرات لا سيما النمو الاقتصادي خلال العام 2007، الافادة من فرص النمو الحقيقية التي فوتت عليه رساميل كبيرة تفوق الـــ 4 مليارات دولار خلال السنوات الثلاث الماضية، نتيجة خسارته لفرص زيادة الناتج المحلي بحوالى 20 في المئة قياسا إلى ما تحقق في دول المنطقة الاضعف منه قدرة على جذب الرساميل في الظروف العادية، مثل الاردن وسوريا ومصر.

ومن الطبيعي أن تكون نتائج هذا النمو الضعيف خسارة في خلق فرص العمل، وتزايدا في البطالة التي تعدت نسبتها في آخر الدراسات المصرفية المتفائلة 16 في المئة، وهي اعلى من نسب المنطقة البالغة حوالى5. 14 في المئة. مع العلم أن النسبة في لبنان اكبر بما لا يقل عن 5 في المئة عن نسب بعض دول المنطقة، استنادا إلى احصاءات الضمان الاجتماعي والقطاع المصرفي الأكثر قدرة على التوظيف، باعتبار ان القطاع العام هو

الاضعف استيعابا لفرص العمل الجديدة ولطالبي هذه الفرص. والمؤشر الابرز هو التراجع في القدرة الشرائية وتزايد وتيرة طلب الهجرة من دون فرص عمل خارجية.

ومن ضمن الدراسات المتداولة مؤخرا أن بيروت هي ثالث اغلى عاصمة في المنطقة، وأن الدخل الفردي اللبناني لا يأخذ في الاعتبار نسبة الغلاء من جهة، وطريقة توزيع هذا الدخل المتفاوتة من جهة ثانية. هذه الصورة تؤدي إلى القول إن الغلاء اصاب لبنان أكثر من غيره، لانتفاء عناصر المنافسة وسوء توزيع الدخل القومي، باعتبار أن متوسط دخل الفرد في لبنان، حسب آخر الاحصاءات وحسب تقرير بنك عودة عن العام 2007، هو 6320 دولارا مقابل متوسط في العالم يقدر بحوالى 7011 دولارا، وحوالى 2200 دولار تقريبا في منطقة الشرق الاوسط وشمال افريقيا.

هذه الصورة تستوجب اعادة نظر بجمود الاجور من جهة، وتستوجب دراسة تفصيلية ودقيقة للخلل الحاصل في توزيع الدخل والتقديمات وانعكاسات الغلاء على الطبقات وشرائح المجتمع، باعتبار أن الفارق يكبر مع الطبقة الفقيرة وصاحبة الدخل المحدود والمتدني، لا سيما بعد سنوات التضخم وتراجع القدرة الشرائية لمداخيل الاسر وانقراض الطبقة التوسطة.

مع ذلك، لا يمكن نسيان بعض المؤشرات الجيدة على صعيد القطاعات الاقتصادية والمصرفية والعقارية التي جاءت أكثر من المتوقع واقل من الممكن، على الرغم من تراجع الرساميل الوافدة خلال العام 2007 مقارنة مع العام 2006، وهو عام الحرب ووصول المساعدات لاعادة البناء. فقد بلغت قيمة

الرساميل الوافدة حتى نهاية الشهر ما قبل الاخير من العام الماضي حوالى 8041 مليون دولار، مقابل حوالى 8602 مليون دولار للفترة ذاتها من العام 2006، أي بتراجع قدره 561 مليون دولار، وما نسبته 5. 6 في المئة. كذلك لا يمكن تجاهل تردي الظروف المعيشية والتقديمات الاجتماعية وتراجع القدرة الشرائية والمداخيل الاسرية.

1- تحسن النشاط المصرفي ونمو الارباح

نتائج جيدة يمكن تسجيلها للقطاع المصرفي، على الرغم من الظروف السياسية والامنية التي سادت وتسود لبنان طوال العام 2007، والمستمرة خلال العام 2008، بانتظار بوادر الحلول والتسوية الداخلية وانتخاب رئيس جديد للجمهورية، وهو المرشح التوافقي اسميا العماد ميشال سليمان.
أولا في التفصيل: فقد بلغت الميزانية المجمعة للقطاع المصرفي في نهاية العام 2007 ما قيمته 255. 82 مليار دولار، مقابل حوالى271. 74 مليار دولار لنهاية العام 2006، أي بزيادة قدرها 984. 7 مليارات دولار، بما نسبته 10. 75 في المئة كمعدل سنوي. في المقابل، كانت الميزانية قد زادت خلال العام 2006 حوالى 4 .8 في المئة فقط، بما يوازي تقريبا 6 مليارات دولار.
ثانيا على صعيد الودائع. فقد زادت خلال العام 2007 بما قيمته 594 .6 مليارات دولار، بما نسبته9 .10 في المئة، وهي بلغت حوالى287 .67 مليار دولار، مقابل حوالى 693 .60 مليار دولار لنهاية العام 2006.

اللافت في الامر أن اجمالي ودائع غير المقيمين بلغت في نهاية العام الماضي حوالى 14454 مليار ليرة، أي اقل من 10 مليارات دولار (حوالى5. 9 مليارات دولار). وهي زادت حوالى 6 .326 مليار ليرة، أي ما يقارب 215 مليون دولار، بما نسبته 12. 3 في المئة. وهذه اشارة جيدة على الرغم من الظروف، بما يعني ورود ودائع من غير المقيمين، بعدما كانت نقصت خلال الفترات اللاحقة لاغتيال الرئيس الحريري وحرب تموز. ولا بد من الاشارة هنا إلى ان احد المصارف الاولى في لبنان زادت ودائعه حوالى 1480 مليون دولار خلال العام 2007، أكثرها حصل خلال النصف الثاني من العام.

ثالثا: المؤشر الابرز هو ارباح القطاع المصرفي التي بلغت في نهاية العام 2007 ما مجموعه 846 مليون دولار، بزيادة قدرها 177 مليون دولار عن العام 2006، حيث بلغت حوالى 748 مليون دولار أي بزيادة نسبتها 42. 26 في المئة، وهي افضل من نتائج العام السابق، على الرغم من تشابه الظروف والتعقيدات السياسية والامنية.

2- الأموال الخاصة والديون المشكوك بتحصيلها

رابعا: على صعيد الاموال الخاصة. فقد سجلت نموا جيدا، وكان يمكن أن يكون اكبر بكثير لو اختلفت الظروف، في ظل الفورة النفطية وتفضيل المستثمرين العرب التوجه نحو الاستثمار في القطاع المالي والمصرفي تحديدا. فقد بلغت الاموال الخاصة للقطاع المصرفي حتى بداية الشهر الاول من العام 2008 ما مجوعه 6261 مليون دولار بزيادة 478

مليون دولار عن العام 2006، بما نسبته 26 .8 في المئة. هذا مع العلم ان القطاع المصرفي دخل مرحلة تنفيذ شروط اتفاقية بازل -2 مع بداية العام الحالي، وهي تفرض تعزيز الاموال الخاصة في مواجهة مخاطر الديون المشكوك بتحصيلها.

خامسا: بالنسبة لموضوع الديون المشكوك بتحصيلها فقد بلغت مع الفوائد غير المحققة حتى الشهر الاول من العام الحالي ما مجموعه 5 .5606مليارات ليرة، أي ما يوازي 3737 مليون دولار بتراجع بسيط عن العام الماضي، نتيجة التسويات وتكوين المؤونات التي اعتمدتها المصارف بموجب تعميم مصرف لبنان. إلا أن هذه التسويات لم تنجز وفق المهل المعطاة، مما اوجب طلب المصارف تمديد مدة تكوين الموؤنات والتسويات لفترة اطول، نتيجة تردي الظروف الاقتصادية للزبائن المدينين.

إلا أن حجم المؤونات والضمانات المأخوذة على هذه الديون ما زالت بحدود 2027 مليار ليرة، وهي تراجعت حوالى 10 مليارات ليرة عن بداية العام 2007.

سادسا: تبقى قضية التسليفات المصرفية للقطاعات الاقتصادية التي زادت حوالى 5139 مليار ليرة خلال العام 2007، وهي بلغت حوالى5 .20 مليارات دولار، بزيادة 21. 20 في المئة عن العام 2006. وهذه الزيادة تظهر من خلال ارتفاع قيمة التسليفات لغير المقيمين من المؤسسات اللبنانية في الخارج، بعدما كانت حوالى1 .17 مليار دولار في نهاية العام 2006.

في المقابل، بلغت تسليفات القطاع العام حوالى3 .21 مليار دولار، بزيادة قدرها 603 ملايين دولار، بما نسبته 9 .3

في المئة، وذلك نتيجة توقف المصارف عن التسليفات الا بحدود الاستحقاقات من جهة، ونتيجة الاستعانة بتمويل مصرف لبنان لجزء من المستحقات واطفاء جزء من الدين العام بحدود7 .1 مليار دولار خلال العام الماضي.

3- ارتفاع العقارات والطلب الخارجي

سجل مؤشر كلفة البناء ارتفاعا بنسبة 9 في المئة، نتيجة ارتفاع اسعار مواد البناء بأكثر من 7 في المئة، وكلفة اليد العاملة في هذا القطاع بأكثر من 20 في المئة. ومع ذلك فأن حركة البناء زادت خلال النصف الثاني من العام 2007 بنسبة 52 في المئة، نتيجة تزايد الطلب العقاري حيث بلغت مساحات البناء المرخص لها ما يقارب خمسة ملايين متر مربع، بزيادة أكثر من 48 في المئة عن الفترة ذاتها من العام 2006.

وقد بلغت قيمة الصفقات العقارية التقريبية خلال العام 2007 حوالى 4 3 مليارات دولار، استنادا إلى عدد المعاملات العقارية المسجلة والبالغة حوالى 154158 معاملة، قيمة متوسط المعاملة منها تقدر بحوالى 41 مليون ليرة.

كذلك استنادا إلى الرسوم العقارية المحققة والبالغة أكثر من 460 مليار ليرة.

تبقى اشارة إلى أن الطلب جاء على القطاع السكني، كما لاحظت الاحصاءات أن المستثمرين من المغتربين اللبنانيين وغير اللبنانيين يوظفون في العقارات والقطاع السكني مستفيدين من الفورة النفطية. والدافع الاساسي في هذه التوظيفات يعود إلى كون العقارات في لبنان ما زالت أدنى من اسعار العقارات في الدول المجاورة، التي تشهد نموا ملحوظا على حساب تراجع

ظروف الاستثمارات ومناخ التوظيف في لبنان، بفعل الازمات السياسية المتلاحقة منذ ما بعد اغتيال الرئيس الشهيد رفيق الحريري، وحتى ما بعد حرب تموز الاسرائيلية وما تلاها من الازمات والخلافات السياسية الداخلية.
اما عدد المعاملات العقارية فقد زاد أكثر من 5. 21 في المئة، وأكثرها خلال النصف الثاني من العام 2007، حيث زادت المعاملات خلال هذه الفترة حوالى 38 في المئة، مقارنة مع الفترة ذاتها من العام 2006، حيث كانت فترة ما بعد الحرب الاسرائيلية. كما تظهر النتيجة أيضا من خلال قيمة الرسوم العقارية المحققة، والتي بلغت حوالى 460 مليار ليرة، بزيادة نسبتها2 .32 في المئة عن العام 2006، بعدما كانت تراجعت أكثر من5. 16 في المئة خلال النصف الاول من العام 2007 مقارنة مع النصف الاول من العام 2006.
تبقى اشارة إلى أن أكثر من 43 في المئة من الرسوم استوفيت من عمليات في بيروت، بما يعني أن تمركز العمليات العقارية تتم في بيروت الكبرى، اضافة إلى جبل لبنان الذي سجلت عملياته حوالى 19 في المئة من اجمالي العمليات وقيمة الرسوم. وطبيعي ان تشكل بيروت الثقل الاكبر باعتبارها الاعلى سعرا في العقارات والأكثر طلبا، اضافة إلى كونها تملك مساحات محدودة أكثرها مجمد في وسط بيروت التي جمدت مشاريعها الكبرى وصفقاتها الكبرى بسبب الوضع السياسي والخلافات القائمة، من دون أن تتوقف عمليات شراء الاراضي من قبل المستثمرين العرب واللبنانيين. علما أن معظم الصفقات الاخيرة كانت على العقارات الصغيرة والمتوسطة في شكل عام، وهذا ما خفض قيمة متوسط المعاملة العقارية الواحدة.

4- توزيع ارباح على اسهم الكازينووزيادة عائدات الدولة

تنفيذا لقرار الجمعية العمومية لشركة انترا للاستثمار، فقد باشرت ادارة كازينو لبنان توزيع انصبة ارباح بواقع 15 دولارا عن كل سهم، بما يعني أنها وزعت أو ستوزع حوالي 8. 10 ملايين دولار على 720 الف سهم، هو اجمالي عدد اسهم الكازينو التي حققت ارباحا تفوق 60 مليون دولار سنويا.

في موازاة ذلك تحقق الدولة ضرائب بنسبة 10 في المئة على هذه التوزيعات، اضافة إلى ارتفاع ايرادات الدولة من الكازينو من 30 إلى 40 في المئة، بعد تعديل عقد الاستثمار، مما يرفع عائدات الدولة إلى أكثر من 25 مليون دولار تقريبا.

اما توزيعات انصبة الارباح على الاسهم فهي تعود لعائدات العام 2006، مع تأكيدات من مصادر رسمية أن توزيعات اخرى ستتم خلال العام 2008 عن ارباح العام 2007، بما يقارب التوزيع السابق. مع الاشارة إلى أن أكثر من اربعة توزيعات تمت خلال السنوات الخمس الماضية.

وعلم أيضا أن المشكلة بين وزارة المالية وادارة الكازينو مازالت قائمة حول الحسابات السابقة وحصة الدولة وانها تعالج تدريجيا. اما طرح اسهم الكازينو في بورصة بيروت فسيتم فور انتهاء المشكلة المالية مع الدولة وتصديق الحسابات من قبل المالك الاكبر أو المساهم الاكبر، أي شركة انترا للاستثمار.

2008/2/18

تصاعد التوتر في المنطقة مع ارتفاع النفط
ينذران بمضاعفة أزمة الطاقة وتزايد الغلاء

1100 مليون دولار عجز الكهرباء في 2008
مع تقليص الإنتاج وزيادة ساعات التقنين

دخل لبنان مرحلة من التوتر السياسي والامني الاقليمي والدولي، اضافة إلى الداخلي، ما جعله يعيش مرحلة اليوم بيوم، حتى لا نقول أكثر من ذلك، على الصعيدين الاقتصادي والاجتماعي، باعتباره الأكثر تأثرا والحلقة الاضعف في منطقة الصراعات المفتوحة على كل الاحتمالات، من الحرب إلى السلم، تبعا لمصالح الدول المتصارعة من حوله والخدمات التي يقدمها الاطراف الداخليون بخلافاتهم إلى حلفائهم في «الخارجين» القريب والبعيد على حساب لبنان ومن رصيده الضعيف اصلا.

وتعني مرحلة اليوم بيوم بالنسبة إلى لبنان، باعتباره لا يملك القدرات المالية والمخزون من الاموال الخاصة، التي تمكنه من مواجهة اعباء الغلاء للسلع الاستراتيجية في حال التوتر من جهة، ولكونه يعتمد على القطاعات الاقتصادية التي لا تقوم الا في ظل الاستقرار لتحقيق النمو الاقتصادي من جهة ثانية، وكذلك لكونه

يعتمد على مساعدات الدول المانحة العربية والاجنبية للنهوض من ازماته المالية وعجز موازنته، وهي مساهمات تتطلب بدورها دولة موحدة وحكومة واحدة ومؤسسات تنفذ تعهدات الدولة ازاء المجتمع الدولي والمؤسسات الدولية التي تدعم الاصلاحات وتهرب من الخلافات. هذه العناصر كلها تحاصر لبنان وتجعله يتخبط بالهموم اليومية التي تشكل الشغل الشاغل للحكومة الحالية والقطاع الخاص اللبناني، الذي بدأ منذ اشهر طويلة، يقتنع بضرورة ايجاد فرص استثمار اخرى في الخارج، هربا من المخاطر الداخلية.

فكيف الامر بالنسبة للأفراد؟

اما هموم الاستحقاقات المالية للدولة فإن مشكلة تمويل عجز الكهرباء تبقى الاكبر فيها، اضافة إلى استحقاقات الديون الخارجية من سندات اليوروبوند وسندات الخزينة الداخلية بالليرة اللبنانية.

فعلى صعيد الاستحقاقات الخارجية لسندات اليوروبوند لكامل العام 2008 والبالغة حوالى 2 .2 مليار دولار، فقد علمت «السفير» ان وزارة المالية كلفت بنك عودة وكريدي سويس لاجراء استبدال هذه السندات وتمديد آجالها لحوالى خمس سنوات بفوائد السوق، باعتبار ان القسم الاول من هذه السندات يستحق في نهاية آذار الحالي، بما قيمته حوالى 870 مليون دولار بفوائد قدرها 375. 7 في المئة، على ان يتولى المصرفان المذكوران القيام باستبدال كامل الاستحقاقات خلال الفترة الراهنة، باعتبار ان التطورات السياسية والامنية تستوجب انجاز القسم الاكبر، تلافيا لتطورات من شأنها ان تزيد المخاطر على لبنان، لا سيما ان اسعار الفائدة اليوم تعتبر ملائمة نتيجة انخفاضها في الخارج،

على الرغم من تخفيض تصنيف لبنان من قبل مؤسسة واحدة هي «ستاندرند اند بورز».

تبقى اشارة إلى أن تكليف بنك عودة جاء باعتبار أن مصرف عودة يحمل القسم الاكبر من البوندات المستحقة خلال العام 2008 بما يوازي 500 مليون دولار في حين يحمل لبنان والمهجر حوالى 150 مليون دولار وبنك بيبلوس حوالى 50 مليون دولار. ومن شأن هذه العملية ان تسهل اعادة الاستبدال مع زبائن هذه المصارف. اشارة اخرى إلى أن القسم الثاني من الاستحقاق يعود لشهر آب المقبل وفائدته حوالى 10. 125 في المئة. وتفيد مصادر في مصرف لبنان أن التجديد قد يتناول حوالى5. 1 مليار دولار من اصل 2. 2 مليار، باعتبار أن لدى الخزينة بعض الاجزاء من قيمة هذه المستحقات.

1- من الأزمة المعيشية وهموم المستهلك

لا احد يشعر بوطأة ارتفاع الاسعار المتصاعدة، منذ اشهر طويلة، أكثر من صاحب الدخل المحدود والمتوسط من اصحاب العائلات، من دون وجود أي عناصر داعمة للقدرة الشرائية مع استفحال تردي التقديمات الصحية والاستشفائية عبر الضمان وغيره، ولا مجال هنا لتعداد حالات الاستغلال والاذلال التي يتعرض لها المواطن المضمون من تعرفات المستشفيات واسعار الدواء، هذا اذا وجد له مكانا لدخول المستشفى، مع مراجعات واستجداءات العصابات المشتركة المعنية بين المؤسسات المسؤولة عن الشأن الصحي، ناهيك بتأخر المعاملات والفواتير بعشرات

الآلاف التي تخسر القسم الاكبر من قيمتها على طريق التضخم والغلاء، ما يجعل المضمون يتحمل أكثر من 70 في المئة من كلفة علاجه بدلا من العكس أي تحمله 30 في المئة. كل هذا يحصل بينما القائمون من وزراء مستقيلين ووكلاء يتلهون بالعودة لممارسة مهمامهم من باب تركيبة مجلس الادارة والتعيينات وتخليص المعاملات وتمرير النقابات. مع التأكيد هنا أن مجالس ادارة الضمان منذ التركيبات السياسية والمذهبية على مدار السنوات العشرين الاخيرة لم تتخذ أي قرار يفيد المضمون أو صاحب العمل من حيث تحسين التقديمات أو التعويضات أو تخفيف مبالغ التسوية لضم خدمات المضمونين العاملين عند أكثر من صاحب عمل في احتساب تعويضات نهاية الخدمة بعد 20 سنة خدمة أو بلوغ السن، باعتبار ان الاداء السائد من قبل وزراء العمل المتعاقبين، كان يسهل عمليات الصرف من الخدمة لعشرات الآلاف من المضمونين سنويا بدافع الترك المبكر نتيجة الاوضاع الاقتصادية أو بحجتها من دون السؤال عن امكانية السعي لضمان استمرارية عمل العمال.

اما تصحيح الاجور فهو قضية قائمة بذاتها، على الرغم من الاقتناع المتأخر لاصحاب العمل بضرورة هذا التصحيح النسبي، باعتبار أن كل المؤشرات اكدت على وجود تضخم يفوق الـــ15 في المئة منذ حرب تموز وحتى اليوم، مع العلم بأن الاجور جامدة عند الحد الأدنى منذ العام 1996، ما افقدها أكثر من نصف قيمتها، مع تراجع القدرة الشرائية لدى الاسر بشكل عام نتيجة تزايد البطالة وتراجع عدد المنتجين في الاسرة وارتفاع وتيرة البطالة إلى ما فوق الـــ16 في المئة، وهو رقم اعلى من متوسط

البطالة في المنطقة عموما. ولم ينته هم المواطن عند القضية المعيشية بل هو يعيش مرحلة اليوم بيوم نتيجة القلق والخوف من التطورات السياسية والامنية الداخلية، ومن الخطاب السياسي الذي لا يراعي مستقبل العائلات والشباب، ما يزرع التوتر لحساب مصالح اقليمية تنعم بالنمو الاقتصادي على حساب نمو القلق وعدم الاستقرار في لبنان.

2- أزمة الكهرباء من ارتفاع العجز إلى زيادة التقنين

ليس المواطن وحده يعيش مرحلة «اليوم بيوم» باعتبار أن المؤسسات الخدماتية الاساسية دخلت هذه المرحلة منذ مدة طويلة، لكن من دون أن يشعر بها المواطن إلا من خلال تردي الخدمات بصورة متقطعة.

من بين هذه المؤسسات القضية الاكبر هي مؤسسة كهرباء لبنان، التي تعاني مشكلة نقص المحروقات بصورة دائمة وتحصل على احتياجاتها اسبوعيا، من دون التمتع بأي مخزون لدى أي من المعامل، بدليل ما حصل ويحصل من زيادة التقنين المفاجئ ومن دون معرفة الاسباب، وهذا امر بمنتهى الخطورة في ظل الاوضاع السياسية والامنية السائدة في المنطقة من جهة، وفي ظل الارتفاعات الكبيرة في اسعار النفط التي لامست الــ103 دولارات للبرميل في الاسبوع الماضي وهو امر سيزيد من صعوبة تمويل احتياجات الكهرباء في الفترة المقبلة نتيجة تردي وضع المالية العامة.

تقول المعادلة إن كل زيادة بمعدل دولار واحد على برميل النفط ترفع عجز الكهرباء بقيمة 15 مليون دولار تبعا لاحتياجات

المؤسسة من مادتي المازوت والفيول اويل السنوية. فاذا كانت قيمة العجز خلال العام الماضي اقفلت على 900 مليون دولار مع الارتفاع الكبير في معدلات التقنين وتقليص كميات المحروقات المستوردة بأكثر من 15 في المئة، بعد مفاوضات مع الجانبين الكويتي والجزائري الموردين للمحروقات، فكيف سيكون الامر مع الارتفاعات الكبيرة الحاصلة؟

تفيد التقديرات الاولية أن عجز مؤسسة كهرباء لبنان، على اساس الوضع الحالي سيزيد عن المليار و100 مليون دولار وفقا لاسعار النفط اليوم. هذا اذا ما استمرت الجباية على حالها وتحسنت بقيمة 150 مليار ليرة لتصل إلى حوالى 1100 مليار ليرة نهاية العام 2008، وهو امر في منتهى الصعوبة في ظل تردي الظروف السياسية والامنية الحاصلة والسائدة حاليا.

اما الخطورة الكبرى فهي عدم وجود مخزون للمحروقات في خزانات كهرباء لبنان ومعاملها وكذلك في المصفاتين، حيث الكميات المتوافرة لا تكفي البلاد لأكثر من ايام معدودة في كل المعامل. والسؤال البديهي ماذا يحصل لو حصلت تطورات عسكرية أو حربية في المنطقة وليس في لبنان؟

هنا الكارثة الكبرى التي تنذر بأزمات مفتوحة وليس بمجرد تقنين لساعات محددة في المناطق وبيروت. الحل في فترات السلم والجاري بحثه حاليا يقوم حول عنصرين لتخفيف العجز عن طريق زيادة التقنين عن طريق تقليص كميات المحروقات المستوردة ما يوفر حوالى 150 مليون دولار على حساب المستهلك الذي سيبحث عن البديل في المولدات الخاصة، وزيادة الجباية وهو امر لا يحقق أكثر من 150 مليار ليرة، هذا لو ازيلت أكثر التعديات

وتجاوب أكثر المشتركين البالغ عددهم حوالى المليون و150 الف مشترك بحسب آخر الاحصاءات وهو امر لا يتحقق في ظل الانقسام السياسي السائد.
لقد كانت كل المعطيات الخارجية تشير إلى ان اسعار النفط العالمية تسير باتجاه المزيد من الارتفاعات نتيجة عوامل عدة، منها السياسي ومنها ما يتعلق بتحكم عدد من الشركات الاميركية والمتعددة الجنسيات الكبرى، وعددها لا يزيد عن السبع شركات، بمقدرات الاسواق من انتاج النفط وتكريره وصادراته، بحيث تقع النتائج على الدول الفقيرة قبل الدول الصناعية الكبرى التي تشعر بالازمات وارتفاعات الاسعار بعد اشهر من حصولها، خلافا للدول الفقيرة التي تشتري بالاستدانة لتأمين احتياجاتها الدورية من دون مخزونات احتياطية أو استراتيجية، بسبب اوضاعها المالية العامة وغالبيتها من الدول المستهلكة. مع الاشارة هنا أيضا إلى أن 70 في المئة من الكميات المنتجة تستهلك في الدول الصناعية والدول الغنية، مقابل حوالى 30 في المئة نسبة استهلاك الدول الفقيرة.
وقد طاولت التأثيرات تقارير صندوق النقد الدولي الذي عدل توقعاته للنمو العالمي برفع تقديراته من 3. 4 إلى 9. 4 في العام 2006، محذرا من أن التأثير الكامل لارتفاع الاسعار لم يظهر حتى الآن.

3- لبنان أكثر المتضررين وأقل المستفيدين

ويقع لبنان في قلب الدول المتضررة من ارتفاعات اسعار النفط العالمية، بعدما لامس السعر 103 دولارات بعدما كان

متوسطه 74 دولارا للبرميل، وهو سعر تاريخي، مع العلم بأن الضرر على لبنان يتخطى سعر برميل النفط إلى معدلات ارتفاع اسعار المشتقات النفطية التي غالبا ما ترتفع أكثر من النفط الخام. ويمكن قراءة الانعكاسات على السوق اللبنانية بأكثر من اتجاه:

1- الاتجاه الاول والأكثر كلفة هو تأثير ارتفاع سعر الفاتورة النفطية على عجز مؤسسة كهرباء لبنان التي تعتمد على استيراد المازوت (غاز اويل) والفيول اويل لتشغيل معامل الانتاج، وهي تستهلك حوالى المليوني طن من المادتين، على سعر وسطي اليوم يفوق الــ950 دولارا تقريبا للطن بزيادة أكثر من 70 في المئة عن متوسط العام الماضي وكذلك سعر طن الفيول اويل الذي ارتفع إلى 495 دولارا، ما يرفع كلفة فاتورة المحروقات للكهرباء إلى حوالى 1.1 مليار دولار، وهي تعاني اصلا من عجز سنوي يفوق 900 مليون دولار للعام الماضي على سعر 72 دولارا للبرميل. وهذا يعني أن الخزينة سيزيد عجزها بنسبة ارتفاع عجز الكهرباء، مع العلم أن فاتورة المازوت بشهر واحد زادت 30 مليون دولار نتيجة ارتفاع سعر المازوت إلى مافوق 900 دولار للطن. وستصيب كلفة المازوت المواطنين بغلاءات جديدة تفوق الــ20 في المئة، وكذلك الفواتير على الافران والمستشفيات والصناعيين والمزارعين، باعتبار أن مدة دعم المازوت قد انتهت مع انتهاء فصل الشتاء، مكلفة الخزينة 55 مليار ليرة تقريبا. يضاف إلى ذلك ارتفاع اسعار اشتراكات الكهرباء في المولدات الخاصة، وهذا امر مكلف على المؤسسات والافراد. كذلك فقد ارتفعت اسعار البنزين إلى حوالى857 دولارا للطن ما يعني أن اسعار المازوت

تخطت اسعار البنزين وأن زيادة جديدة على اسعار البنزين ستأتي تباعا.

2- النقطة الثانية تتعلق بانعكاس اسعار النفط العالمية على عجز ميزان المدفوعات نتيجة تأثر الميزان التجاري الذي يفوق عجزه حوالى 9 مليارات دولار في العام الماضي، وإن ارتفاع الفاتورة النفطية لاستيراد حوالى 6. 4 ملايين طن من المشتقات النفطية إلى ما يزيد عن7. 3 مليارات دولار هذا العام وفقا للأسعار الحالية، سيزيد من كلفة العجز في الميزان التجاري، وانسحابا على ميزان المدفوعات الذي يشكل ابرز المؤشرات الاقتصادية على تدفق الرساميل.

3- هناك النقطة الاهم بالنسبة لعدم استفادة لبنان من ايجابيات ارتفاعات اسعار النفط وتوافر السيولة لدى الدول الخليجية لاستقطاب الرساميل، وذلك نتيجة عدم الاستقرار السياسي في البلاد بين اهل الحوار واقطاب السلطة. فلو استطاع لبنان تحقيق مناخات الاستثمار بالحد الأدنى لفاقت حركة الرساميل الوافدة الـــ12 مليار دولار خلال العام 2007، بدلا من حوالى 8 مليارات دولار فقط. وهذه النقطة بالذات كانت كفيلة بتخفيف حدة الوطأة على الاقتصاد والدولة اللبنانية، وبالتالي على الشعب اللبناني من خلال خلق فرص العمل والتوظيفات الجديدة.

4- الأسواق والمؤثرات الخارجية

وبالعودة إلى الانعكاسات الخارجية، فإن احدا من الخبراء النفطيين لا يتوقع أي انخفاضات قريبة لاسعار النفط العالمية،

نتيجة التوتر السياسي وحال الحذر الذي تثيره المشكلة حول المفاعل النووي الايراني مع المجتمع الدولي، حيث تلجأ الشركات الكبرى، ومعها بعض الدول، إلى التعاقد على كميات وتأمين المخزون الاضافي لاشهر، ما يجعل الانتاج يوازي الاستهلاك ويفوقه احيانا نتيجة الحذر والاحتكار. وتؤكد المعلومات المتوافرة أن اسعار النفط تسير باتجاه عدم الانخفاض القريب نتيجة الاسباب الآتية:
إن الطاقة القصوى للانتاج العالمي اليوم تقدر بحوالى 86 مليون برميل، وإن الاستهلاك العالمي الذي يرتفع خلال شهري ايار وحزيران عادة يقارب 85 مليون برميل من دون المخزون الذي يتم التعاقد عليه فيقلل الكميات المعروضة على المطلوبة، مع العلم بأنه ولو توافرت كميات النفط الخام بما يفوق حاجة الاستهلاك، فان عدم توافر المصافي لتكريرها يجعل النقص قائما والطلب إلى تزايد.
في المقابل، ان القدرة القصوى لزيادة الانتاج لدى دول اوبيك هي بحدود 2.5 مليون برميل فقط، وهي كميات غير كافية لاعادة توازن السوق خلال الفترة القريبة. مع الاشارة إلى أن اجمالي انتاج دول اوبيك في نهاية العام 2007 وحسب احصاءات المنظمة ذاتها بلغت حوالى 30 مليون برميل يوميا، منها حوالى 3.8 ملايين برميل تنتجها ايران.
بحسب تقرير وكالة الطاقة العالمية (انترناسيونال انرجي اجنسي)، فان مؤشر النمو في الصين وحدها ارتفع في العام بنسبة ملحوظة في الربع الاخير. أي باستهلاك قدره 1.08 مليون برميل يوميا. ومن المتوقع ان يرتفع حوالى 7.5 إلى 8 في المئة خلال

العام الحالي. وكذلك مؤشر النمو في الهند الذي ارتفع أكثر من 8 في المئة في العام الماضي، ويتوقع أن يرتفع بنسبة قريبة خلال العام الحالي، كما ارتفع معدل الشرق الاقصى إلى حوالى 8 في المئة، في حين أن معدل النمو العالمي كان بحدود 3 في المئة.

تزايد التوتر في المنطقة العربية ووجود حالة من عدم الاستقرار في المنطقة والعالم، وخصوصا في بعض الدول من اعضاء منظمة الاوبيك ومنها العراق، اضافة إلى الوضع بالنسبة للأزمة الايرانية التي ترفع نسبة الحذر والتوتر في الاسواق. وهذا الوضع ادى إلى عجز في تأمين كميات البنزين في الولايات المتحدة الاميركية، الدولة الأكثر استهلاكا للنفط، والتي تحتفظ بمخزون احتياطي ضخم جدا، اضافة إلى المخزون الاستراتيجي الذي تملكه الدولة الاميركية كمخزون للطوارئ والغايات الحربية.

واما بالنسبة للعراق فإن انتاجها اليومي حاليا يقدر بحوالى المليوني برميل، ولا كميات تذكر بالنسبة للتصدير في ظل الظروف الحالية في العراق.

2008/3/3

أسئلة اجتماعية اقتصادية حول نتائج
حرب "المرحلة الجديدة"

لا يمكن الخروج في ظل الأزمة الأمنية الناجمة عن «استباحة بيروت» ومؤسساتها، بفعل الأزمة السياسية بين المعارضة والموالاة، وتحت شعارات مختلفة الظاهر، منها ما هو غير مقنع، سواء في البديهيات والباطن، لأن ذلك أخطر بكثير مما يتوقعه منفذوه على المديين المتوسط والقريب. إن عدم الإقناع غير متوافر لا في مضمون أداء الحكومة وقرارتها الاخيرة ولا في ردة فعل المعارضة، وفي مقدمها أداء حزب اللـه، المتضرر الوحيد من رصيده في الداخل والمحيط. من هنا، ليس هناك أي تبرير يعفي الجميع من مسؤوليات شرذمة البلاد ومؤسسات الدولة وتقطيع أوصال الوطن على اللبنانيين ومناطقهم وأعمالهم، بحجة الدفاع عن حقوقهم ومصالحهم، بإيجاد التسويات المشرفة لهذه المرجعية أو تلك، ولهذه القوى الخارجية والاقليمية أو تلك.

وتشاء الظروف أن تترافق الضغوط والأزمات الأمنية والسياسية مع ضغوط الغلاء وارتفاعات الأسعار الخارجية، ليواجه المجتمع اللبناني ومؤسساته قلقين: الاول داخلي، وهو القلق على المصير من انزلاق المقاومة في زواريب الحرب الداخلية، مما

يوسع الانشقاق الداخلي، كما هو القلق على الحياة والمؤسسات ومصادر الرزق. أما الثاني فهو خارجي، ومصدره القلق من تزايد الأعباء الإضافية الناجمة عن أزمات تموينية من جراء نقص التموين وتوقف الصادرات، مما يزيد الأسعار للسلع الموجودة من جهة، إضافة إلى الارتفاعات الخارجية لأسعار النفط والسلع الغذائية التي تزيد من إضعاف القدرة الشرائية لدى الأسر، في ظل أزمة التهافت على المواد الغذائية والاستهلاكية من جهة أخرى. هذه صرخات ستظهر تباعا ما لم يتم تدارك الازمة الامنية والسياسية بحلول لا يبدو أنها متوافرة في ظل أداء بعض القوى السياسية ذات الارتباطات المتشعبة في غير اتجاه.

1ـ ارتفاع النفط أساسي في الغلاء وعجز الكهرباء

ومن بين أبرز نقاط المؤثرات الخارجية الضاغطة، هو الارتفاع القياسي لأسعار النفط المستمر والمتوقع له أن يتخطى 150 دولارا. وكذلك أسعار المشتقات النفطية من مازوت وبنزين وفيول أويل وغاز منزلي، مما يرهق الخزينة بارتفاع عجز الكهرباء وجيوب أصحاب الدخل المحدود الذين سيتحملون ارتفاعات أسعار الوقود للسيارات والمنازل والمولدات الخاصة.

إشارة هنا إلى أن أسعار النفط ارتفعت بنسبة 28 في المئة خلال الاشهر الاربعة الاخيرة، وهي زادت بنسبة 400 في المئة منذ عام 2001 وحتى اليوم، وهذا يفسر العجز المتصاعد لمؤسسة كهرباء لبنان، من 250 مليونا في بداية الألفية الثانية إلى حوالي المليار ونصف المليار دولار على الأسعار الحالية لطن المازوت بحوالي 1020 دولارا، وسعر 790 دولارا لسعر طن الفيول اويل

تقريبا، مع العلم أن القسم الأكبر من الاستهلاك يعتمد على المازوت، وهو بات يفوق بأسعاره سعر طن البنزين وللمرة الاولى في التاريخ، بما يوازي 75 إلى 100 دولار، باعتبار أن طن البنزين تسليم حزيران يقدر بحوالى 950 دولارا.

إشارة هنا إلى أن مؤسسة الكهرباء قدرت عجزها للعام 2008 بحوالى 1495 مليار ليرة على سعر طن للمازوت بحوالى 700 دولار، وهو يفوق اليوم 1000 دولار، أي بزيادة تفوق 40 في المئة. كما تقدر العجز على أساس سعر 410 دولارات، وهو اليوم تخطى الـ600 دولار. وهذا يعني أن قيمة مستوردات النفط ستزيد حوالى 40 في المئة عن المقدر، بما يعني ارتفاع العجز من حوالى المليار دولار إلى أكثر من مليار و400 مليون دولار، وهذا يفسر التأخير في عمليات فتح الاعتمادات للحد من الاستهلاك وتخفيض كلفة الانتاج وتقنين التوزيعات.

والخوف الاكبر هو ان يصل سعر برميل النفط إلى حدود الـ200 دولار، وعندها تفوق عجوزات الكهرباء عجز الموازنة العامة المقدرة بحدود الملياري دولار سنويا، وهنا الازمة الفعلية التي لن تجد طريقها إلى الحل، وكذلك كارثة أعباء كلفة النفط على المداخيل الصغيرة التي ضاع تصحيح أجورها المجتزأ في خضم الحرب الجديدة والازمة المستجدة، حيث لا وجود للمطلب المعيشي أمام تهديد الحياة نفسها.

2ـ أسئلة مشروعة لنتائج حرب «المرحلة الجديدة»

وفي أزمة فريدة مماثلة لتلك التي يعيشها لبنان بعد القرارات الحكومية و«اجتياح بيروت»، لا بد من التوقف أمام جملة أسئلة

أساسية تخص الازمة الاقتصادية والمعيشية للناس والقطاعات التي تخاض هذه الحروب باسمهم وعليهم قسرا.

أولا: هل كان يقدر أي من الفرقاء السياسيين الذين اتخذوا قرار الحرب على بيروت، وقرارات الحكومة التي اعتبرت انها السبب في هذه الحرب، حجم الضرر الذي ينتظر الفقراء والطبقات الوسطى وأصحاب المؤسسات على الصعيدين الاقتصادي والاجتماعي والمعيشي على المديين الآني والقريب؟

ثانيا: هل كان هؤلاء يعرفون حجم المآسي والضحايا التي لا تقدر بأثمان، والكوارث التي ستحل على عائلات ومناطق بأكملها ولا يمكن تعويضها، لا بالتعويضات الرسمية ولا بالمساعدات الخارجية المشروطة أو بالإملاءات السياسية على حساب لبنان وشعبه، لمصالح إقليمية ودولية، وأكثرها مشروط مقابل خدمات وخطوات نحصد نتائجها تباعا؟

ثالثا: وهو سؤال لا بد من التوقف عنده طويلا، وهو أن النزول إلى الشارع كان بدعوة من الاتحاد العمالي العام احتجاجا على الوضع المعيشي والغلاء ومطالبة بتصحيح الأجور، فأين أصبح تصحيح الأجور؟ وهل حلت الأزمة المعيشية بعد تهديد الناس في حياتهم والقضاء على ما تبقى من قدراتهم الشرائية، بحرمان الآلاف من فرص عملهم وإقفال مؤسساتهم؟

رابعا: كيف ستكون الصورة المقبلة لعلاقات الموظفين والعاملين في الإدارات والمؤسسات بعد الشرخ الكبير الذي أحدثته التطورات الأمنية في العاصمة والمناطق، وكيف ستكون علاقة المسؤولين بموظفيهم والأساتذة بطلابهم والطلاب في ما بينهم؟ فعلا هي مرحلة جديدة في الحياة اللبنانية، وليس السياسية

فقط، وهذا هو الانقسام الأفقي في العمل الإداري بعد الانقسام العمودي في السياسة.

خامسا: هناك آلاف العمال يعملون ويعيشون بشكل يومي ومنهم من يعمل بالفاتورة، فمن يعمل يأكل ومن يعطل يحسم عليه ويعجز عن تحصيل عيشه، وهذه ميزة أساسية من عمالة مرفأ بيروت مثلا، فهل يعرف القائمون على الخلافات السياسية والحريصون عليها لمصالح خاصة أو إقليمية وخارجية أن كل المؤسسات التجارية المعطلة في العاصمة مدينة وتعاني من جمود أصلا، ومهددة بالركود والإقفال، قبل التحرك الأخير الذي قضى عليها؟

سادسا: لن نتطرق إلى الأضرار الاقتصادية والخسائر اليومية للمرافق الاقتصادية والمؤسسات العامة المقفلة، باعتبار أن الاضرار الحاصلة مشابهة تماما لأضرار الاعتداءات الاسرائيلية للبنان من حيث الحصار وإقفال المرافق العامة ووقف الصادرات الزراعية والصناعية اللبنانية، وهو أمر يعود بالضرر على المنتج والمستهلك الذي يدفع ثمن الحرب والسلم. ولكن السؤال هو: من القادر على تلافي حجم الأضرار وتحملها في مواسم مهددة أصلا ومضروبة في أكثرها بحكم الظروف الطبيعية؟

سابعا: أضرار المالية العامة والخزينة يمكن يحصرها من خلال تردي الإيرادات وتوقف عائدات المطار والمرفأ، وهي من الروافد الاساسية لواردات الخزينة التي تعاني عجوزات كبيرة أصلا. فعائدات الخزينة مع طيران الشرق الاوسط وحركة المطار يمكن أن تصل إلى ما بين 50 إلى 60 مليون دولار يوميا، وهي ذات انعكاسات متشعبة ترتد على سائر القطاعات، وتؤمن القدرة

على الإيفاء بالتقدمات الاجتماعية وتوفير احتياجات كهرباء لبنان التي تفوق الـ120 مليون دولار شهريا كعجز مقدر وفقا لتطورات أسعار النفط وتردي الجباية، بفعل مقاطعة المناطق للدولة اللبنانية وعدم الاعتراف بحكومتها. فهل يعرف القائمون على القرارات الحكومية والمعترضون عليها مدى الأضرار المقبلة على خدمات المواطنين العاجزين عن خدمة لقمة عيشهم؟

ثامنا: هل يعرف هؤلاء حجم انعكاسات شلل البلاد والمؤسسات في القطاع الخاص على تعزيز عناصر الهجرة والبطالة، ومدى الضرر الأكبر، وهو ضرب موسم الاصطياف للسنة الثالثة أو الرابعة على التوالي، لحساب تعزيز النمو الاقتصادي في العديد من الدول المجاورة، كما حـصل خلال السنوات الثلاث الماضية؟

تاسعا: هل أخذ المتسببون في شلل بيروت، بقرار واع أو غير واع، مدى الانعكاسات الخارجية على سمعة لبنان ومصداقية قطاعاته والتزاماتها الخارجية، بتغييب عنصر الاستقرار الأمني بعد عنصر عدم الاستقرار السياسي والاقتصادي الذي كان يسعى للخروج من خسائره التي راكمتها الأحداث منذ الاجتياح الاسرائيلي حتى اليوم؟

عاشرا: هل يظن المتخاصمون أن الاموال السياسية لبعض الاحزاب والقوى تصنع بلادا واقتصادا، وتؤمن مستقبل فرص العمل لأكثر من 40 ألف طالب فرصة عمل من متخرجي الجامعات والمهنيات في لبنان؟

حادي عشر: هل يعرف كل الأطـراف أن الخسـارة الأكبر في انعـزال اقتصادات المناطق التي ستخلفها النزاعات

الطائـــفية والمذهبية وانعكاسها على طبيعة الاستخدامات في المناطق؟

في الحقيقة، إن آخر ما يفكر فيه المسببون لما آلت اليه الظروف في البلاد هو مصلحة الشعب والقطاعات والمجتمع اللبناني، الذي يخوضون باسمه حروب المكاسب وتحقيق الانتصارات الوهمية التي ستنكشف قريبا عن انتصارات شكلية بالمفرق وخسائر عضوية كبيرة في الجملة، باعتبارهم لم يعرفوا ولم يتعلموا يوما من تجارب بيروت وأزمات بيروت خصوصا ولبنان بشكل عام.

أما السؤال الأخير، وهو من دون ترقيـــم، فهو أن التطورات الأخيرة أدت ومن دون أدنى شك إلى القضاء على أية فعالية واستقلالية لكل تحرك معيشي مطــلبي مقبل، وهذا من أخطر مراحل انهيار ما تبقى من الحركة المطلبية للطبقة العامـــلة في لبنان، والتي لن تجد نفسها لسنوات طويلة بسبب إضاعتها للحيز الصـــغير من استقلاليتها، وبالتالي، مصداقيتها بفعل ضياع الحـــيز الأخير من مظاهرها الديمـــوقراطية في التحـــرك، وهذه أخطـــر المظاهر في فقدان لبنان صورته النقابية بعد الإعلامية.

أما الجواب الأبرز عن كل هذه التساؤلات والمحاذير، فهو في أن من يغامر بمصير البلاد ويأخذها إلى المخاطر بالجملة، في إعادته لأجواء الحرب الأهلية، لا يمكن أن يهتم بتفاصيل الأزمات والنتائج اللاحقة لمثل هذه المغامرة على شرائح وقطاعات المجتمع الأهلي بالمفرق.

2008/5/12

العناوين الاجتماعية والإصلاحية من ورقة
باريس 3 إلى "رؤية المجلس الاقتصادي"

على الرغم من الدعوات إلى المصالحات السياسية على أكثر الخطوط الخلافية
الداخلية، والتقارب الحاصل بين أكثر من فريق في الموالاة والمعارضة، من
مصالحات الحزب الاشتراكي وحزب الـله، والتأسيس لمصالحات مماثلة بين
تيار المستقبل وحزب الـله، إضافة إلى محاولات الرابطة المارونية إيجاد
أرضية للمصالحة المسيحية؛ على الرغم من كل هذه الأجواء، بعد مبادرات
النائب سعد الحريري باتجاه الشمال والبقاع وغير منطقة، وبالنظر إلى أهمية
هذه المبادرات، فإن الحوار الاقتصادي الاجتماعي يجب أن يأخذ حيزه في
هذه المحاولات لكي تأتي المصالحات بنتائج ولو جزئية، باعتبار أن القضية
الاجتماعية الاقتصادية تغلق بابا أساسيا من أبواب التوتر والخلافات
والاستغلالات للازمة المعيشية في شعارات وأغراض انتخابية، لتحقيق مكاسب
على الشأن الاجتماعي. ولقد كان النائب سعد الحريري أول المتنبهين لهذه
الاهمية في إطلاق الحوارات الاقتصادية والاجتماعية، على المستوى الوطني،
وذلك من خلال كلمته في الإفطار الذي أقامه في الاسبوع الماضي للهيئات
الاقتصادية والمصرفية، بحضور

حاكم مصرف لبنان رياض سلامة، ونقابات الصحافة والمحررين وبعض المهن الحرة، وجمعيات التجار وغرف التجارة في بيروت والمناطق. وكان التوجه إلى الهيئات من باب الدعوة لاستخدام دورهم في التأثير في الأداء على مستقبل البلاد، من خلال المساهمات في نهوض الاقتصاد وهيئات المجتمع المدني، وإمكانية استعادة لبنان لدوره في المنطقة كمركز استقطاب للرساميل وخلق فرص العمل للشباب. وعلم في هذا الصدد أن بعض أركان القطاعات الاقتصادية تلقفوا دعوة الحريري بجدية بالغة لتنظيم حوار وطني حول الشؤون الاقتصادية والاجتماعية، في ظل الازمات التي تعيشها البلاد، على أمل التحضير لمؤتمر ينطلق أواخر العام الحالي، على غرار المؤتمر الذي نظمه الرئيس الشهيد رفيق الحريري في الـ«كورال بيتش» في أواسط التسعينيات، عندما كان لبنان يمر بأزمة مالية واقتصادية استدعت في ما بعد تحضير مؤتمر باريس 2. المرحلة الراهنة أصعب من الفترات الصعبة بشكل عام، وإن كانت الظروف السياسية مختلفة. غير أن هذه المرحلة أسهل لبلورة الفكرة لمعالجة المشكلات التي كانت عناوين في خطاب الافطار الذي كان مدروسا وموجها لتفعيل المؤسسات، والعملية الاصلاحية وقضايا التقديمات الاجتماعية التي لا تذهب إلى أصحابها وتردي الخدمات. كذلك الامر بالنسبة لموضوع الكهرباء والضمان الاجتماعي وضبط الإنفاق الاجتماعي بشكل عام. والظروف تختلف أيضا وهي أفضل من جهة الاوراق الجاهزة لتكون مواضيع بحث في المؤتمر الاقتصادي الاجتماعي الوطني، وأبرزها ورقة باريس ـ3 للاصلاحات الاقتصادية. كذلك كتاب رئيس المجلس الاقتصادي والاجتماعي

روجيه نسناس ومجموعة الخبراء «نهوض لبنان ـ نحو رؤية اقتصادية اجتماعية». هذه الرؤية هي أوسع شمولا وأكثر تفصيلا لقضايا القطاعات ومشاكلها من التربية إلى الصحة والزراعة والصناعة والسياحة. إضافة إلى الموضوع المالي والتنمية الاجتماعية والاقتصادية. مع الاشارة أيضا إلى قضايا الضمان والبطالة والمؤسسات الصغيرة والمتوسطة. هذه الرؤية تشير إلى تفعيل المؤسسات، وهي مكملة لما هو معروض في الورقة الاصلاحية حول الخصخصة وإشراك القطاع الخاص. وكشفت مصادر في بعض الهيئات المعنية أن محاولات تجري مع النائب الحريري لتولي رعاية وتنظيم المؤتمر الاقتصادي والاجتماعي، بالمشاركة مع المؤسسات المعنية في الدولة والقطاع الخاص.

1ـ عناوين لأزمات اقتصادية واجتماعية ومالية

ويكفي التوقف عند تعداد المشكلات الاقتصادية والاجتماعية المتراكمة والمتزايدة الصعوبة خلال السنوات الاخيرة للدلالة على أولويتها وأهميتها في تخصيص حوار حولها، بعيدا عن خدمة المصالح السياسية الضيقة من جهة، وتلافيا للتوظيف السياسي وإضاعة الحقوق، كما حصل في تعطيل كل محاولات الاصلاح السابقة وفاقم من الازمات الحياتية من جهة ومشاكل القطاعات من جهة ثانية.

أولا: هناك مشكلة الكهرباء، وهي تكبر سنة بعد اخرى بالنسبة لتزايد التقنين في المناطق وارتفاع وتيرة الاحتجاجات نتيجة الضرر اللاحق بالمواطنين، في كلفة الطاقة وفساد الاطعمة وسط الضائقة الاقتصادية. أما الكارثة الفعلية فهي على الخزينة

والمواطن معا، باعتبار أن عجز المؤسسة السنوي يتراوح ما بين 1400 مليون دولار و1500 مليون دولار نتيجة ارتفاع النفط وضعف التعرفة وارتفاع كلفة الانتاج وتزايد الهدر والسرقة على الشبكات. كل هذه المشكلات تحتاج إلى توافق سياسي لمعالجة الهدر على الشبكة، وإزالة التعليقات ووقف التغاضي عن الهدر والتنفيعات السياسية في المعامل والتجهيز، إلى جانب الارتفاعات الكبيرة بأسعار النفط التي فاقت معدلاته الـ115 دولارا كمتوسط خلال هذا العام. وطبيعي أن تكون مشكلة المياه رديفة مشكلة الكهرباء، حيث تغيب المشاريع المائية التي تؤمن وقف العطش في أكثر المدن والقرى اللبنانية، حتى تلك الواقعة على ضفاف الانهر.

ثانيا: هناك مشكلة كبيرة متفاقمة تكمن في انعكاس ارتفاع الدين العام ونموه السنوي البالغ حوالى 5. 8 في المئة (حوالى 2. 5% خلال النصف الاول من 2008، وذلك على حساب انعدام النمو الاقتصادي إلى حدود الصفر أو 2 في المئة خلال السنوات الثلاث الماضية، مع إمكانية التحسن خلال العام الحالي. اشارة إلى أن قيمة الدين العام وصلت حاليا إلى حوالى 44 مليار دولار، وهي مرشحة لمزيد من النمو مع تراجع الاستقرار السياسي وعدم وصول مساهمات باريس 3.

ثالثا: هناك أزمة التقديمات الاجتماعية والعجز في الضمان الاجتماعي، لا سيما في فرعي الضمان الصحي والتعويضات العائلية، وهو عجز يفوق الـ250 مليار ليرة سنويا، مما يهدد بوقف التقديمات عن حوالى المليون ونصف المليون مستفيد يشكلون ثلث الشعب اللبناني. والاخطر هو بدء استخدام احتياطي

فرع نهاية الخدمة، وهو عبارة عن تعويضات المضمونين واشتراكات أصحاب العمل، بعدما بلغ العجز أكثر من 280 مليار ليرة سنويا خلال السنتين الاخيرتين.

رابعا: مشكلة الغلاء والاحتكار والارتفاعات الكبيرة في أسعار معظم السلع الغذائية والاستهلاكية، حيث أكل التضخم أكثر من 25 في المئة من القيمة الشرائية منذ الفصل الاخير من العام 2007، هذا مع استمرار الخلافات حول طريقة تصحيح الأجور الغائب منذ 12 سنة تقريبا، مما أضعف قدرة الناس على مواجهة أعباء المعيشة المتزايدة وقضى على 15 في المئة من الاجور خلال السنتين الاخيرتين. وطبيعي أن تحتاج سياسة مكافحة التضخم والغلاء إلى قرارات جدية بدعم القطاعات الانتاجية من زراعة وصناعة وسياحة ومهن لمواجهة الغلاء وأزمة الغذاء.

خامسا: تشير آخر الدراسات الجدية إلى أن عدد المتخرجين، أو الخارجين إلى سوق العمل، يفوق الـ40 الف طالب فرصة عمل سنويا، لا يؤمن منها سوى 14 إلى 16 الف فرصة في أكثر السنوات تفاؤلا، في القطاعين العام والخاص، علما أن الدولة تتحول إلى التوظيف بالتعاقد فقط، ومن خارج الملاك، وهي عاجزة أصلا عن استيعاب جزء بسيط من الخارجين إلى سوق العمل. في الوقت الذي تهاجر فيه المؤسسات اللبنانية إلى الدول المجاورة هربا من التردي السياسي والامني الداخلي.

سادسا: تبقى النقطة الاخيرة المتعلقة بغياب السياسات الإنتاجية لدعم تشجيع القطاع الزراعي وصادراته، وكذلك لدعم القطاع الصناعي وإحياء موضوع المؤسسات الصغيرة والمتوسطة، وهذه مشاريع كان يفترض أن تنمي القطاعات ما بين 15 و20 في

المئة سنويا، منذ آخر طرح لآخر حكومة للرئيس الشهيد رفيق الحريري بعد باريس 2، وهو ما عطلته الخلافات السياسية بانتظار الحوار الوطني.

2ـ التحرك المطلبي وتصحيح الأجور في هذا الوقت

يدخل التحرك المطلبي والنقابي في مفاوضات لدراسة التحركات المقبلة، بعد تنفيذ قرار الحكومة بتصحيح الاجور بإعطاء زيادة مقطوعة 200 ألف ليرة على الراتب للعمال والموظفين في القطاعين العام والخاص، وزيادة بدلات النقل، بمفعول رجعي اعتبارا من بداية شهر ايار من العام 2008. وعلم أن اجتماعات ومشاورات تجري بين الاتحاد العمالي وهيئة التنسيق النقابية للمعلمين، بهدف تحديد الخطوات اللازمة لتحسين شروط العطاءات وتصحيح الاجور والتقديمات، باعتبار أن معركة تصحيح الاجور ومكافحة أعباء الغلاء مستمرة. وفهم أن المعلمين قد يصعدون تحركاتهم مع بداية العام الدراسي. على صعيد مرسوم تصحيح الاجور، فإن إحالته إلى مجلس الشورى ليس سوى من باب تأخير التنفيذ، باعتبار أن رأي مجلس الشورى سيأتي مطابقا للقانون الذي يستند اليه التصحيح، والذي يؤكد أحقية المفعول الرجعي لزيادة الاجور، وكذلك الامر بالنسبة لموضوع بدلات النقل التي تأتي عادة بمرسوم خاص يمدد سنويا، الامر الذي يجعل رأي مجلس الشورى ليس بعيدا عن رأيه بقضية الاجور. المهم في الامر أن بعض المؤسسات الكبيرة بدأت بتنفيذ تصحيح الاجور ودفع بدلات النقل، بعدما أعلن وزير المالية محمد شطح ان الدولة ستدفع الرواتب اعتبارا من 25 ايلول

الحالي وعلى أساس الراتب المصحح. هذا مع العلم أن زيادة القطاع العام تحتاج إلى قانون في المجلس النيابي، فيما زيادة القطاع الخاص يكفيها قرار مجلس الوزراء وصدور المرسوم في الجريدة الرسمية. بمعنى آخر، ان وزارة المالية استبقت صدور القانون لتصحيح الاجور، بينما القطاع الخاص أحيل على مجلس الشورى شكلا، علما أنه كان ينفذ خلافا لرأي مجلس الشورى.

3ـ البورصة: تراجع بعد تحسن

بلغت كمية الأسهم المتداولة في بورصة بيروت خلال الفصل الثاني من العام الجاري 47. 21 مليون سهم، بقيمة إجمالية بلغت 7. 518 مليون دولار أميركي تم تسجيلها خلال 60 يوم عمل، فيما بلغت كمية الأسهم المتداولة خلال النصف الأول من هذا العام 6. 30 مليون سهم بقيمة 4. 689 مليون دولار، مقارنة مع 4. 21 مليون سهم بقيمة 1. 334 مليون دولار أميركي للنصف الأول من العام 2007. وعليه فإن نتائج الأشهر الستة الأولى من العام الجاري تشكل ارتفاعا نسبته 43 في المئة و106 في المئة على التوالي، من حيث حجم وقيمة التداول مقارنة مع ما تحقق خلال النصف الأول من العام 2007. ارتفعت القيمة الترسملية لأسهم الشركات المدرجة في نهاية شهر حزيران إلى 16231 مليون دولار أميركي، مقابل 11357 مليون دولار أميركي في نهاية شهر آذار من العام 2008، أي بزيادة قدرها حوالى 4874 مليون دولار، ونسبتها 9. 42 في المئة. غير أن التراجعات التي حصلت لاحقا أعادت القيمة الترسملية للأسهم في البورصة إلى حوالى 6. 13835 مليون دولار في الاسبوع الثالث من ايلول،

بعدما كانت أقفلت في نهاية شهر آب الماضي على حوالى 14290.5 مليون دولار. وهذا الانخفاض يعود إلى عودة الاسهم الاساسية إلى التراجع بنسب متفاوتة بعد الفورة الملحوظة في الاسعار، اثر التوافق على الحكومة بعد اتفاق الدوحة وانتخاب رئيس الجمهورية العماد ميشال سليمان. غير أن مرحلة تحقيق الارباح ومن ثم الخضات الخارجية أطالت من عمر الركود في البورصة، وكرست حالا من الترقب بانتظار تطورات مفصلية جديدة من الآن وحتى مرحلة الانتخابات النيابية. وقد تكون مرحلة المصالحات والدعوات لإنجاح الحوارات السياسية والاقتصادية وتكريس الهدوء في الوضعين الامني والسياسي هي الخبر أو الحدث الذي سيعيد تحريك أسعار الاسهم، لا سيما بعد الحذر الذي أحدثته الازمة المالية الاميركية في بورصات المنطقة، وكان لبنان الاقل تضررا نتيجة صلابة القطاعين المالي والمصرفي.

2008/9/22

الجزء الخامس

الحرب على غزة تزيد مفاعيل
الأزمة الاقتصادية في لبنان والمنطقة

تعديلات جديدة على موازنة 2009. . .
استبعاد الخصخصة كليا والعجز يتراجع إلى 28%

بالتزامن مع الغزو الاسرائيلي لغزة في فلسطين، تبرز مجموعة هواجس
أساسية من تزايد انعكاسات الازمة المالية على الاوضاع الاقتصادية
والاجتماعية في لبنان والمنطقة، بفعل ارتفاع وتيرة الجمود والتحول نحو
الركود والكساد انطلاقا من أزمة السيولة وتراجع القدرات الشرائية المترافقة
مع تراجع فرص العمل على مختلف الصعد، لا سيما في أسواق الخليج
والدول المجاورة. الوضع في لبنان أكثر حساسية برغم صلابة نظامه المالي، إلا
أنه الأكثر تأثرا من الأوضاع السياسية والحذر الامني في ظل غياب القدرات
الحكومية على تعزيز الخدمات وتكريس قوة المؤسسات والخلافات على
الإصلاحات الاقتصادية التي تعزز الاستقرار ما لم تتوافق الحكومة على
التعيينات وتفعيل مؤسسات الدولة برغم تراجع فرص الإصلاحات في عهد
الحكومة الراهنة التي بقي من عمرها أربعة أشهر تقريبا تفصلها عن
الانتخابات النيابية وهي نقطة

تصعيد مؤكدة. في هذا الوقت تبرز أزمة الكهرباء مجددا في ظل غياب أية أسئلة نيابية أو وزارية عن أسباب تزايد التقنين حتى خلال الأعياد لفترات غير محمولة. هذا بالرغم من تراجع أسعار النفط وعدم وجود سياسة تخزين تقي البلاد توترات الطقس وهياج البحر، وبالرغم من تراجع كلفة دعم مؤسسات الكهرباء أكثر من ألف مليار ليرة مقارنة مع العام الماضي. والسؤال هنا: إن حاجة الاستهلاك تحتاج إلى خطة زيادة القدرة والإنتاجية من الكهرباء بحدود 1000 ميغاوات، فأين خطة وزير الطاقة لتعزيز الإنتاج، وهو لم يحول حتى الآن ورقة إلى مجلس الوزراء. فالاعطال معروفة، وحجة ارتفاع أسعار النفط انتفت مرحليا، فلماذا تغيب المعالجات بالحدود الدنيا؟وزير الطاقة والمياه ألان طابوريان وقع منذ أيام تجديد الاتفاقيتين مع كل من دولتي الكويت والجزائر من دون تعديلات تذكر بعد تأخر دام ثلاثة أو أربعة أشهر عن تاريخ التجديد، بحيث سيعود لبنان إلى استيراد الكميات نفسها من البلدين، بما يوازي المليون و135 ألف طن زائد أو ناقص 10 في المئة. منها حوالى 605 آلاف طن من الجزائر والباقي من الكويت، على أمل أن يعاد النظر بالكميات إذا وصل الغاز العربي، وهو أمر يبدو انه استبعد خلال العام 2009، لذلك تمت عملية التمديد في اتفاقية مدتها ثلاث سنوات مع كل من البلدين. إشارة إلى أن معمل الجية كان على حافة التوقف نهائيا عن الانتاج لولا هدوء البحر الذي سمح للباخرة بأن تفرغ أواسط الاسبوع. هذا عدا الأعطال المتعددة المعروف منها والمجهول، وسط الصمت الرهيب للنواب والمسؤولين الغيارى على هموم الشعب وكلفة الأعباء المتزايدة بتزايد انقطاع الكهرباء.

1 ـ تعديلات على أرقام الموازنة من داخلها والخارج

أدخلت وزارة المالية تعديلات محددة على مشروع موازنة العام 2009، بعد القرارات الخاصة بزيادة النفقات المخصصة لكلفة المفعول الرجعي لسلسلة الرتب والرواتب التي تكلف حوالي 1000مليار ليرة مقسمة على ثلاثة أقساط سنوية بواقع حوالي 330 مليار ليرة سنويا، أولها في موازنة العام 2009. كذلك أدخلت تعديلات أساسية على نفقات، منها ما هو من داخل الموازنة أو من خارجها، كونه يقوم على سلفات خزينة لتسديد بعض المستحقات وهي موزعة على الشكل الآتي:ـ حوالي 300 مليار ليرة بالنسبة لفروقات المفعول الرجعي لسلسلة الرواتب. ـ 300 مليار ليرة اتخذت كسلفة خزينة لكل من هيئة الاغاثة حوالي 200 مليار ليرة، وحوالي 100 مليار ليرة لكل من وزارة المهجرين ومجلس الجنوب. ـ تخصيص 300 مليار ليرة أي حوالي 200 مليون دولار مستحقات المتعهدين. ـ تخصيص حوالي 150 مليار ليرة لمستحقات المستشفيات والتسويات منذ العام 2004 وحتى العام الماضي. هذه التعديلات ستزيد النفقات بحوالي ألف مليار ليرة، مما يعني أن أرقام النفقات ستزيد بعض الشيء باعتبار أن كلفة دعم الكهرباء خفضت في التعديلات من 1800مليار ليرة إلى حوالي 1000 مليار ليرة، مع تقديرات بأن تكون الكلفة أقل من ذلك باعتبار أن سعر برميل النفط لا يزال دون الكلفة الملحوظة في موازنة الكهرباء والموازنة العامة، وهي على أساس سعر وسطي بحدود 60 دولارا. ويتوقع وزير المالية أن تكون الكلفة دون الالف مليار اذا ما استقرت أسعار النفط على حالها باعتبار

أن الكلفة تقاس على المتوسط السنوي للأسعار. النقطة الأهم في التعديلات هي استبعاد إمكانية حصول الخصخصة خلال العام 2009 بعدما كانت توقعات المشروع قبل التعديل حصول خصخصة بعض القطاعات ومنها قطاع الهاتف الخلوي خلال النصف الثاني من العام 2009، وتحديدا في تموز من العام الحالي. إلا أن التطورات السياسية وأداء الحكومة غير المنسجم حول الكثير من الأمور والقضايا الأساسية أدى مع بروز الازمة المالية العالمية ودخولها المنطقة إلى استبعاد حصول الخصخصة. مع الاشارة هنا أيضا إلى أن مشروع الموازنة السابق كان يلحظ الخيارين في تقديرات العجز وكلفة الدين العام في حال حصول الخصخصة أو عدم حصولها، وهذا الامر لم يعد موجودا في المشروع الجديد. في محصلة التعديلات يمكن التوقف عند النقاط الأساسية الآتية: أولا: إن عجز الموازنة سيتراجع من حوالى 3. 32 في المئة إلى حدود 28 في المئة تقريبا. وهذا يعود إلى جملة عناصر منها تقليص عجز الكهرباء بحدود الالف مليار ليرة، مع الابقاء على حدود النفقات العامة برغم الزيادات المستجدة من داخل الموازنة وخارجها عن طريق سلفات الخزينة. ثانيا: لقد لحظت التعديلات زيادة في الايرادات من بند رسوم البنزين بحوالى 500 مليار ليرة سنويا أي حوالى 335 مليون دولار على أساس وسطي، وهذا يعني أنه ليس هناك نية قريبة بإعادة النظر بسعر صفيحة البنزين المثبت. النقطة الثالثة الهامة أيضا هي استقرار كلفة الدين العام عند حوالى 6304 مليارات ليرة، أي ما يوازي حوالى 2. 4 مليارات دولار، من دون تغيير، علما بأن هناك ديونا وسلفا جديدة من خارج الموازنة وهناك مؤشرات بعدم

وصول مساهمات باريس 3 لدعم الخزينة والموازنة. هذا مع الاشارة إلى إمكانية بروز بعض الصعوبات في تمويل احتياجات عجز الموازنة للعام المقبل إذا استمرت حركة نمو الودائع بالتراجع قياسا إلى العام 2008 الذي كان الأفضل مقارنة مع الاعوام القليلة الماضية، حيث فاق معدل نمو الودائع 12 في المئة كمعدل عام. رابعا: هناك توقعات غير ملحوظة لتسوية مع الضمان بشأن المتأخرات المتراكمة، وقد طلبت وزارة المالية تحديد هذه المتوجبات مع البحث في آلية لتسديدها، وهذا ما قد يستوجب رفع المخصصات لصندوق الضمان من 160 مليار ليرة في موازنة العام 2009 إلى أكثر من ذلك، وهذا عنصر يزيد النفقات. الاشارة الاخيرة في باب التقديرات تتعلق بالقول إن حجم الايرادات الاضافية من البنزين وتقليص كلفة دعم الكهرباء توازي تقريبا أو تزيد قليلا عن كلفة النفقات الاضافية أو توازيها في حال احتساب كلفة سلفات الخزينة غير الملحوظة في أرقام الموازنة، وتظهر لاحقا في أكلاف الخزينة. من هنا يمكن القول إن مشروع قانون موازنة العام 2009، الذي أنجزه وزير المالية محمد شطح تمهيدا لرفعه إلى رئاسة مجلس الوزراء لمناقشته خلال الاسبوعين المقبلين، لم يتضمن تغيرات أساسية، أو الكثير من الفروقات والبنود الجديدة، حتى بعد التعديلات الاخيرة ، عن موازنات العامين 2008 الحالي، و2007 من حيث النصوص والرسوم وبنود الايرادات، وإن تغيرت أحجام النفقات والايرادات بشكل لافت عن أرقام العامين المذكورين، بفعل النفقات المستجدة أمنيا واجتماعيا. فالموازنة كما هو معروف من دون الجدول الرقم 9، وهو الجدول الخاص بزيادة الرسوم وفرض الرسوم الجديدة

وبعض الضرائب الجديدة، وهذا يعني انه لا ضرائب جديدة على المستهلك ولا حتى زيادة الضريبة على القيمة المضافة. غير أن اللافت في موازنة العام 2009 وملحقاتها انها تتضمن زيادات كبيرة في بعض الوزارات والبنود:فعلى صعيد القانون تتضمن نصوصه تذكيرا بإلغاء مجلس الجنوب ووزارة وصندوق المهجرين نهاية العام 2010 بعد إنهاء ملف المهجرين في العام المذكور. ويقضي المشروع أيضا بإلغاء تخصيص النواب بكميات من البنزين، كذلك إلغاء الإعفاءات من رسوم المخابرات الهاتفية. كذلك إلغاء إعفاء سيارة النائب من الرسوم الجمركية الذي كان يتمتع به. ونص مشروع قانون الموازنة أيضا على تحويل المؤسسات العامة ذات الطابع التجاري إلى شركات مساهمة. مع الاشارة هنا إلى أن مقدمة الموازنة تشير إلى إنجاز عمليات خصخصة الهاتف الخلوي خلال تموز من العام 2009. ويقضي المشروع أيضا بفرض الرقابة المسبقة على مستوردات المشتقات النفطية العائدة للدولة ولمؤسسة كهرباء لبنان بوجه الخصوص. وتشير الموازنة صراحة إلى فرض متابعة لتطور أوضاع الكهرباء انطلاقا من فرض تقارير فصلية على المؤسسة حول الأداء ونتائج إعادة النظر بالتعرفة وضبط النفقات وزيادة الايرادات. على صعيد المشاريع يلحظ قانون الموازنة والقوانين البرامج الملحقة تأجيلا لبعض التطويرات في مشاريع الطرق بخفض بعض المخصصات العائدة للطرق والمياه والمطار خلال العام 2009 إلى الاعوام اللاحقة. اللافت أيضا أن بند النفقات الاستثمارية في الموازنة ارتفع من 4. 1732 مليار ليرة إلى 7. 2703 مليارات ليرة، بما يشكل حوالى 8. 15 في المئة من إجمالي النفقات. كما زادت

المساهمات للضمان الاجتماعي من 100 مليار ليرة إلى 150 مليار ليرة سنويا، لتغطية مساهمات الدولة بصفتها صاحب عمل، ومساندة للضمان الصحي بنسبة 25 في المئة من الكلفة الصحية. تبقى ملاحظة بشأن احتياطي الموازنة الذي يقدر في العام 2009 بحوالى 397 مليار ليرة، مقابل حوالى 183 مليار ليرة في العام 2008، أي بزيادة تقارب المئة في المئة.

2 ـ حركة البورصة في 2008 مقارنة مع 2007

على الرغم من تراجع أسعار معظم الأسهم الرئيسية في بورصة بيروت خلال العام 2008 نتيجة الأزمة المالية وتحديدا منذ ايلول وحتى نهاية السنة، فإن إجمالي نشاط البورصة سجل تحسنا كبيرا من حيث القيمة مقارنة مع العام 2007 ما نسبته 1. 72 في المئة. فيما تراجعت الحركة من حيث العدد حوالى 8 ملايين و716 الف سهم أي بما نسبته 6. 7 في المئة. وفي قراءة مقارنة لنشاط بورصة بيروت خلال 2008 تظهر النتائج الآتية:ـ بلغت قيمة التداولات خلال العام 2008 ما مجموعه 105ملايين و517 ألفا و848 سهما، مقابل تداول حوالى 114مليونا و237 الفا و506 أسهم في العام 2007، أي بتراجع قدره 8 ملايين و716 الفا و658 سهما، بما نسبته 6. 7 في المئة. ـ بلغت قيمة التداولات خلال العام 2008 ما مجموعه 1710 ملايين و415 الف دولار مقابل حوالى 993 مليونا و797 ألف دولار في العام 2007 أي بزيادة نسبتها 1. 72 في المئة وقيمتها أكثر من 6. 716 مليون دولار تقريبا. وتعود معظم هذه التداولات إلى النصف الاول وحتى تموز من العام 2008 حيث كانت أسعار الاسهم في

أعلى مستوياتها وهي كانت تخطت معدلات الارتفاع بين 40 و50 في المئة لغالبية الاسهم الاساسية ومنها سهم سوليدير وهو الأكثر تداولا في بورصة بيرت وهو كان تخطى 37 دولارا قبل أن تنعكس الازمة العالمية على البورصة والاسهم الاساسية وشهادات الايداع في بيروت. ومع ذلك فإن التراجع الذي سجلته البورصة بين 20 و29 في المئة للأسهم الرئيسية يبقى الاقل في المنطقة وهو أمر يؤكد قوة السوق اللبنانية الناتجة من صغر حجمها. لكن الأكثر تأثرا كانت القيمة الترسملية لبورصة بيروت التي بلغت في نهاية العام 2008 حوالى 9 مليارات و608 ملايين و582 الف دولار، مقابل حوالى 10مليارات و894 مليونا و18 الف دولار أي بتراجع 1286 مليون دولار بما نسبته 8. 11 في المئة. تبقى المحصلة في القول إن هذه الحكومة التي تحمل اسم الوحدة الوطنية ليس إلا، لن تستطيع اتخاذ قرارات على صعيد انطلاقة إصلاح الكهرباء والخدمات، كما أنها، وهو أمر أساسي، عاجزة عن التوافق على الحد الأدنى الذي من شأنه أن يحرك تفعيل المؤسسات انطلاقة من الخلافات على التعيينات الادارية وإصلاح قضايا التقديمات الاجتماعية من الضمان إلى الصحة وغيرها.

2009/1/5

غزة تفرض نفسها القضية الأولى على القمة
الاقتصادية العربية في السياسة والاقتصاد

استبعاد مسبق للمساعدات المالية من الدول النفطية
باستثناء المساهمات لإعادة الإعمار

فرضت غزة نفسها على القمة الاقتصادية العربية، التي تبدأ اليوم، في
الكويت، في الاقتصاد والسياسة ، ويرجح أن تكون البند الابرز الذي ستطاله
القرارات المباشرة بالمساعدات لإعادة بناء ما دمرته آلة العدو على مدى ثلاثة
أسابيع متتالية، اضافة إلى الموضوع السياسي للعلاقات العربية حول غزة،
باعتبار أنه لا يمكن لدول متخاصمة في السياسة، أن تتوافق وتتحد في
العلاقات الاقتصادية. كلفة إعادة الاعمار كبيرة لآلاف المساكن والمؤسسات
الصغيرة والمتوسطة. هذا من دون احتساب الكلفة العالية للشهداء
والضحايا من الأطفال والعائلات، وهي أمور تبقى أكبر من أي تعويض مادي
أو مالي أو مساعدات. المهم أن القمة الاقتصادية العربية ستخرج بقرارات
لمساعدة غزة اقتصاديا واجتماعيا، لتغطية الفشل السياسي العربي من المحيط
إلى الخليج. ويكرس هذا الواقع ليس حجم الأضرار اللاحقة بالبشر

والحجر والمؤسسات، وانما لسبب أكثر جوهرية، وهو أن غزة هي المقاطعة الأكثر فقرا والاعلى نسبة في البطالة والأضعف في حجم المؤسسات الاقتصادية القادرة على خلق فرص العمل للمنطقة الاعلى نسبة في الكثافة السكانية في العالم تقريبا. اما سائر المواضيع الاقتصادية والاجتماعية التي استدعت عقد القمة المحددة سابقا في الكويت، فإنها لن تخرج عن الاطار الفولكلوري في القرارات واحياء المشاريع المزمنة، ما لم تتخذ قرارات جدية تتناول دور المؤسسات العربية والصناديق العربية في تنمية المشاريع المشتركة، والتي تعيق أي تقدم أو انفتاح أو تنسيق، في مواجهة الازمات الكبيرة مثل الأزمة المالية العالمية وآثارها على الدول العربية، والتي فاقت خسائرها افرادا ومؤسسات، وباعتراف وزراء في مجلس الجامعة الـ2500 مليار ليرة، وهو رقم كان يكفي لتحقيق التنمية المستدامة في القطاعين العام والخاص لغالبية الدول العربية مع خلق ملايين فرص العمل على مستوى كل البلاد العربية والإسلامية. هناك مصادر وزارية عربية شاركت في الاجتماعات التحضيرية للقمة، تؤكد أن الدول النفطية أبلغت الفرقاء، بطريقة أو بأخرى، استبعاد موضوع المطالبة بالمساعدات والمساهمات، مما يعني عدم وجود قرارات بدعم مالي لأية جهة خارج نطاق موضوع غزة، الذي سيكون ملزما ضمن خطوات إعادة الإعمار والتعويض عن الفشل السياسي.

أولا: مواضيع أساسية لإبعاد القمة عن الفولكلورفي القمم المشابهة لمواجهة الأزمة. يفترض أن تكون هناك خطوات خارج العناوين القديمة المتجددة ومنها: 1ـ طرح موضوع دور الصناديق

العربية، والبحث في وتيرة انفاقها التنموية ، وهذا الامر ليس بالجديد، باعتبار ان القمم العالمية حول الازمة المالية تركزت أولا على طرح مشاريع اساسية حول دور صندوق النقد والبنك الدوليين، وما اذا كانت الظروف تحتاج إلى تغيير الآليات المعتمدة في المساهمات الاقتصادية والمالية ودعم المؤسسات. من هنا يجب البحث في الموقف العربي من اعادة النظر بالمساهمات العربية في المؤسسات والصناديق العربية ومن ثم العلاقة مع الصناديق والمؤسسات الدولية. 2ـ هناك عناوين أخرى يفترض أن تحمل مشاريع فعلية، مثل انشاء خط السكك الحديد العربي الذي يطرح منذ عشرات السنين، وتنشيط علاقات النقل العربية مع تسهيلات في البر والبحر والجو، وهو امر يستوجب اعادة نظر بالمؤسسات القائمة لجهة تفعيل المشاريع المشتركة. وليس الامر مجرد حديث عن تسهيل الانتقال وانما عن تفضيل، بمعنى اعطاء الافضلية العربية للمؤسسات على الشركات الاجنبية. 3ـ النقطة الأهم في القمة يفترض أن تتركز على موضوع تنسيق العمالة العربية، ولو على حساب العمالة الأخرى، التي تنافس العمالة العربية بشكل كبير، في ظل انعدام التسهيلات بين الدول العربية، بل على العكس زيادة العوائق على العمال العرب. فأين هي المؤسسات التي تؤمن حماية اليد العاملة العربية في الأسواق العربية وخارجها؟4ـ هناك موضوع السوق العربية المشتركة والاتفاقية الجمركية العربية، وهي نقطة على بساط البحث، ولم تنفذ الاتفاقية المشتركة والتسهيلات بين الدول العربية. هذا في ظل الظروف السياسية الأقل تشنجا وانقساما. وهذا امر يتحول إلى نقاط محددة متفرقة مع كل مرة تطرح فيه قضايا المناطق

الحرة العربية التجارية. مع الاشارة هنا إلى أن موضوع شهادة منشأ للسلع العربية لا تزال تشكل نقطة خلاف بين الدول العربية المتجاورة، فكيف الامر مع البعيدة والتي تفصلها أكثر من حدود؟5ـ هناك مشروع عربي مشترك نفذ، وهو الربط الكهربائي السداسي، وهو امر لا يزال عالقا حتى اليوم، بالنسبة إلى لبنان وبعض الدول الاخرى، لاسباب مازالت غامضة. كذلك الامر بالنسبة لموضوع العلاقات النفطية وخط الغاز المحكومة كلها بالخلافات السياسية التي تعطل هذه المشاريع تبعا لاختلاف الانظمة. 6ـ دور القطاع الخاص اساسي في هذه القمة، ولا يجب أن يقتصر فقط على تقديم المذكرات والكتب إلى مجلس القمة أو مجلس الجامعة، باعتبار أن القطاع الخاص هو الأكثر تضررا من الازمة المالية العالمية والخسائر والركود الاقتصادي والكساد الذي يهدد السلع العربية المنتجة والمصدرة، والتي ستواجه منافسة قياسية في العام الحالي تبعا لتراجع القدرات الشرائية للأسر بشكل عام، نتيجة البطالة وفقدان أو تقلص فرص العمل. كثيرة هي المواضيع التي من شأنها ان تحول القمة العربية الاقتصادية الملحة في مواجهة الازمة المالية العالمية، من الطابع الفولكلوري إلى قمة حدثية تشكل نقطة مميزة في تاريخ العلاقات لحماية المصالح العربية، ومنها انشاء المصرف المركزي العربي المشترك لحماية الاسواق العربية، مع انشاء مصرف عربي خاص مع مؤسسات تصنيف عربية تصنف الاقتصادات والمؤسسات حتى العالمية منها، كي لا تبقى المؤسسات والدول العربية تحت رحمة التصنيف الخارجي فقط، وهو ما يكبدها مئات المليارات من الخسائر مع كل ازمة خارجية المنشأ.

ثانيا: عودة يتصدر بنمو الموجودات: شهدت وضعية موجودات المصارف الاولى بعض التطورات والتغييرات، خلال الاشهر الاخيرة من العام 2008، على الرغم من الوضع السياسي والأمني السائد في البلاد من جهة، وتطورات الازمة المالية العالمية وانعكاساتها على الاسواق الدولية و العربية والآسيوية من جهة ثانية. وتفيد الإحصاءات من داخل الميزانية وخارجها، أن مجموعة بنك عوده ـ سرادار استطاعت، من خلال الخطوات التوسعية الخارجية، وعلى الرغم من استمرار مفاعيل الازمة العالمية، خصوصا من حيث إجمالي الموجودات والودائع، المحافظة على صدارة لائحة القطاع من حيث الموجودات وبفارق أكثر من 5. 2 مليار دولار عن مجموعة لبنان والمهجر «بلوم»، وبالرغم من بقاء الأخيرة في صدارة الترتيب، من حيث بعض النشاطات. اشارة أيضا إلى أن بعض المصارف استطاعت خلال الفصل الاخير من السنة، اجتذاب أكثر من مليار ونصف المليار دولار على الرغم من تراجع نمو الودائع خلال شهري ايلول وتشرين الاول الماضيين، قياسا إلى الاشهر السابقة لتفجر الازمة العالمية وازمة السيولة وخسائر البورصات وتراجع النفط اعتبارا من ايلول في 2008. هذا مع الاشارة إلى أن غالبية المصارف تراجعت موجوداتها في الشهر ما قبل الاخير من السنة مقارنة مع موجودات نهاية الفصل الثالث نتيجة تراجع نمو حركة الموجودات والودائع قياسا مع النصف الاول من السنة. في المقابل، برزت مؤخرا خطوات جدية لبعض المصارف الأخرى، وفي مقدمها بنك سوسيتيه جنرال، من خلال زيادة الرأسمال والبحث عن توسيع الخدمات، سعيا وراء تحقيق تقدم بين المصارف الاولى، وقد

برزت النتائج فعليا من خلال ارتفاع أرباح هذا المصرف بأكثر من 150 في المئة من حوالى 14 مليون دولار في العام 2007 إلى ما يقارب الـ40 مليون دولار في العام 2008 ، سيما بعدما تمت عملية استرداد الاسهم التي اشترتها مجموعة فرنسبنك، ممثلة بالبنك اللبناني للتجارة، بصفقة قيمتها حوالى 84 مليون دولار، بما جعل نبيل وانطوان صحناوي يملكان غالبية الأسهم، بدعم المساهم الفرنسي، حسب مصادر مصرفية مطلعة، مما سيساعد على تحقيق خطوات توسعية قريبة. كذلك فعل بنك بيروت الذي يتوسع كثيرا في نشاطه الخارجي وهو ما حسن نمو ربحيته المعلنة والبالغة حوالى أكثر من 73 في المئة مقارنة مع العام الماضي. وفي قراءة لتطورات أرقام الموجودات حتى ايلول من العام 2008 يتضح الترتيب الآتي:1ـ سجلت الميزانية المجمعة لمجموعة بنك عوده - سرادار في اواخر الفصل الاخير من العام 2008 ما مجموعه حوالى 8. 19 مليار دولار بزيادة قدرها حوالى 4. 2537 مليون دولار منذ بداية العام، بما نسبته حوالى 2. 15 في المئة، وهي كانت في نهاية الثلث الاول من السنة حوالى 18 مليار دولار. اما الودائع فقد بلغت في نهاية ايلول ما مجموعه 6. 16 مليار دولار بزيادة قدرها حوالى 2337 مليون دولار عن بداية العام أي بما نسبته 17 في المئة. 2ـ في المقابل، بلغت الميزانية المجمعة، أو موجودات مجموعة بنك لبنان والمهجر في نهاية ايلول ما مجموعه 2. 17 مليار دولار بزيادة حوالى 6. 1000 مليون دولار منذ بداية العام بما نسبته 1. 7 في المئة. وكانت هذه الموجودات في نهاية أيلول أكثر من 4. 17 مليار دولار بعدما كانت سجلت في اواسط العام الماضي 2007 ما مجموعه 2. 15

مليار دولار تقريبا. . اما نمو الودائع في بنك لبنان والمهجر فبلغ حوالى 1140 مليون دولار بما نسبته حوالى 5. 9 في المئة منذ بداية العام. 3ـ وحافظ بنك بيبلوس على مركزه في المرتبة الثالثة، من حيث الموجودات. فقد بلغت قيمة الموجودات في بنك بيبلوس حوالى 11 مليار دولار، بزيادة قدرها حوالى 1400مليون دولار منذ بداية العام وبنمو نسبته حوالى 3. 14 في المئة، فقد حافظت موجوداته على معدلات نموها الملحوظة، بعدما كانت هذه الموجودات في نهاية شهر حزيران 2008 ما مجموعه 2. 10 مليارات. 4ـ تراجعت موجودات مجموعة البحر المتوسط التي أعادت هيكلة إدارة ونشاط المصرف باتجاه تفعيله، بنسبة متفاوتة خلال الاشهر الاخيرة، بفعل التزامات تمويل بعض العمليات الاقتصادية في الخارج. فقد بلغت هذه الموجودات حوالى 1. 10 مليارات دولار في أواخر الفصل الرابع بعدما كانت حوالى 400. 10 مليارات دولار في نهاية أيلول، وهذه الموجودات كانت وصلت في اواسط العام الماضي إلى حوالى 1. 9 مليارات دولار. 5ـ وجاءت مجموعة فرنسبنك من بين المصارف التي تتمسك بالمحافظة على استقرار نمو موجوداتها، فقد بلغت موجودات فرنسبنك في أواخر الفصل الرابع من العام 2008 ما مجموعه حوالى 3. 8 مليارات دولار، في حين كانت هذه الموجودات حوالى 3. 7 مليارات دولار في نهاية العام 2007، أي بزيادة قدرها حوالى 1000 مليون دولار منذ نهاية العام 2007. 6ـ بلغت موجودات البنك اللبناني الفرنسي في اواخر الفصل الرابع من العام 2008 ما مجموعه 4. 6 مليارات دولار، وهي كانت في اواسط العام حوالى 3. 6 مليارات دولار،

أي بزيادة قدرها حوالى 100مليون دولار خلال السنة. 7ـ تخطت موجودات بنك بيروت في نهاية شهر ايلول من العام 2008 ما مجموعه حوالى 7. 5 مليارات دولار وهي كانت في أيلول حوالى 6. 5 مليارات دولار، وبعدما كانت في الشهر الأول من العام نفسه ما مجموعه 7. 4 مليارات، أي بزيادة قدرها حوالى المليار دولار منذ بداية 2007. اما النتيجة الأبرز لبنك بيروت فكانت في تزايد نمو الارباح التي فاقت الـ70 في المئة في العام الماضي مقارنة مع الفترة ذاتها من العام 2007. 8ـ وبلغت موجودات بنك الاعتماد اللبناني حتى اواخر الفصل الاخير من العام 2008 ما مجموعه 4. 4 مليارات دولار، في مقابل حوالى 1. 4 مليارات دولار في الفصل الاول من العام أي بزيادة قدرها حوالى 300 مليون دولار خلال الأشهر الأخيرة. 9ـ حافظت موجودات البنك اللبناني الكندي على استقرارها بشكل ثابت خلال الاشهر الاخيرة، حيث بلغت حوالى 4 مليارات دولار، مقابل حوالى 6. 3 مليارات في نهاية شهر نيسان من العام 2008 أي بزيادة قدرها حوالى 400 مليون دولار. وهي كانت في صيف 2007 ما مجموعه 1. 3 مليارات دولار. 10ـ اما موجودات بنك سوسيتيه جنرال فقد شهدت تطورا خلال الاشهر الاخيرة، حيث كان من المتوقع أن تضاعف الارباح خلال العام 2008 عن العام الذي سبقه، بعدما شهدت تغييرات اساسية في الاداء الاداري وتغير تركيبة الملكية والتحضير لخطوات توسعية في لبنان والخارج مع تنويع الخدمات. فقد بلغت الموجودات في الشهر ما قبل الاخير من السنة حوالى 4 مليارات دولار بعدما كانت في نهاية ايلول من العام نفسه حوالى 310. 3 مليارات دولار، وكانت هذه

الموجودات في نيسان حوالى 2. 3 مليارات دولار أي بزيادة قدرها حوالى 200 مليون دولار في بضعة أشهر وهو رقم يعكس حجم تضاعف الأرباح المحققة في هذا المصرف. يذكر أنه كان من المتوقع أن تكون نسب نمو الموجودات والودائع في القطاع المصرفي والتي بلغت حوالى 12 في المئة خلال العام 2008 ، أكبر مما تحقق، إلا أن نتائج الأزمة المالية العالمية وتفاعلها ادى إلى تراجع نمو الودائع التي كانت تشكل حوالى المليار دولار شهريا وتراجعت خلال شهري ايلول وتشرين الاول بشكل كبير مما اظهر خروج حوالى 334 مليون دولار من الودائع لغير المقيمين خلال تشرين الاول، إلا أن الشهرين الاخيرين من السنة اظهرا عودة بعض التحسن لا سيما في التحويلات للتوظيف بالليرة اللبنانية من الداخل والخارج ومن المقيمين وغير المقيمين، خصوصا أن السحوبات التي حصلت من الودائع في خلال الازمة كان معظمها لغير المقيمين بحدود 200 مليون دولار من اصل 334 مليونا.

2009/1/19

الجزء السادس

أسباب ومفاعيل التأزم المالي
لصندوق الضمان الاجتماعي

لا شك أن مشكلة التأزم المالي في الصندوق الوطني للضمان الاجتماعي يعود
لأكثر من سبب، منها ما هو قديم ومتراكم، ومنها ما هو مستجد ويتعلق
بالتطورات المستمرة منذ سنوات، ومنها أيضا ما يتعلق بالوضع الإداري وما
له علاقة بالوضع السياسي والتأزم الحاصل في البلاد.

غير أن تعدد الأسباب في التأزم المالي لا يقل خطورة عن النتائج المترتبة على
المضمونين والمستفيدين من تقديمات الضمان الاجتماعي، لاسيما الفروع التي
تعاني عجزا كبيرا؛ فتردي الوضع المالي يؤدي بالضرورة إلى تأثر التقديمات
وترديها، هذا في حال توافر الإدارة القادرة والفاعلة ومجلس الإدارة المخطط
وهيئات الرقابة الفاعلة، فكيف الوضع وهذه الأجهزة تعاني تفاوتا في حالات
الضعف والشلل؟

من أبرز أسباب التأزم المالي

1- في الموضوع المالي، فإن الخلل الحاصل في فرعي ضمان المرض والأمومة
وصندوق التعويضات العائلية مرده

لسببين، الأول هو الخلل بين قيمة الاشتراكات والتقديمات، وهذا واضح من خلال العجوزات المتراكمة منذ العام 2000 تقريبا وحتى اليوم، حيث تراوح العجز السنوي ما بين 190 و275 مليار لیرة. وهذا أمر يعود إلى عدم دقة الدراسات حول تقدير الاشتراكات والتقديمات ونموها السنوي، وهذا ما قضى على احتياطات الفرعين المذكورين، التي كانت وصلت في بعض السنوات إلى ما يزيد عن 450 مليار لیرة.

2- يترافق ذلك مع سبب آخر، هو العامل السياسي وانعدام الثقة بين إدارة الضمان الاجتماعي والدولة، مما ساهم في العديد من المشكلات نتيجة غياب التدقيق السليم للنتائج والموازنات المالية على مدار السنوات. وهذا السبب السياسي مرده أيضا إلى تركيبة إدارة الضمان في أجهزته الثلاثة، مجلس الإدارة، أمانة السر، واللجنة الفنية، حيث صنفت تعيينات هذه الأجهزة في أطر معينة، انعكست على أدائها الخلافات السياسية الداخلية، وكذلك الأداء داخل بعض أجهزة الإدارة، باعتبار أن الصندوق يعمل من دون تنفيذ هيكلية واضحة منذ قيامه لجهة حصر الصلاحيات. هذا الوضع أثر على تطوير الصندوق وأجهزته، وبالتالي على مصداقيته المالية إزاء وزارة المالية والإدارات المعنية.

3- بالعودة إلى تقديرات موازنة العام 2008 فإن العجز المقدر لفرعي الضمان الصحي والتعويضات العائلية يصل إلى حوالى 4. 177 مليار لیرة، منها حوالى 99 مليارا لفرع المرض والأمومة، وحوالى 4. 78 مليارا للتعويضات العائلية، وهذه التقديرات قابلة للزيادة والنقصان تبعا للظروف والتطورات وحجم الجباية.

4- هناك موضوع تزايد حالات الترك المبكر الملحوظة في المؤسسات والعديد من القطاعات الاقتصادية الأساسية، وتحديدا منذ حرب تموز 2006 وحتى اليوم، إذ أن حالات الترك المبكر تفوت على الصندوق معدلات عالية من الاشتراكات لفئات الشباب الأقل إفادة من التقديمات الصحية والعائلية والأكثر مساهمة بالاشتراكات.

5- قيام بعض أصحاب العمل بإلزام إجرائهم بالتنازل عن التعويضات أو إلزامهم بالتوقيع على ترك العمل وهم لا يزالون في العمل، تهربا من الاشتراكات فيقبضون من الضمأن في المقاصة بدل دفع الاشتراكات.

6- هذا الأمر يفتح الباب أمام موضوع المكتومين في مئات بل آلاف المؤسسات في العديد من المناطق من دون أن تستطيع أجهزة التفتيش في الضمان الدخول إلى هذه المؤسسات. وهذه حالات تطاول فئات كبيرة من المهن الحرة والمهندسين الأجراء في المؤسسات الكبيرة.

من نتائج التأزم المالي

أبرز نتائج العجز المالي المستمر ومخاطره تتمثل في:

أولا - في تأخر المعاملات الصحية في العديد من المراكز، وفقدان قيمتها الشرائية، باعتبار أن بعضها يعود إلى العام 2005 وما بعده.

ثانيا ـ تهديد أموال فرع نهاية الخدمة، باعتبار أن السحوبات السنوية تقضي على الفائض في فرع نهاية الخدمة المقدرة بحوالى

191 مليار ليرة تقريبا، بدل أن يتم توظيف هذه المبالغ والإفادة من عائداتها في تحسين التعويضات نفسها المهددة بالذوبان.

ثالثا ـ هناك عدم وجود سياسات مالية واضحة لتوظيفات الصندوق، لاسيما احتياطات نهاية الخدمة التي تراجع مردودها مع تراجع فوائد سندات الخزينة، ولم يستفد المضمون من هذه التوظيفات بالحفاظ على قيمة التعويض على الأقل بالنسبة للعامل أكثر من صاحب العمل.

رابعا ـ هناك ضياع بسبب حصر التوظيفات في سندات الخزينة فقط، دون أن توجد أساليب تحفظ قيمة التعويضات من جراء استمرار التضخم.

خامسا ـ هناك قضية فروع الضمان والمراكز التي تحتاج في بعضها إلى إعادة نظر، باعتبارها جاءت لتحقيق إرضاءات سياسية وليس لغايات اجتماعية بحتة، مما يزيد الكلفة.

في الخلاصة،

يمكن التركيز على نقطة أساسية للانطلاق نحو تصعيد الحملة لحماية الضمان الاجتماعي، وهي أن الصندوق يشكل حتى اللحظة المكان الوحيد للتقديمات الاجتماعية بالنسبة للأجراء والمستخدمين، خصوصا في القطاع الخاص الذي يشغل حوالى 75 في المئة من القوى العاملة اللبنانية، وهذه نقطة يجب أن ينطلق منها كل حديث لتطوير حقوق العمال والمستخدمين وتعزيزها.

ضمان الشيخوخة أم شيخوخة الضمان؟

لا شك أن مشروع قانون نظام التقاعد والحماية الاجتماعية، الذي أقرته اللجان النيابية وأحالته إلى الهيئة العامة للمجلس النيابي، يشكل مادة أساسية للصراع بين الدولة من جهة والعمال وأصحاب العمل من جهة ثانية، وما بين فرقاء الإنتاج ككل من جهة ثالثة.

ليس الدخول إلى نقاش الموضوع من باب التشاطر وتسجيل الملاحظات، باعتبار أن المشكلة الاجتماعية قائمة قبل المشروع المطروح، وهي ستزيد في حال تنفيذه المستبعد في هكذا دولة وهكذا مؤسسات وهكذا إدارة ومجلس إدارة للصندوق.

هذا من حيث الشكل. أما من حيث المبدأ، فإن نظام التقاعد والحماية الاجتماعية، المسمى زورا ضمان الشيخوخة، يفترض أن يقوم مقام فرع نهاية الخدمة الذي هو حسب القانون فرع مؤقت يتم الانتقال بعده إلى فرع نظام التقاعد، بدلا من تعويضات الصرف التي لم تعد تشكل ضمانة للمضمون بعد نهاية خدمته، نتيجة التضخم وضعف القدرة الشرائية، بعد تآكل المداخيل منذ أكثر من عشرين سنة، ومعها قيمة التعويضات، مما هدد في آن معا مستقبل العمل ونهاية خدمتهم. ويبدو اعتراض الهيئات الاقتصادية ليس من باب الحرص على حقوق العمال

وضمان مستقبلهم بقدر ما هو تهرب من تراكمات مبالغ التسوية، التي تشكل أكثر من نصف قيمة التعويضات، وهي لا تزال عند أصحاب العمل.

كذلك من باب الاعتراض على حجم الاشتراكات للفرع الجديد والتي سترتفع من حوالى 5 .8 في المئة اليوم لفرع نهاية الخدمة إلى حوالى 5 .16 في المئة، منها حوالى 5 .11 في المئة على أصحاب العمل.

أما الثغرة الأكبر في المشروع فهي إغفال تحديد نسبة المعاش التقاعدي من حجم الرواتب بعد بلوغ سن التقاعد، أو بعد خدمة 20 سنة. وهو كان حدد سابقا بما بين 60 و65 في المئة بالنسبة لمداخيل أصحاب الحد الأدنى.

الأخطر من ذلك فإن المشروع المقترح لا ينص صراحة على ضمانة الدولة ومساهماتها بالنسبة للفرع، الأمر الذي يقضي على مبدأ التكافل الاجتماعي الذي تقوم عليه فلسفة الصندوق. والأنكى من كل هذا أن المشروع ترك أمر تحديد نسب المعاشات التقاعدية إلى حجم مساهمات المضمونين خلال سنوات الخدمة إلى مراسيم تنفيذية يتخذها مجلس الوزراء.

إن غياب ضمانات الدولة هنا يجعل الفرع الجديد عرضة للانهيار في أية لحظة فور انتهاء مفاعيل النظام الترسملي القائم على مساهمات المضمونين ليس إلا، في ظل غياب قدرات اللجنة المالية على توظيف أموال الصندوق أو احتياطات فرع نهاية الخدمة في مشاريع ذات عائدات عالية أو مقبولة، في ظل الظروف الاقتصادية العالمية المهددة لكل صناديق التعاضد القائمة على صناديق الاستثمار وشركات التأمين.

وتشاء الظروف أن يأتي المشروع في الوقت الذي يعاني فيه

نظام الضمان الصحي والتعويضات العائلية من عجوزات سنوية تفوق الـ
270 مليار ليرة سنويا، يجري تغطيتها من أموال نهاية الخدمة، خلافا للقانون،
وهي الأموال التي ستشكل مؤونات لتغطية فرع نظام التقاعد والحماية
الاجتماعية.

إشارة هنا إلى أن احتياطات فرع نهاية الخدمة تقدر حاليا بأكثر من 4500
مليار ليرة، وهي موظفة في أكثرها في سندات الخزينة. وهو الفرع الرابح
الوحيد في الصندوق.

وبخلاصة القول إن الظروف الراهنة غير مؤاتية لفرع نظام التقاعد الشديد
الأهمية بالنسبة لفقراء الطبقة العاملة أولا، لغياب الإدارة القادرة والتفاصيل
المقنعة والمعاشات غير المحددة، وثانيا لضعف وضع الدولة وغياب القدرة
الرقابية لإيصال الخدمة والتقديمات شهريا، ولفقر القانون إلى الحد الأدنى من
مبدأ التكامل الاجتماعي.

ويمكن من حيث المبدأ الاكتفاء بالملاحظات الأولية الآتية:

1- صعوبة الوضع الاقتصادي اللبناني وعدم استقراره ومعاناته وشكواه من
ضعف المنافسة، والتأكد من قدرة هذا الاقتصاد على تحمل مثل هذا النظام.

2- استمرار عمليات تسريح عشرات آلاف العمال المضمونين، وتزايد نسبة
البطالة، السافرة منها والمقنعة، والتي لا يوجد نظام ضمان للبطالة يرعى
شؤون هذه الفئة التي باتت تشكل أكثر من 15 في المئة من القوى العاملة،
ناهيك عن تزايد ظاهرة الهجرة في صفوف العمال من المهرة والشباب.

3- مشكلة المديونية العامة للدولة، وهي ظاهرة مكبلة للاقتصاد وإن جاء
المشروع ليعفي الدولة من الأعباء، إلا أن

الدولة عاجزة عن دفع ما يتوجب عليها للصندوق الوطني للضمان الاجتماعي والمتراكم من سنوات.

4- جمود الحد الأدنى للأجور منذ العام 1996 (300 ألف ليرة قبل تعديله إلى 500 ألف ليرة) وهو لا يعبر مطلقا عن الظروف المعيشية وعن المطلوب بأن يكون عليه هذا الحد الأدنى، لسد الحاجات الأساسية لعائلة صغيرة مؤلفة من أربعة أشخاص.

فهل الحد الأدنى الحالي يتوافق والاحتياجات المطلوبة في الوقت الذي تذهب فيه بعض الدراسات لتقول إن الحد الأدنى المطلوب يجب أن يكون ما بين الـ 600 ألف ليرة والمليون ليرة، لتأمين الحاجات الضرورية؟

5- يضاف إلى ذلك نقطة في غاية الأهمية، وهي وجود أكثر من 50 في المئة من الطبقة العاملة في المؤسسات في عداد المكتومين، الذين لا يستفيدون من تقديمات الصندوق بسبب ضعف أجهزة التفتيش.

6- معظم أصحاب العمل، أو بعضهم حتى لا نبالغ، من الذين يستخدمون الشرائح الدنيا والمتوسطة، لا يصرحون للصندوق عن الأجور الحقيقية والفعلية التي يدفعونها لهؤلاء العمال، وهذا أمر يؤدي إلى تقليص موارد الصندوق ويخفف من قيمة تعويضات المضمونين في نهاية الخدمة.

7- إلى ذلك كله يضاف عنصر الديون المتراكمة على أصحاب العمل والدولة، والتي تفوق حسب آخر التقديرات مبلغ 2500 مليار ليرة، وهي أحجام توازي موجودات منها حوالى الثلثين لفرع نهاية الخدمة من اشتراكات ومبالغ تسوية، وهذه

الأموال التي استحوذت على الحديث الطويل خلال السنوات السابقة، والتي أقر القانون تقسيطها مع الاعفاءات من غرامات التأخير، وهو أمر قد يسهل الحل، ولكن لا يؤمن تحصيلها بنسبة 100 في المئة خلال الفترات المحدودة.

في المناسبة، تقدر كلفة الفاتورة الصحية للمؤسسات الضامنة اللبنانية بحوالى 550 مليون دولار، من دون احتساب الخدمات الصحية والاستشفائية لشركات التأمين الخاصة، والبالغة حسب الميزانية المجمعة لشركات التأمين ما يزيد عن 150 مليون دولار، بعدما تراجعت الشركات وليس المضمونين عن قبول الضمانات الصحية، باعتبار أن بعضها تعرض للخسائر، حسب ما يقول أصحابها. وهي كانت تخطت في بعض المراحل 200 مليون دولار.

إن كلفة هذه الفاتورة تغطي المضمونين والنتسبين إلى المؤسسات الضامنة وهي موزعة حسب الكلفة وعدد المستفيدين وفقا للتقديرات التي تقول إن عدد المستفيدين من التقديمات الاستشفائية يصل إلى حوالى 3 ملايين و600 ألف لبناني، وهو رقم لا شك فيه من المبالغة أو الهدر الكبير. وتفيد المعطيات الأخيرة بالآتي:

* وزارة الصحة العامة تدفع سنويا حوالى 240 مليارا، أي ما نسبته 34 في المئة من كلفة الفاتورة الصحية والاستشفائية، وهي ترتفع إلى 42 في المئة إذا ما أضيفت إليها خدمات الصناديق التعاضدية وخدمات شركات التأمين بحيث يرتفع عدد المستفيدين إلى حوالى المليون ونصف المليون مستفيد، وهذه إحصاءات تحتاج إلى تدقيق برغم صدورها عن مؤسسات رسمية.

* الضمان الاجتماعي يتحمل سنويا ما كلفته 370 مليارا

حسب العام الأخير، باعتباره يدفع ثمن الأدوية وهو ما لا تقوم به وزارة الصحة وشركات التأمين وغيرها. وتشكل خدمات صندوق الضمان الاجتماعي الصحية ما نسبته 42 في المئة من الكلفة الإجمالية لعدد من المستفيدين يقدر بحوالى المليون و200 ألف مستفيد على عاتق حوالى 465 ألف مضمون، حسب الإحصاءات الأخيرة.

* اللواء الطبي في الجيش يقدم الخدمات الصحية لحوالى 400 ألف مستفيد من عوائل العسكريين بما يشكل نحو 100 في المئة من عدد المستفيدين. أما الكلفة فتقدر بحوالى 73 مليار ليرة بما يشكل 10 في المئة من الكلفة الإجمالية لفاتورة الخدمات الصحية.

* تعاونية الأمن الداخلي والأمن العام وأمن الدولة يستفيد منها حوالى 121 ألف مستفيد بما نسبته 4 في المئة من حيث العدد، أما من حيث كلفة التقديمات فتقدر بحوالى 3. 36 مليار ليرة بما يشكل حوالى 7 في المئة من القيمة الإجمالية.

* تبقى تعاونية موظفي الدولة ويستفيد على عاتقها حوالى 350 ألف مستفيد، بما نسبته 10 في المئة من العدد، وبكلفة سنوية قدرها حوالى 38 مليار ليرة أي ما نسبته 7 في المئة من كلفة الفاتورة الاستشفائية.

مئات المؤسسات تستفيد وهميا
من الضمان يقابلها مكتومون بآلاف

لا شيء يتقدم على الغبار السياسي الذي تثيره معركة إسقاط رئيس
الجمهورية بين فريقي 14 آذار والفريق الآخر الذي يدعم حتى الآن فكرة
الابقاء على رئيس الجمهورية. وبمعنى آخر، ليس هناك من هموم سوى الهم
السياسي بانتظار ورشة الحوار الجاري التحضير لها في مصنع مجلس النواب،
وهو مصنع رجال السياسة وليس مصنع رجال الدولة الذين باتوا من العملة
النادرة في هذه الايام؛ ويصح استخدام كلمة العملة الصعبة، باعتبار أن جزءا
من المقال يتناول نشاط القطاع المالي والمصرفي الذي حقق أدنى مستوى من
النمو له في العام 2005، وهو عام اغتيال الرئيس الشهيد رفيق الحريري،
وعام انعدام النمو.

لا صوت يعلو فوق صوت المعركة السياسية حتى ولو كان الازمة الاجتماعية
والاقتصادية، التي بدأت تهدد قطاعات بعدما أصابت عائلات بالعجز
النصفي، حتى لا نقول العجز الكلي، على أمل الشفاء في حال عودة العقل إلى
مصادري حتى أنين هموم الشعب.

ليس هناك ما يتقدم على الشعارات والشعارات المضادة في

السياسة، وكل يدعي الحق إلى جانبه، بينما تتراجع حركة الاستثمارات وتهرب من المناخ السياسي، ومعها تتقلص فرص العمل للشباب، وتزيد فيها فرص الاعتماد على الهجرة للمهرة اللبنانيين كأساس للصمود الاقتصادي والاجتماعي، نتيجة التحويلات من الخارج من أموال الاغتراب التي تتولى عن الدولة مهمة التسكين للثورة الاجتماعية والمعيشية.

1- مشكلة الضمان وتقسيط الديون

ويكفي التوقف عند مشكلة نزف الضمان الاجتماعي والعجز في فرعي الضمان الصحي والتعويضات العائلية، والتي ما زالت تحل بموجب السلفات، في الوقت الذي يحتاج فيه الضمان الاجتماعي إلى نوع آخر من الاصلاح، يفترض أن يبدأ وفورا بمعالجة قضية محاسبة الضمان وحساباته، وخصوصا مشكلة الديون المتراكمة على الدولة والقطاع الخاص التي تفوق قيمتها 1800 مليار ليرة يتقاسمها طرفا الانتاج مناصفة بصفتهما أصحاب العمل.

وكما يحتاج الضمان إلى حل مشكلة تقسيط الديون التي تحتاج آلية تريح أصحاب العمل في ظل الظروف الاقتصادية المرهقة، هناك نقطة إصلاحية أكثر سخونة تتعلق بعمليات الهدر الحاصلة في غير مكان أبرزها:

1- هناك آلاف المؤسسات تقوم بتسجيلات وهمية للعديد من العمال تقوم على أساسها بقبض قيمة التعويضات العائلية فتدفع عن المضمون اشتراكات محدودة وتقبض أضعافها بموجب

المقاصة مع الضمان، وهذا الامر مرده إلى تواطؤ بين الاجهزة الادارية والمؤسسات.

2- هناك أكثر من 50 في المئة من المستخدمين والمؤسسات الذين يعتبرون بعداد المكتومين، مما يعني حرمان الصندوق من مئات المليارات من الاشتراكات، وحرمان آلاف المضمونين من التقديمات، الامر الذي يزيد من إرهاق مالية الصندوق العاجز إضافة إلى إرهاق الدولة التي تتحمل العجز وفروقات تبعات الفئات الخاصة، بصفتها صاحب عمل وكمساهمة بنسبة 25 في المئة من كلفة الضمان الصحي.

3- نقطة ثالثة أكثر أهمية وهي عملية عدم تصريح بعض المؤسسات عن القيمة الفعلية للأجور، مما يحرم الصندوق من القيمة الفعلية للاشتراكات والافادة من الحد الاقصى للتقديمات. وهذه الامور تنسحب على أداء الاجهزة الادارية التنفيذية والتقريرية، إضافة إلى ضعف الرقابة الادارية والصحية، مما يساهم في فرص الهدر الكبيرة في طرق التقديمات الاجتماعية والصحية وحتى في نهاية الخدمة، ناهيك عن العقم في ادارة اموال الصندوق وتوظفها.

ملاحظات

وبالعودة إلى الموضوع الحيوي لتحريك مالية الصندوق وهو تقسيط الديون، فهناك مشروع قانون موجود في المجلس النيابي، والذي اقترح تنفيذه واعتماده اعتبارا من 2005/10/25. وهو

جاء بدل المشروع الذي رده رئيس الجمهورية اميل لحود في 2004/12/6 بسبب المطالبة بتعديلات على معدلات الفوائد.

إلا أن المشروع الحالي كان موضع ملاحظات من الهيئات الاقتصادية التي أحالت ملاحظاتها على المسؤولين، وهي ملاحظات وضعها رئيس مجلس إدارة شركة «الميدل ايست» محمد الحوت بصفتها من أكبر المؤسسات المتعاملة مع الصندوق. وتتركز الملاحظات على مقارنة بعض المشاريع المطروحة، وتطالب بإدخال بعض التسهيلات التي تؤمن سلامة المؤسسات ولا ترهقها وتحافظ على حقوق الضمان. ومنها:

- وجوب فرض فوائد معينة على اشتراكات وديون الصندوق المستحقة بذمة المؤسسات الخاضعة لقانون الضمان الاجتماعي.

- وجوب تقصير مدة التقسيط.

- وجوب منح عفو عام يشمل جميع مخالفات أحكام قانون الضمان الاجتماعي لا سيما لجهة غرامات التأخير.

- وجوب اعتماد نص قانوني واضح وصريح لا لبس فيه يتعلق بقواعد العفو العام المشار اليه.

- تمكين إدارة الصندوق الوطني للضمان الاجتماعي في ما يتعلق برديات نفقات العناية الطبية خارج المستشفى والمستحقة بذمته لغاية نشر هذا القانون في الجريدة الرسمية لمصلحة بعض المؤسسات الخاضعة لقانون الضمان الاجتماعي، وتسديد هذه الرديات بنسبة 70 في المئة من قيمة الفواتير المقدمة، وذلك عن طريق إجراء المقاصة بين قيمتها وقيمة الاشتراكات والديون غير المسددة للصندوق.

- وجوب تحديد النتائج القانونية العائدة لغرامات التأخير

وفوائد الديون في النزاعات القائمة حاليا بين صندوق الضمان وبعض المؤسسات الخاضعة لقانون الضمان، والعالقة حاليا لدى المراجع القضائية المختصة قبل تاريخ 2004/12/31.

في حين أن مشروع القانون الجديد المحال من قبل الحكومة إلى مقام المجلس النيابي بموجب المرسوم 14176 تاريخ 14 شباط 2005 لا يأخذ بعين الاعتبار هذه القواعد الهامة التي جرى تفصيلها أعلاه.

2- 10 مصارف تستحوذ على 77. 5 من الميزانية المجمعة

تظهر الاحصاءات الاولية حول تطورات وضعية القطاع المصرفي حتى نهاية العام 2005، وفي الشهر قبل الاخير من العام الماضي، تقلبات في المواقع بين مصرفي عودة ولبنان والمهجر، من حيث إجمالي الموجودات كمجموعات لا كمصارف تجارية فقط، وكذلك بين المصارف العشرة الاولى، حيث شهد القطاع تحسنا من حيث الموجودات، جعلت مصرف عودة يتقدم على بنك لبنان والمهجر في الشهر ما قبل الاخير من العام، قبل أن يسترجع لبنان والمهجر الصدارة مع إقفال نهاية العام وخلال الشهر الاخير من السنة تحديدا.

إلا أن هذه التطورات في وضعية تنافس المصرفين لم تدخل ضمنها بعد عملية مجموعة مصرف عودة بمضاعفة أمواله الخاصة إلى 1. 5 مليار دولار، والتي ستظهر مع إحصاءات الشهر الاول من العام 2006، وكذلك لم تظهر نتائج الاصدار الاخير لبنك

لبنان والمهجر حوالي 300 مليون دولار لزيادة رأسماله، كما لم تظهر نتائج مضاعفة بنك بيبلوس لرأسماله من خلال قرار زيادة رأسماله بحوالي 450 مليون دولار وهي نتائج ستظهر تباعا مع دخول الشهر الثالث من العام 2006، والتي قد تؤثر على ترتيب المصارف العشرة الاولى من دون التأثير على وضعية المصارف الثلاثة الاولى. كما أن عملية شراء المصارف في بعض الدول العربية والافريقية من قبل المصارف الكبرى، والتي تمت مع بداية العام الحالي، لن تظهر نتائجها قبل الفصل الاول من العام 2006.

وبالعودة إلى وضعية إجمالي موجودات المصارف العشرة الاولى حتى نهاية الشهر الاخير من العام 2005، يمكن سرد الترتيب الآتي بعيدا عن موضوع معدلات الارباح لكل مصرف والعائدات على الاسهم وحجم الودائع، حيث يتبين الوضع الآتي:

لقد بلغت موجودات مجموعة بنك لبنان والمهجر في نهاية كانون الاول ما مجموعه 18000 مليار ليرة، أي حوالي 12 مليار دولار، وهي كانت حوالي 16400 مليار ليرة في نهاية شهر تشرين الثاني، بما يعني انها زادت خلال شهر واحد حوالي 1600 مليار ليرة، أي ما يزيد عن المليار دولار و66 مليون دولار. هذه الزيادة جعلت المجموعة تسترد مركز الصدارة من مجموعة عودة في الشهر الاخير.

كانت مجموعة بنك عودة سرادار قد احتلت المرتبة الاولى من حيث الموجودات في الشهر ما قبل الاخير من السنة، حيث بلغت موجوداتها 16800 مليار ليرة مقابل حوالي 16400 مليار

لمجموعة لبنان والمهجر، وقد ارتفعت موجودات بنك عودة في نهاية العام 2005 إلى 17300 مليار ليرة، أي ما يوازي 11. 5 مليار دولار، بزيادة خلال شهر واحد قدرها 500 مليار ليرة، أي ما يوازي 333. 3 مليون دولار. إلا أن دخول الزيادات الناجمة عن مضاعفة الرأسمال قد يعيد الترتيب إلى التقارب والمنافسة.

أما إجمالي موجودات بنك بيبلوس فقد حافظت على نموها ضمن الترتيب، حيث بلغت هذه الموجودات في نهاية العام 2005 ما مجموعه 11500 مليار ليرة أي ما يوازي 7. 6 مليارات دولار. غير أن هذه الموجودات كانت في نهاية الشهر ما قبل الاخير من العام بحدود 10900 مليار ليرة، بمعنى انها زادت خلال الشهر الاخير من السنة حوالى 600 مليار ليرة، بما يوازي 400 مليون دولار.

وتأتي مجموعة البحر المتوسط، التي تعيد هيكلة وزيادة فعالية المجموعة، بعد بنك بيبلوس من حيث إجمالي الموجودات، التي بلغت في نهاية العام 2005 حوالى 8900 مليار ليرة، أي ما يوازي 5. 933 مليارات دولار، بعدما كانت في الشهر ما قبل الاخير حوالى 8300 مليار ليرة، أي بزيادة قدرها 600 مليار ليرة بما يوازي 400 مليون دولار في الشهر الاخير من العام. إشارة إلى أن مجموعة البحر المتوسط كانت ساهمت بدفع جزء من مجموعة اوجيه تلكوم بشراء أسهم شركة الخلوي التركية تورك تلكوم. وربما هذا الامر قد أدى إلى التأثير على حجم إجمالي الموجودات. وهنا لا بد من الاشارة إلى أن إعادة التنظيم الواسعة التي تطلقها مجموعة البحر المتوسط تستهدف توسيع

النشاطات والادوات في المصارف التابعة، بحيث تعزز الربحية والوضعية في طليعة المصارف اللبنانية بعد دمج المجموعات.

وتعتبر مجموعة فرنسبنك من ضمن طليعة المصارف التي تتمسك بالمحافظة على معدلات نمو موجوداتها، وكذلك معدلات الارباح منذ فترة. فقد بلغت موجودات فرنسبنك الاجمالية في نهاية العام 2005 حوالى 7500 مليار ليرة أي ما يوازي 5 مليارات دولار، وهي كانت في الشهر ما قبل الاخير حوالى 7350 مليار ليرة، بما يعني ان هذه الموجودات نمت في الشهر الاخير من العام حوالى 150 مليار ليرة، أي ما يوازي 100 مليون دولار.

أما بنك بيروت، فقد ارتفعت موجوداته في نهاية العام 2005 إلى 6600 مليار ليرة، أي ما يوازي 4. 4 مليارات دولار، بعدما كانت في الشهر ما قبل الاخير حوالى 6200 مليار ليرة، أي بزيادة خلال الشهر الاخير من العام الماضي بلغت 400 مليار ليرة بما يوازي 266. 6 مليون دولار.

وكذلك الامر بالنسبة للبنك اللبناني الفرنسي الذي نفذ كغيره من المصارف عملية إصدار لزيادة أمواله الخاصة وتملك الحصة الاكبر من المساهمة المصرفية بشراء حصة إحدى الشركات المساهمة في المصرف، وهي أمور لن تظهر في ترتيب الموجودات الحالي لنهاية العام 2005. ومع ذلك فقد دلت الارقام على أن موجودات البنك اللبناني الفرنسي ارتفعت مع الشهر الاخير من العام إلى حدود 5650 مليار ليرة، أي حوالى 3. 766 مليارات دولار، وهي كانت في نهاية شهر تشرين الثاني

حوالى 5500 مليار ليرة، أي بزيادة قدرها 150 مليار ليرة في شهر واحد بما يوازي 100مليون دولار.

وتطورت موجودات بنك الاعتماد اللبناني التي سجلت ما قيمته 4900 مليار ليرة، أي ما يوازي 266. 3 مليارات دولار، أي بزيادة حوالى 100 مليار ليرة خلال شهر واحد، مقارنة مع الشهر قبل الاخير من العام 2005. وكذلك ارتفعت موجودات بنك سوسيتيه جنرال إلى حوالى 4400 مليار ليرة، أي ما يوازي 9. 2 مليار دولار، وهي كانت 4100 مليار ليرة في الشهر ما قبل الاخير من العام، أي بزيادة 300 مليار ليرة بما قيمته 200 مليون دولار. ويأتي بنك بيروت والبلاد العربية من ضمن المصارف العشرة الاولى مع نهاية العام 2005 بموجودات إجمالية قدرها 3850 مليار ليرة بما يوازي 566. 2 مليار دولار بزيادة حوالى 50 مليار ليرة خلال الشهر الاخير من العام.

يتضح من واقع موجودات المصارف العشرة الاولى ان هذه الموجودات البالغة حوالى 81850 مليار ليرة، أي ما يوازي 566. 54 مليار دولار، تشكل 5. 77 في المئة من إجمالي الميزانية المجمعة للقطاع المصرفي اللبناني، والبالغة حتى نهاية العام حوالى 545. 106014 مليار ليرة، بما يوازي 325. 70 مليار دولار. وهذا يفسر تمركز النشاطات في القطاع، باعتبار ان القسم الاكبر من حجم الودائع المحققة خلال العام 2005 تمت خلال الاشهر الاخيرة من السنة، وتحديدا خلال الشهر الاخير الذي احتضن القسم الاكبر من نمو الودائع والموجودات كذلك.

2006/2/10

الجزء السابع

شعار الفساد «لأزمة»
الحملات الانتخابية وتحسين المواقع

الهدف مكافحته في التشريعات والأداء أم التعايش معه؟

مكافحة الفساد يكاد يكون الشعار شبه الوحيد لدى الفئات الانتخابية المتصارعة، وهو شعار حل محل البرامج الاقتصادية والسياسية، وهو يكاد يكون عبارة عن عنوان من دون مضمون، باعتبار أن مجرد طرح الشعار لا يعني ان هناك جهة تحيط بكل الأمور الفسادية والافسادية وآليات تنفيذية واضحة، وهي بالتأكيد عاجزة عن تحديد مطارحه.

وقد بدأ التداول في موضوع الفساد وكأنه اصبح امرا واقعا في لبنأن بفعل تطور الممارسات وطول عمرها، أو بفعل غياب المحاولات؛ ولقد جرى القليل من التجارب عبر الحكومات منذ عهد الرئيس فؤاد شهاب الذي حاول اقامة بعض المؤسسات لتكريس حكم القانون.

والفساد الاداري والسياسي موجود في كل المجالات وفي غالبية الدول المتخلفة منها والمتقدمة، مع اختلاف بسيط في توافر المساءلة والمحاسبة لدى بعض الدول المتقدمة، وغياب هذه المساءلة لدى الدول الاقل تقدما، وإذا ما توافرت فهي محصورة

ومحدودة وموجهة باتجاه غير المدعومين من السلطات والمراجع السياسية
ومراكز القوى الساهرة على حماية الفساد في البلاد المعنية، والامثلة كثيرة
يمكن سردها في أكثر من مجال، وفي غير مؤسسة لبنانية.

غير أن الموضوع اليوم هو في طروحات اللوائح والنواب المنتخبين والمبعدين،
وفي تصريحات مسؤولي رؤساء التكتلات النيابية في لبنان. ولأن الفساد اصبح
مدولا كما القضية اللبنانية من حيث التدخلات الدولية والاقليمية، فإن حصر
الموضوع في مناقشة الوضع اللبناني قد يتيح التعرف إلى بعض الامور مما
يساعد على الاستدلال على مكامن الفساد ومطارح حمايته ورعايته والسهر
على تنفيذه واستمراره منذ سنوات ما قبل وما بعد الحرب اللبنانية، لا سيما
بعد الحرب حيث ادخلت عقليات الميليشيات إلى الادارة والمنافع وتقاسم
السلطات.

كان يفترض أن تنطلق ورشة مكافحة الفساد من خلال البرامج الانتخابية
باعتبار أن العلاقة وثيقة وعضوية بين النظام السياسي اللبناني القائم والفساد
الاداري، لا سيما أن المحاصصة السياسية في فترات ما بعد الحرب اللبنانية
والمستمرة حتى الآن ادت إلى تسعير وتصعيد الفساد الاداري، وعطلت كل
محاولة للاصلاح بسبب ابتعاد النظام عن الديموقراطية بموضوع الصراع
الانتخابي، وبالصلاحيات التي يمنحها القانون أو الدستور للسلطات التنفيذية
التي غالبا ما كانت مواضيع نزاع.

فمن خلال المتابعات اليومية لا يمكن الفصل بين تفاقم الازمة الاقتصادية
والمالية عن الفساد الاداري الذي شكل العنصر الاساسي لتفاقم هذه الازمات.

غير ان الفساد الاداري هو وليد الفساد السياسي إذ إن التعيينات الادارية التي حصلت طوال السنوات الماضية استندت إلى المعايير الشخصية واهل السلطة وليس من خلال الاعتماد على الكفاءات، كما جاءت من خلال التوزيعات الطائفية والمحسوبيات على حساب الكفاءة ونظافة الكف حتى في مجال الاختيار الطائفي مراعاة لحصص الطوائف في الفئات الاولى.

فمن الطبيعي ازاء هذا الواقع أن يتم اختيار كبار الموظفين على شاكلة التركيبات السياسية والمرجعيات بحيث، يصبح المسؤول يعمل وفقا لمشيئة الذي جاء به من المرجعيات وليس وفقا لحقوق الوطن والمواطن والدولة.

وهذا امر واضح من خلال محطات كثيرة في الخلافات بين بعض الوزراء والمديرين العامين لديهم بحيث يتحول الخلاف بين الوزير ومرجعية المدير العام بدل من احالة الامر امام مرجعية مجلس الوزراء، والتعداد هنا يمكن أن يفسر في غير محله في حال الإضاءة على تجربة الكهرباء مع سلطة الوصاية، وكذلك ادارة الضمان الاجتماعي ووزراء الوصاية اضافة إلى العلاقات داخل بعض الادارات المالية في الوزارات والمجالس والمؤسسات العامة والمصالح المستقلة، باعتبار أن الفساد السياسي طبع العديد من المؤسسات بطابع مرجعيات طائفية معينة لا يمكن أن يلامسها الاصلاح الاداري بفضل الحمايات السياسية والطائفية.

لقد تضمن التقرير الاخير لرئيس مجلس الخدمة المدنية السابق الوزير المرحوم حسن شلق عبارة تقول «إن الرواتب والاجور لموظفي القطاع العام في الادارات تحول الموظف إما إلى فقير وإما إلى سارق».

وهذا يفسر الاحصاءات التي تقول إن أكثر من 80 في المئة من المعاملات وخصوصا الرسمية في الادارات لا تمشي من دون الدفع غير الشرعي لانجاز هذه المعاملات ولأكثر من موظف لاستعجال مرور المعاملة.

كما كشفت بعض الاحصاءات شبه الدقيقة من خلال المتابعة أن تعرفة الفساد الاداري زادت في بعض الادارات في خلال السنوات السابقة بعد عمليات الملاحقات الشكلية والاعلامية التي تمت بحق الموظفين لغايات سياسية أكثر منها اصلاحية، الامر الذي زاد تعرفة الموظفين المستفيدين من استشراء الفساد الاداري بحيث باتت كلفة المعاملة مضاعفة نظرا لتزايد وارتفاع نسبة المخاطر على مكامن الفساد الاداري والحماة لهم.

ما هو الفساد وهل يمكن مكافحته أو «تحديث المصنع الجديد بمعدات قديمة»؟

في الحقيقة إن تعداد ابواب الفساد الاداري المستند اساسا إلى الفساد السياسي لا يمكن اختصارها بتعريف واحد نظرا للتنوع وتعدد السبل، باعتبار أن كل شخص يفسر الشعار بما يخدم مصلحته ويخفف من حدة الكلمة على ممارساته.

علاقة الهدر بالفساد

الحديث عن الفساد ينطلق من موضوع الهدر الاقتصادي وتضرر المالية العامة، هذا بحسب المفهوم البسيط والقديم.

ومع ذلك فإن هذا التعريف يمكن تقسيمه إلى عناوين عدة:

اولا: على صعيد العقود والمشاريع المنفذة من قبل الدولة اللبنانية، فهل الفساد والهدر هو في طريقة التلزيم أم في طريقة

التنفيذ للمشاريع ومواصفاتها أو في العمولات التي تدفع لتفصيل الشروط على مقاسات محددة. هذا حصل ويحصل في أكثر قطاعات المشاريع حتى أن العلاقة باتت وثيقة بين ربط تلزيم المشاريع المشبوهة في مختلف المجالات وتغيرها مع تغير توجهات واتجاهات الوزراء والادارات المعنية حديثا.

الحقيقة، إن الجواب هو في جميع هذه النقاط، وربما كانت هذه الحال تنطبق على التوسع في تنفيذ المشاريع في لبنان والتي بلغت كلفتها حوالى 6. 1 مليار دولار باعتبار أن المشاريع كانت اكبر من الادارات المعنية، الامر الذي احدث أو سهل حدوث التلاعب في تنفيذ المشاريع من جهة لعدم توافر الرقابة الافقية لكل المشاريع اضافة إلى موضوع المسايرات السياسية لبعض مراكز القوى في الاجهزة والادارات والوزارات والشركات والمحسوبيات، وهذا امر جعل كل العقود غير شفافة، وهي موضع شك في صحتها بسبب عدم دقة المراقبة، كما جعل العمليات السليمة موضوع شبهة دائمة لأن في لبنان هناك من لا يفرق بين مشروع وآخر، لا سيما عند اختلاف الاسعار.

ثانيا: في التشريعات التي تشكل ابوابا للفساد والهدر من دون الامساك بها، وهذه تشريعات تتضمن تعدد التعويضات والتقديمات الصحية والاجتماعية لفئات الشعب اللبناني من الموظفين وغير الموظفين.

فقد ارتفعت قيمة التقديمات الصحية والاستشفائية في الموازنة من 600 مليار ليرة إلى أكثر من 1375 مليارا (من دون معاشات التقاعد) بين العامين 1995 و2004 وهو ما يسمى بالانفاق الاجتماعي. والسؤال هنا ليس في حجم الانفاق بل في

سبل الانفاق وإذا ما كانت تؤدي الغاية المطلوبة منها للمستفيدين. وفي باب الصحة والتعليم وحده هناك هدر بدون أي تحفظ بحدود 25 في المئة بسبب الفساد.

وإذا ما تم التوقف عند تعدد الصناديق الصحية والاستشفائية وفاتورة الدواء البالغة حوالى 700 مليون دولار سنويا، فإن نسبة الهدر بسبب الفساد تصل إلى حدود 30 في المئة من دون أدنى شك.

ما زلنا في القضايا الصحية والتربوية والتعيينات السياسية في الادارات الرسمية والوزارات بحيث هناك ما يزيد عن 62 مؤسسة عامة أكثرها يحمل الدولة اعباء وعجوزات سنوية.

إن الفساد في موضوع الكهرباء ينطلق من باب تجهيز المعامل والصيانة وصولا إلى المجموعات العاملة على المازوت وتأخير الغاز وانتهاء بتعدد اداء وزراء الطاقة وانعكاس المناكفات السياسية والطائفية على اداء أعضاء مجالس ادارة الكهرباء الذين يتحول العديد منهم إلى وكلاء ومدافعين على قطاعات معنية وقطع الغيار وصفقات التلزيم أو تعطيل التلزيم وفقا للعلاقات المميزة. ناهيك عن المواصفات الخاصة بمحروقات الكهرباء.

وكذلك الامر بالنسبة إلى التعيينات السياسية والطائفية والتبعية في مجالس ادارة الضمان والمجالس الثلاثية التمثيل، بما يؤمن خدمات ومتابعات لمعاملات تخدم الاطراف السياسية التي جاءت بهؤلاء الاعضاء للافادة من تعويضات جلسات وهمية وبدون قرارات تذكر.

أما الحديث عن المؤسسات المشتركة التي تملكها أو تساهم بها الدولة اللبنانية، فإن امر الفساد يزداد حيث تكون مساهمات

القطاع الخاص أكثر من مساهمات الدولة ويكون القرار فيها للدولة اللبنانية، وهذا امر عاشته سابقا ولا تزال شركة انترا للاستثمار مع معالجة قضايا الشركات التابعة لا سيما في العلاقة مع كازينو لبنان وبنك التمويل وقبلهما مع شركة طيران الشرق قبل أن يتملكها مصرف لبنان.

وهذا الإشكالية يعيشها مصرف لبنان مع شركة انترا والشركات التابعة والكازينو حيث لا سلطة له على العديد من هذه المؤسسات بسبب الادارات السياسية والمحسوبيات، وهذه مؤسسات تدار وفقا لمشيئة قلة من المستفيدين على حساب العديد من المساهمين وحقوق الدولة العاجزة عن تحصيل حقوقها حتى بعد التعديلات في النظم وطريقة احتساب العائدات.

يخطئ من يقدر حجم الفساد بالمال فقط لأن الامر يتخطى ذلك بكثير إلى موضوع الشفافية، الذي يحرم البلاد من آلاف فرص الاستثمار، ويرفع عن لبنان فرصة تخفيض نسب البطالة بالتمتع بمناخ سليم للاستثمارين الداخلي والخارجي.

وهذا لا يعني أن الهدر في العديد من هذه المؤسسات على الرغم من الاصلاحات الاخيرة والخجولة، قد يتوقف طالما أن الوصايات المباشرة ليست للادارات المعنية وانما لمراكز قوى محددة تعين وتغير ادارات هذه المؤسسات وفقا لمشيئة المحاصصات التي تشكل في لبنان المدخل الاساسي لحماية الفساد حتى بالنظم والتشريعات.

لقد سبق لاحدى مجالس ادارة المؤسسات المشتركة بين الدولة والقطاع الخاص أن قام بزيارة احد كبار المسؤولين بعد تعيينه (أي المجلس الجديد)، وطلب من المسؤول تغطية لملاحقة

335

كل ادارات الشركات التابعة ونال المباركة. الا أن هذا المسؤول نفسه عاد وطلب من مجلس الادارة المعين بعد ايام من الزيارة أن «اتركوا هذه المؤسسة لأن مديرها يعمل جيدا» بشهادة من المسؤول علما أن هذه المؤسسة كانت الأكثر انتقادا من مختلف فئات المجتمع اللبناني وكانت تعمل بدون مجلس ادارة لخلافات مع المدير المذكور.

والسؤال هنا بالعودة إلى الفساد الانتخابي فهل الهدف معالجة الفساد أو التعايش معه على امل التخفيف من اضراره؟

أ- إن المعلومات والشفافية حول كل قطاع حق لكل مواطن كي يعرف اداء الادارات والمؤسسات والصفقات والعقود والشروط والتلزيمات ليحكم على اداء الادارات والأداء الصحيح، لأن الفساد لا يقاس بالارقام لانه يحصل بالخفاء.

فمتى توافرت الشفافية لم يعد هناك حاجة لشراء السكوت، أو طلب التغطية من احد لا من اهل السياسة ولا من اهل الادارة، وهذا عنصر ثقة للمواطن على اختلاف مستوياته.

ب- النقطة الثانية لمكافحة الفساد تكون بالمحاسبة عن طريق قانون انتخاب سيتيح للمواطن ايصال صوته بالطريق الصحيح وعلى اساس برامج محددة، وليس على اساس استحضار العصبيات الطائفية والمذهبية، من هنا يجب الافادة من الشعارات المطروحة حول مكافحة الفساد ووقف تقاذف المسؤوليات اعلاميا من دون أية حبة للعلاج. وقانون الانتخاب يمكن أن يفتح باب المساءلة، وإلا فإن المواطن يحاسب النواب على الاداء، وليس على اساس الوعود بالخدمات بعد تجويع الشعب كما يحصل اليوم؛ بحيث تحل الوعود الانتخابية والخدماتية وهي حق للمواطن

من دون منة، بدلا من المساءلة والمحاسبة المطلوبة لتحقيق العدالة الاجتماعية ووقف هدر اموال الدولة لقلة مستفيدة مع ازلامها.

هناك من يقول إن الفساد هو السبب الاساسي في ارتفاع الدين العام، علما أن الموازنة تنقسم إلى قسمين الاول هو كلفة الاجور والتقديمات (حوالى 38 في المئة من النفقات) والقسم الثاني هو خدمة الدين العام (حوالى 40 في المئة من النفقات) التي تراجعت بعض الشيء بعد انخفاض الفوائد.

ولكن هل لنا أن نعرف اسباب الدين العام ومتى بدأ وما علاقة الحرب والعجوزات المتتالية للموازنة فيه.

يجب العمل قبل أي كلام على احتساب كلفة القطاع العام السياسي في التوظيف والانفاق وحجم النفقات السياسية وافتداء الخلافات السياسية بالمال العام. وبعد تحديد مكامن الفساد في القطاعات والصفقات والالتزامات تسهل عملية تطويقه مرحليا.

ج- أخيرا، لقد خرجت التصنيفات الدولية وتحديدا مؤسسة الشفافية الدولية وصنفت لبنان في المرتبة 97 في الفساد لسنة 2004 بعدما كان في المرتبة 78 في العام 2003، وهذا يعني أن المؤشر يؤكد تقدم الفساد خلال السنتين الاخيرتين بالمقارنة مع الفترات السابقة بما يعني أن علامة لبنان، في هذا المؤشر، تراجعت من 3 إلى 2. 7 من اصل 10 علامات ممكنة، وهو مؤشر تعتمده أكثر من 146 دولة. ولم تتحقق اية عمليات ولو جزئية لمكافحة الفساد واجراء اصلاحات بحيث استمر استخدام كلمة الفساد ككلمة اعلامية تستخدم في المناكفات السياسية وفي المناسبات الانتخابية.

التحديث بمعدات قديمة؟

فهل يمكن اصلاح المصنع وتحديثه بمكنات ومعدات قديمة؟

لقد ورد في احد تقارير الاجهزة البريطانية في إطار الحديث عن مكافحة الفساد من قبل بعض الحكومات: «إنه لا يمكن للمفسد أن يكافح الفساد»

نرجو أن يكون هذا الكلام بعيدا بعض الشيء عن لبنان.

وفي المحصلة يخطئ كثيرا من يقول إنه يستطيع تقدير كلفة الفساد أو الهدر الحاصل بسبب الفساد الاداري وقبله السياسي بارقام محددة، لان عمليات الفساد تتم سرا، وبالتالي لا احد يصرح عما يأخذه أو يدفعه. ولكن مقاربة الكلفة امر ممكن ضمن احتساب الاكلاف الواقعية الظاهرة والكلفة الحقيقية الواقعة، وكل ما عدا ذلك شعارات واستخدامات سياسية لفريق للنيل من الاخر وهذا ما نشهده اليوم على الساحة الوطنية، وسنعيشه لفترات مقبلة بحيث يكون هناك 100 سرقة ولا سارق واحد، وهناك ألف مخالفة ولا مخالف محدد باعتبار أن التركيبة السياسية لن تتغير كثيرا في الشكل والمضمون.

لذلك فإن الحد من الفساد أو مكافحته ليست شعارا مرحليا وعلاجها لا يتم بين ليلة وضحاها، فهي تحتاج إلى نمط ونفس طويلين، ونية صادقة على المستوى الوطني، ولا يكفي تعزيز الرقابة الادارية للحد من الهدر والفساد لانه موجود في التشريعات والعديد من القوانين، كما هو موجود في الصفقات والعقود والتلزيمات وتعديل المواصفات ووضع دفاتر الشروط لغالبية الاعمال التي تفصل على مقاييس اصحاب المصالح المدعومين

سياسيا وأمنيا وليس على مقاس مصلحة الوطن وسلامة المواطن العامة.
فعقلية الكسب السريع تسيطر على فئات كبيرة في القطاعين العام والخاص،
وقد أضيف إليها عنصر الفساد بعد حرب طويلة طاولت كل القطاعات
والمجالات، قبل أن تدخل هذه الآفة في صلب التركيبة السياسية ومن بعدها
الامنية.

وها هي لوائح المرشحين الانتخابية اليوم تجمع بين رافعي شعارات مكافحة
الفساد، وهي تضم في صفوفها العديد من الرموز التي مارست الفساد على
المستويات كافة من الادارة إلى المشاريع. فهل الدعوات الانتخابية الحقيقية
تستهدف الدعوة لمكافحة الفساد أم للتعايش معه؟

أخيرا، لا بد من ملاحظة اساسية سادت الاداء السياسي خلال الفترات القليلة
الماضية، حيث حاول العديد من المرجعيات في السلطة اشاعتها، وهي تقول
بأن هذا المسؤول أو ذاك نظيف وضد الفساد ولكن هذا لا ينطبق على من
حوله. والسؤال البديهي، كيف يكون هذا المسؤول نظيفا ويعيش وسط
مكبات النفايات وكيف له أن يكافح الفساد وهو يعيش في قلبه ويحميه؟.

2005/6/20

اختلاف الظروف الموضوعية
بين باريس 2 ومؤتمر نيويورك

6. 5 مليارات دولار خسائر عجز الكهرباء

بين مؤتمر باريس 2 في العام 2002ومؤتمر نيويورك، وبالتالي المؤتمر الدولي لدعم لبنان المقرر أواخر العام الحالي في بيروت أكثر من نقطة اختلاف أساسية منها السياسي ومنها الاقتصادي.

وربما كانت النقطة الأهم والأبرز بين المؤتمرين هي غياب الرئيس الشهيد رفيق الحريري، وهو في العادة مهندس مثل هذه المؤتمرات من خلال علاقاته الدولية والعربية المغلقة بمونته الشخصية على اصدقائه الذين تحولوا إلى اصدقاء للبنان انطلاقا مما قبل باريس 1 ومن ثم باريس 2.

أما الظروف الاخرى المختلفة فهي كثيرة ومتعددة من السياسة إلى الاقتصاد، اولها أن المؤتمر برعاية اميركية مباشرة في غياب الوجود السوري في لبنان، وهذا أمر في منتهى الأهمية ويحتاج إلى مواقف في منتهى الدقة من ناحية الصورة المقبلة للعلاقات الاقتصادية اللبنانية السورية ومصير الكثير من الاتفاقات التي كانت

قائمة بين البلدين والتي تعطلت بفعل التطورات السياسية والأمنية الأخيرة. الظروف الأخرى المختلفة تتعلق بالمؤشرات الاقتصادية اللبنانية الداخلية بعد كارثة اغتيال الرئيس الشهيد رفيق الحريري، وهي مؤشرات أكثر سوءا على صعيد القطاعات المختلفة مما كان عليه الوضع عشية التحضير لمؤتمر باريس 2.

في التفصيل، إن الرئيس رفيق الحريري تحرك نحو باريس 1 وباريس 2 عندما أدت المناكفات السياسية بين اهل السلطة إلى استنزاف مصرف لبنان لكامل احتياطاته من العملات الاجنبية، وبعدما زادت ضغوط صندوق النقد الدولي باتجاه فرض اصلاحات على لبنان لا قدرة له على تحملها، ومن شأنها أن تهدد الاستقرار النقدي والاجتماعي وسط تزايد نمو الدين العام واستمرار الهدر في النفقات العامة إرضاء للسياسة. . اما بقية المؤشرات الاقتصادية فكانت أفضل بكثير مما عليه الوضع اليوم حيث تشهد كل المؤشرات الاقتصادية تراجعا شبه شامل من السياحة إلى النقل وحركة تراجع الإيرادات العامة والانعكاسات الكبيرة لارتفاعات اسعار النفط على الميزان التجاري، وكذلك العجز المتراكم في ميزان المدفوعات الذي سجل رقما قياسيا في التراجع حتى نهاية تموز الماضي، اضافة إلى تراجع حركة الودائع في المصارف التي تراجعت حوالى 2 في المئة مقابل نمو في العام الماضي بنسبة 12. 6 في المئة تقريبا، وكذلك تراجع حركة الرساميل بنسبة فاقت 30 في المئة، ناهيك عن تراجع النمو الاقتصادي في البلاد إلى حدود الصفر حتى لا نقول بالنمو السلبي مقرونة مع نمو 5 في المئة من العام الماضي وسط استمرار الدين

العام بوتيرة النمو ذاتها، وإن تراجعت كلفته عن الاعوام السابقة بفعل انخفاض الفوائد الا أن نمو كلفة الدين ستظهر مجددا بعد محطة الدفاع عن الاستقرار النقدي التي تلت مباشرة اغتيال الرئيس الحريري.

وفي هذه الظروف تبرز نقطة اختلاف أساسية في مطالب لبنان من المجتمع الدولي، إذ لم تعد القروض الميسرة والطويلة الاجل تحل وحدها مشكلة نمو المديونية العامة وتراكم عجز الموازنة وكلفة الدين العام في الموازنة والحزينة، وإن المطلوب بإلحاح وخلافا لتوجهات رئيس الحكومة وبعض أركان البنك الدولي وصندوق النقد، بعض الهبات المباشرة لاسيما من الدول العربية لتكون سندا لعمليات الخصخصة التي من الممكن تنفيذها من قبل الدولة اللبنانية لاستخدامها في إطفاء جزء من الدين العام الذي فاق مع المستحقات الـــ40 مليار دولار، خاصة وأن الديون الداخلية على لبنان معظمها من ودائع المواطنين لدى القطاع المصرفي من سندات الخزينة، ومن ضمنها انتظار تبعات نتائج لجنة التحقيق الدولية برئاسة ميليس باغتيال الحريري.

من هنا يقول الرئيس فؤاد السنيورة إن خيار الخصخصة لابد منه من دون تحديد العائدات باعتبار أن الخصخصة هذه المرة تشكل بندا إصلاحيا أكثر منها بندا ماليا للحد من الإنفاق غير المجدي وتحسين أداء المؤسسات العامة.

حسبة لبعض الخسائر من الكهرباء إلى الخلوي

لا بد في إطار الحديث عن سعي لبنان للحصول على دعم من الدول المانحة لمواجهة الاعباء الاقتصادية والمالية من التوقف

عند جردة حساب بسيطة ناجمة عن الأداء الاقتصادي في ظل المناكفات السياسية خلال السنوات القليلة الماضية لاسيما في القطاعات المرشحة للخصخصة أو تلك التي خاضت التجربة وخربتها السياسات المتناقضة.

1- في موضوع الكهرباء وهي التي وضع مشروع قانون لخصخصتها أو خصخصة بعض قطاعاتها لاسيما قطاع الإنتاج والتوزيع، وإبقاء قطاع النقل في يد الدولة، وهذا أمر لم يبحث جديا لتناقض المواقف السياسية داخل الحكومات المتعاقبة منذ العام 1994 وصولا إلى العام 2005، وقد اشتدت المناكفات منذ العام 1998 حول كل القضايا الاساسية في السياسة والاقتصاد بين اهل الحكم والحكومة. وفي جردة بسيطة وأولية يتبين ان قطاع الكهرباء كلف الخزينة بسبب العجوزات المتواصلة بين العام 1994 وحتى اليوم حوالى 3.7 مليارات دولار تقريبا باعتبار أن معدلات العجز السنوية كأنت تتراوح بين 200 مليون دولار في التسعينيات وحوالى 350 و800 مليار ليرة للسنوات اللاحقة لاسيما السنوات الثلاث الاخيرة التي وصل العجز فيها إلى ما بين 500 و800 مليون دولار. فإذا كان المتوسط السنوي للعجز هو 300 مليون دولار فإن العجز خلال 12 سنة فاق 3.6 مليارات دولار من دون الفوائد. واذا ما تم احتساب الفوائد على أساس فوائد سندات الخزينة بالدولار فإن هذا العجز يرتفع إلى حوالى 5 مليارات دولار، من دون احتساب أكلاف القروض وبدلات اقساط التجهيز والفوائد التي تتحملها الدولة وكهرباء لبنان حسب طبيعة الديون التجهيزية التي كلفت الخزينة أكثر من 1.5 مليار دولار خلال السنوات العشر الأخيرة.

2- حسبة أخرى سببها أخطاء المناكفات السياسية تتعلق بطريقة معالجة قضية العلاقة بين الدولة وشركات الخلوي، وهو القطاع الأساسي في موضوع الخصخصة المرتقبة في تأمين بعض المال لتخفيف حجم الدين العام وكلفته على الخزينة والموازنة في إطار تعهدات الدولة في الإصلاحات للدول المانحة بعد اجتماعات نيويورك تحت المظلة الأميركية والرعاية العربية. فقد خسرت الدولة منذ موضوع الخلاف الذي نشب أيام حكومة الرئيس الحص ومن ثم إصدار سندات التحصيل بقيمة 300 مليون دولار على كل شركة ووصولا إلى الدعاوى المتبادلة، ومن ثم قرارات فسخ العقود حوالى 800 مليون دولار كان يمكن تلافيها لولا المناكفات السياسية والخلافات بين اهل السلطة في إطار الصراع لإخراج بعض القائمين على الشركات السابقة ولإدخال آخرين محلهم تحت شعار الدفاع والحفاظ على المال العام، وهو شعار لم يكن في محله باعتباره وظف لخدمات خاصة للحلول محل الشركات التي كانت قائمة على القطاع. وهذه الحسبة دونما التوقف عند تردي الخدمات وكلفة التجهيز الواقعة على عاتق الدولة. ناهيك عن القضية الأساس، وهي تخطي المخالفات التي أشار اليها ديوان المحاسبة في عقود تلزيم ادارة القطاع التي نفذتها وزارة الاتصالات بعد قرار لمجلس الوزراء بمخالفة قرار ديوان المحاسبة. فبدلا من أن تربح الدولة من استرداد القطاع مئات الملايين من الدولارات دفعت وتحملت وستدفع مئات الملايين بعد خسارة التحكيم أمام شركتي فرانس تلكوم وليبانسيل بما يوازي 266 مليون دولار لكل شركة. ولا بد من الاشارة هنا إلى ما تناوله الرئيس فؤاد السنيورة في خلال دردشة عن قرارات

التحكيم ومطالب محامي الدولة وكلفة الدعاوى التي بلغت 11 مليون دولار، حيث قال إن الايام تثبت في كل مرة أن العقود التي أجريت مع شركتي الخلوي السابقتين كانت من افضل العقود، وأن الاخطاء المتتالية في ادارة الملف حملت الدولة الاعباء.

3- تبقى قضية اساسية اخرى تتعلق في الدعاوى التحكيمية بين الدولة وشركة «سي سي سي وهوكتيف» حول أشغال مطار بيروت حيث كانت الشركة تطالب بحوالى 200 مليون دولار ثم بدأت مفاوضات بين طرفي النزاع وكلف مجلس الانماء والاعمار بإجراء المفاوضات حول التسوية بدلا من متاهات التحكيم، التي اعتادت الدولة على خسارتها أو خسارة أكثرها، في مختلف النزاعات التي كانت طرفا فيها. وبالفعل دخل مجلس الانماء والاعمار مفاوضات للتسوية تم خلالها تخفيض المبالغ المطلوبة إلى ما دون الـــ100 مليون دولار، وقد أنجز مجلس الانماء والاعمار الملف ويفترض أن يحيله إلى مجلس الوزراء لاتخاذ القرار بالدفع أو اتخاذ القرار الذي يمكن أن يرضي الطرفين بعد وعود من الدولة بإنجاز هذه التسوية وانهاء النزاع، وذلك بعد نصائح من بعض القانونيين إلى احد مسؤولي المؤسسات العامة والادارات المعنية في احد النزاعات بأن على الدولة أن تسعى إلى التسويات في القضايا التحكيمية لأنها لم تنجح في الدفاع عن أدائها والممارسات مع تعهداتها في الكثير من العقود والتلزيمات. ولقد اعتبر هذا المسؤول أو المرجع القأنوني ان الدولة في التسويات توفر عليها الكثير مقارنة مع خسائر نتائج التحكيم. تقضي الاشارة هنا إلى أن الدولة خسرت في السابق بعض

الدعاوى المتفرقة الصغيرة مع شركات المقاولات تحملت بموجبها بعض الملايين، والتي لا تقارن مع الدعاوى الكبرى الحالية مثل مشروع المطار وتحكيم شركات الخلوي التي لم تحصل الدولة فيها على أي مكسب من عناوين الدعاوى وهي خسرت حوالى 266مليون دولار امام كل من الشركتين موضوع النزاع.

4- ففي حسبة اولية يتبين ان الدولة تحملت فقط بين عجوزات الكهرباء ونتائج خسائرها التحكيمية وفسخ عقود الخلوي اضافة إلى المواضيع المتفرقة أكثر من 6. 5 مليارات دولار مع الفوائد عن السنوات القليلة الماضية (منها 3. 6 مليارات عجوزات الكهرباء من دون الفوائد ومن دون ديون التشغيل بمعدل عجز 400 مليار ليرة سنويا منذ العام 1994 علما أن عجز السنتين الاخيرتين فاق وحده المليار و200 مليون دولار بفعل ارتفاع اسعار المحروقات، ومنها حوالى 800 مليون دولار نتيجة سوء إدارة الخلوي منذ بداية عهد الرئيس لحود).

2005/9/26

توافق الحريري ونصر اللـه
على تفعيل الحكومة ينجز خطة الكهرباء

تعيين مجلس الإدارة ينتظر تقرير لجنة طلبات المرشحين

كثيرة هي المؤشرات الاقتصادية المختلطة مع مؤشرات التوافق السياسي وأثره على تحريك القضايا المالية والخدماتية، لاسيما اذا ما تعلقت الامور بمؤسسات يسهل التوافق حولها، ولا تصطدم المصالح السياسية حولها.

ويمكن أيضا للمؤشرات الايجابية الاقتصادية والمالية التي تشهدها البلاد منذ أشهر، أن تدفع القيادات السياسية المختلفة لأن تأخذ الامور ومصالح المجتمع اللبناني، الاقتصادية والاجتماعية والمالية، في الاعتبار، وتقدمها على الهموم الاخرى، لتكريس تحسن المؤشرات من جهة، ومحاولة تحريك الجمود المسيطر على البلاد، والتخفيف عن كاهل المواطن والمؤسسات التي تعاني الركود منذ مدة طويلة من جهة ثانية، بعدما أصبح الوضع يهدد الاستقرار المعيشي والامن الاجتماعي بشكل كبير.

لا يمكن للمتابع للقضايا المفصلية والمؤثرة على المالية العامة وخدمات المواطنين، إلا أن يكتشف نتائج التفاهم المبدئي بين حزب اللـه وتيار المستقبل حول تفعيل العمل الحكومي،

والذي بدأت نتائجه من خلال إنهاء مجلس الوزراء لمناقشة خطة إنقاذ الكهرباء التي وضعها الوزير محمد فنيش، والتي كانت قرارات الجلسة الاخيرة للحكومة مختصرة عليها. وهي خرجت بتفويض واسع للوزير فنيش لاتخاذ كل الخطوات التحضيرية للدراسات والتنفيذ في مجالات الانتاج، والصيانة والتفاوض على شراء المشتقات النفطية، والعمل على تنفيذ خط الغاز بين البداوي والزهراني، والبحث عن التمويل ودراسة تحديث المعامل في الجية والزوق. ويبرز التفاهم أيضا من خلال مشاركة وزارة المالية، وهي سلطة الوصاية الثانية على الكهرباء، في بعض التفويضات المشتركة لتنفيذ بعض القرارات الاساسية في قطاع الكهرباء، إلى جانب وزارة الطاقة، مما يعني ببساطة تجريد إدارة مؤسسة الكهرباء من معظم صلاحياتها في الصيانة والمالية والتطوير باتخاذ قرار بالموافقة على تعيين عضوين متفرغين يختصان بالشؤون المالية والادارية والتقنية في مجلس الادارة، إضافة إلى التعاقد مع استشاري دولي لتقييم الوضع المستقبلي لمعملي الجية والزوق، وهو أمر يقع في صلب صلاحيات الادارة في الكهرباء.

هذا التفاهم يفترض أن يلحقه تفاهم سياسي آخر على تعيين مجلس الادارة الجديد وهو بيت القصيد المقبل بعد انتهاء اللجنة المكلفة من رئيس مجلس الخدمة المدنية وممثلين عن رئيس الحكومة فؤاد السنيورة ووزير الطاقة والمياه محمد فنيش، لاختيار أعضاء مجلس الادارة بحسب المواصفات والكفاءات المطلوبة من أصحاب الخبرة. وقد أكد الوزير فنيش أن اللجنة تلقت العديد من العروض من أصحاب الكفاءات المطلوبة، وأنها سترفع تقريرها عند اكتمال العناصر المطلوبة، وبعدها يعود الامر إلى البت في

مجلس الوزراء بعد التوافق السياسي، وهذا أمر بديهي؛ مع تأكيد فنيش على أن كل بنود الخطة أقرت ولا عودة إلى مجلس الوزراء لمناقشة قضية الكهرباء، إلا من باب معالجة العجز المالي من جراء أسعار المحروقات التي لا سلطة للدولة عليها. أما سائر البنود الاصلاحية وشراء الغاز ومتابعة الاشراف على الصيانة والتطوير فقد انتهى نقاشها في مجلس الوزراء.

اللافت في الامر ان الرئيس السنيورة هو أول من بادر إلى القول إنه تمت الموافقة على البنود المطروحة من وزير الطاقة، مما يعزز الاعتقاد بالتفاهم لتحريك العمل الحكومي من خلال لقاءات السيد حسن نصر الله والنائب سعد الحريري.

وتكفي وقفة عند القرارت الاخيرة لمجلس الوزراء لمعرفة مدى تقاسم الصلاحيات بين وزارتي الطاقة والمالية في وضع اليد على معالجة قضية الكهرباء. إشارة إلى أن سلفة الـ 392 مليار التي لم يقرها مجلس الوزراء لتغطية احتياجات المحروقات للكهرباء حتى نهاية العام هي بحكم المقرة سلفا، لأن وزارة المالية، وكذلك وزارة الطاقة ملزمتان بتنفيذ العقود مع سوناتراك الجزائرية والمؤسسة الوطنية الكويتية، وبالتالي تسديد أثمان المحروقات في مواعيد محددة، ولا مشكلة عند وزارة الطاقة في هذا الخصوص.

ويؤكد الوزير فنيش أن القرار الخاص بخط الغاز هو مجرد الحصول على موافقة للانطلاق نحو البحث عن سبل التمويل والتنفيذ، سواء عن طريق القطاع الخاص، أو عن طريق الصناديق العربية. وقد سبق أن أثير الامر مع الصندوق العربي للتنمية الذي أبدى استعدادا للمساهمة. وقال إنه لا داعي لتنفيذ الخط دفعة واحدة، يمكن البدء بجزء، ويحول الغاز الاضافي في حال

الحصول عليه إلى سلعاتا ومناطق اخرى يمكن النقل اليها بواسطة الصهاريج.

1- القرارات التوافقية وتجيير الصلاحيات

ماذا في القرارات الاخيرة التي طلبها وزير الطاقة وتمت الموافقة عليها بالكامل من قبل مجلس الوزراء ومن بينها السلفة ضمنا:

الموضوع: القرارات الرئيسية المتعلقة بقطاع الكهرباء.

المرجع: الخطة الاصلاحية لكهرباء لبنان التي أعدتها وزارة الطاقة والمياه.

لما كانت وزارة الطاقة والمياه قد قدمت رؤيتها لإصلاح قطاع الكهرباء من خلال خطة متكاملة وعرضها على مقام مجلس الوزراء لمناقشتها وإقرارها.

ولما كانت هذه الخطة تقضي باتخاذ قرارات سريعة من شأنها تسريع عملية الاصلاح، ومنها:

الموافقة على تفرغ عضوين من مجلس الادارة في مؤسسة كهرباء لبنان يوكل اليهما مراقبة الاداء المالي والاداري للمؤسسة.

الموافقة على تفويض وزير الطاقة والمياه التعاقد مع استشاري دولي للاشراف على عقد الصيانة والتشغيل الموكل إلى شركة كيبكو الكورية لمعملي البداوي والزهراني، على أن تدفع تكاليف الاستشاري من موازنة مؤسسة كهرباء لبنان.

الموافقة على تفويض وزير الطاقة والمياه التعاقد مع استشاري دولي لتقييم خيار الابقاء على معملي الذوق والجيه

لحين إنشاء معامل بديلة ذات فعالية أعلى، على أن تدفع تكاليف الاستشاري من موازنة مؤسسة كهرباء لبنان.

الموافقة على تشكيل لجنة تضم وزارتي الوصاية على كهرباء لبنان (الطاقة والمياه والمالية) ليصار إلى حل المشاكل العالقة حاليا ومستقبلا في ما خص قرارات مجلس ادارة كهرباء لبنان والتي تتطلب معالجة سريعة.

الموافقة على تشكيل لجنة تضم وزارتي الوصاية على كهرباء لبنان (الطاقة والمياه والمالية) وكهرباء لبنان لدراسة عروض تزويد كهرباء لبنان بالمشتقات النفطية خارج العقود الموقعة مع شركتي النفط الكويتية وسوناتراك الجزائرية.

الموافقة على تمديد خط لنقل الغاز الطبيعي من منطقة البداوي إلى منطقة الزهراني وتنفيذه على مراحل.

الموافقة على تفويض وزير الطاقة والمياه التعاقد مع استشاري عالمي لفتح باب الاستثمار لإنشاء معامل جديدة في البداوي والزهراني وغيرها من المناطق على طريقة الاستثمار الخاص.

الموافقة على تفويض وزير الطاقة والمياه التعاقد مع شركة CRA انترناشيونال لإنجاز المرحلة الثانية من مشروع معالجة النزيف المادي لكهرباء لبنان على أن تدفع نفقات الاستشاري من موازنة مؤسسة كهرباء لبنان.

ويبقى السؤال الاساسي هنا: هل اقتنع أهل الحكم والحكومة خصوصا بضرورة المعالجات الإصلاحية؟ وهل ستنسحب هذه الحالة التوافقية على قضايا الضمان الاجتماعي ومن ثم على الخصخصة لبعض القطاعات والتخلي عن المحاصصة

لإقناع المجتمع الدولي والدول المانحة أننا نسلك طريق الحد الأدنى من الاصلاحات مع المحافظة على التقديمات الاجتماعية وتطويرها؟

سؤال آخر: هل يستمر التوافق ليطاول القرارات الاصلاحية ذات الانعكاسات الموجعة ماليا، من الأجور وتحرير السلع ورفع الدعم والقضايا المطلبية التي كانت مواضيع خلافية بالأمس القريب.

2- قضايا خارج نطاق سلطة التوافق

لا شك بأن الوضع المالي والعجز والتمويل لاحتياجات الدولة كانت من ضمن اهتمامات اللقاءات المشتركة بين السيد حسن نصر الله والنائب سعد الحريري، باعتبار أن مفاعيلها تصيب القاعدة الشعبية عموما، وتصيب عصب الحركة الاقتصادية في القطاعين العام والخاص، وتصيب الفئات الباحثة عن فرص عمل من الشباب. إلا ان هذه العناصر التمويلية لا تقع ضمن سلطة التوافق السياسي بين المرجعيتين أو أكثر، كونها تخضع لقطاعات ومصادر تمويل مستقلة مصرفية داخلية أو خارجية وهي تحتاج لعلاجات من نوع آخر.

ربما كان سعد الحريري الأكثر قدرة على التحرك في هذا المجال من السيد نصر الله بواقع العلاقات الدولية والخارجية المؤثرة على المنظمات والدول المانحة، وهو، أي الحريري، كان أثار هذا الامر في عدد زياراته الاخيرة لتفعيل عملية تسويق المؤتمر على الرغم من بعض ملاحظاته على الورقة الاصلاحية. وربما كان تحرك الحريري لإحياء إمكانية انعقاد المؤتمر لقناعته

بأن التمويل المصرفي الداخلي لم يعد يفي بالغاية لتأمين الاحتياجات للدولة على الاقل بالنسبة لآجال القروض والديون، ولقناعته أيضا بأن المؤتمر الدولي يخفف من إمكانية اللجوء إلى ضرائب جديدة على المواطنين، وهو أمر لا يستطيع تبنيه في السياسة تجاه القاعدة الشعبية، التي بدأت تشكو من تردي التقديمات الاجتماعية وتلهي المسؤولين بالامور السياسية والمناكفات بعيدا عن الهموم الحياتية.

أما المشكلة الاساسية التي تحتاج إلى توافق سياسي لإقناع القطاع المصرفي بمواصلة التمويل فهي إرسال إشارات تقول بمباشرة العملية الاصلاحية. وهذا أمر لم يلمسه القطاع المصرفي الذي مول الدولة حتى الآن بما يزيد عن 5 .20 مليار دولار، أي أكثر من نصف الدين العام المقدر بحوالى 5 .39 مليار دولار. ويدور النقاش داخل القطاع المصرفي وبين المصارف والسلطات النقدية والمالية حول التمويل للفترات المقبلة، حيث تمتنع المصارف عن أية عمليات تمويل جديدة، إضافة إلى تمنع بعض المصارف عن الاكتتابات بالسندات الطويلة الاجل بالليرة، مما أحدث تباينا بين أركان القطاع المصرفي في ما بينها ومع السلطات المالية في الدولة.

وتفيد الاحصاءات الاخيرة للقروض المصرفية للدولة انها شكلت بين ايار 2005 وايار 2006 ما مجموعه 8506 مليار ليرة، أي ما يوازي6 .5 مليارات دولار بزيادة نسبتها 65 .39 في المئة. اشارة هنا إلى أن تمويل المصارف للقطاع العام خلال الاشهر الخمسة، أي منذ بداية العام، بلغ حوالى 4 .2 مليار

دولار، وهو يوازي ضعف حجم التمويل الذي تحقق خلال كامل العام 2005 مقارنة بالعام 2004.

أما التسليفات للقطاعات الاقتصادية أي القطاع الخاص فقد بلغت حتى نهاية ايار ما مجموعه 25635 مليار ليرة، بما يوازي 17 مليار دولار، بزيادة قدرها 911 مليون دولار، مقارنة بايار من العام الماضي، أي بزيادة نسبتها 5 66 في المئة.

تبقى نقطة أساسية ساهمت إلى حد كبير في ضرورة تبريد الجو السياسي والاتفاق على تفعيل عمل الحكومة تتعلق بحجم الرساميل الوافدة إلى لبنان خلال الاشهر الخمسة الاولى والتي بلغت حوالى 4990 مليون دولار، وهي تحويلات توازي حوالى أربعة أضعاف ما تحقق خلال الفترة ذاتها من العام الماضي، والبالغ حوالى 1200 مليون دولار، وذلك على اثر نتائج اغتيال الرئيس الشهيد رفيق الحريري. هذا الواقع جعل ميزان المدفوعات يحقق فائضا قياسيا قدره 1835 مليون دولار في خمسة أشهر مقابل عجز قدره 1605 ملايين دولار في نهاية ايار 2005.

2006/7/10

Lebanon's major economic Indicators 2008-2004 تطور المؤشرات الاقتصادية اللبنانية

		2004	2005	2006	2007	2008
الناتج المحلي الإجمالي (بملايين الدولارات)	GDP (US$ million)	21 . 465	21 . 558	22 . 437	25 . 044	28 . 785
النمو الحقيقي للناتج المحلي الإجمالي	Real GDP growth	%7 . 5	%1 . 1	%0 . 0	%7 . 5	%8 . 0
دخل الفرد (بالدولار)	GDP per capita (US$)	5 . 949	5 . 898	6 . 146	6 . 569	7 . 377
الزراعة والصناعة	Agriculture and industry					
الصادرات الزراعية (بملايين الدولارات)	Agricultural exprots (US$ million)	107	100	104	134	166
الصادرات الصناعية (بملايين الدولارات)	Industrial exprots (US$ million)	1 . 640	789	2 . 178	2 . 681	3 . 312
البناء	Construction and real estate					
رخص البناء (متر مربع)	Construction permits (square metres)	9 . 156 . 204	8 . 254 . 353	7 . 464 . 585	9 . 037 . 609	11 . 771 . 847
تسليمات الأسمنت (بالأطنان)	Delivery of cement (tonnes)	2 . 782 . 943	3 . 039 . 622	3 . 422 . 927	3 . 944 . 945	4 . 172 . 668
قيمة المبيعات العقارية (بملايين الدولارات)	Value of property sales (US$ million)	2 . 884	3 . 303	3 . 139	4 . 198	6 . 481
التجارة والخدمات	Trade and services					
الواردات(بملايين الدولارات)	Imports (US$ million)	9 . 397	9 . 339	9 . 398	11 . 817	16 . 137
حركة المرفأ (عدد السفن)	Number of ships at the Port	2 . 366	2 . 230	1 . 832	2 . 187	2 . 055
عدد المستوعبات في المرفأ	Number of containers at the Port	389 . 876	388 . 726	339 . 174	441 . 165	491 . 300
البضاعة في المرفأ (بآلاف الأطنان)	Merchandise at the Port (thousand of tons)	5 . 063	4 . 476	4 . 227	5 . 318	5 . 700
حركة المطار (عدد الطائرات)	Planes at the Airport	39 . 023	38 . 197	32 . 980	39 . 052	45 . 278
حركة المسافرين في المطار	Number of passengers at the Airport	3 . 199 . 952	3 . 179 . 753	2 . 739 . 606	3 . 326 . 433	4 . 039 . 560
عدد السياح	Number of tourists	1 . 278 . 469	1 . 139 . 524	1 . 062 . 635	1 . 017 . 072	1 . 332 . 551
المالية العامة	Public finance					
الدين العام الداخلي (بمليار ل.ل.)	Gross domestic debt (LP Billion)	26 . 368	29 . 141	30 . 204	31 . 373	39 . 006

الدين العام الخارجي (بملايين الدولارات)	Foreign debt (US$ million)	18 . 375	19 . 134	20 . 349	21 . 221	21 . 140
الدين العام الإجمالي (بملايين الدولارات)	Total gross debt (US$ million)	35 . 866	38 . 464	40 . 385	42 . 033	47 . 014
النفقات العامة (بمليار ل.ل.)	Expenditures (LP billion)	10 . 540	10 . 203	11 . 879	12 . 586	15 . 007
منها خدمة الدين (بمليار ل.ل.)	O.W debt service (LP billion)	4 . 021	7 . 405	4 . 557	4 . 940	5 . 304
الإيرادات العامة (بمليار ل.ل.)	Revennes (LP billion)	7 . 514	1 . 980	7 . 316	8 . 749	10 . 603
العجز (بمليار ل.ل.)	Deficat (LP billion) Surplus (-) deficit (+)	3 . 026	8 . 223	4 . 564	3 . 837	4 . 404
العجز الأولي (بمليار ل.ل.)	Primary balance (LP billion) Surplus (-) deficit (+)	995 -	818	7	1 . 103 -	900 -
الوضع النقدي	Monetary situation					
تغير الكتلة النقدية (بمليار ل.ل.)	Var M3 (LP billion)	6 . 616	3 . 136	5 . 798	9 . 512	13 . 063
سرعة تداول النقد	Velocity	0 . 63	0 . 60	0 . 55	0 . 60	0 . 72
شيكات مقاصة (بملايين الدولارات)	Cleared checks (US$ million)	32 . 712	33 . 650	32 . 488	38 . 289	52 . 524
النشاط المصرفي	Banking activity					
تغير مجموع الموجودات (بمليار ل.ل.)	Var: Total assets (LP billion)	11 . 564	1 . 134	8 . 642	12 . 036	18 . 091
نسبة نمو الموجودات (%)	% change in assets	%12 . 8	%1 . 1	%8 . 4	%10 . 8	%14 . 6
تغير مجموع الودائع (بمليار ل.ل.)	Var: Total deposits (LP billion)	9 . 236	3 . 215	5 . 588	9 . 941	15 . 817
نسبة نمو الودائع (%)	% change in deposits	%12 . 6	%3 . 9	%6 . 5	%10 . 9	%15 . 6
تغير مجموع التسليفات (بمليار ل.ل.)	Var: Total credits (LP billion)	413	883 -	2 . 236	5 . 139	6 . 957
نسبة نمو التسليفات (%)	% change in credits	%10 . 7	%20 . 7 -	%9 . 5	%20 . 0	%22 . 6
التجارة الخارجية وميزان المدفوعات	Foreign trade and balance of payments					
الواردات (بملايين الدولارات)	Imports (US$ million) (1st ten months)	9 . 397	9 . 339	9 . 398	11 . 817	16 . 137
الصادرات (بملايين الدولارات)	Exports (US$ million) (1st ten months)	1 . 747	889	2 . 282	2 . 815	3 . 478
العجز التجاري (بملايين الدولارات)	Trade deficit (US$ million) (1st ten months)	7 . 650	8 . 450	7 . 116	9 . 002	12 . 659
حركة الرساميل الوافدة (بملايين الدولارات)	Gross inflows of capitals (US$ million)	7 . 819	9 . 197	9 . 911	11 . 039	16 . 121
ميزان المدفوعات (بملايين الدولارات)	Balance of payments (US$ million)	169	747	2 . 795	2 . 037	3 . 462

Public finance sofftanding scenario 2008-2004 تطور المؤشرات الاقتصادية اللبنانية

	US$ million	2004	2005	2006	2007	2008
النفقات العامة	Public Expenditures	6.992	6.768	7.880	8.350	9.955
منها خدمة الدين	o.w. Debt service	2 . 668	2 . 345	3 . 023	3 . 277	3 . 288
فوائد ديون داخلية	Domestic debt service	1 . 490	1 . 017	1 . 571	1 . 669	1 . 889
فوائد ديون خارجية	Foreign debt service	1 . 178	1 . 328	1 . 452	1 . 608	1 . 400
الإيرادات العامة	Public Revenues	4 . 984	4 . 912	4 . 853	5 . 804	7 . 033
العجز العام	Public finance deficit	2 . 007	1 . 856	3 . 027	2 . 546	2 . 921
العجز الأولي	Primary deficit	660 -	488 -	4	731 -	367 -
الدين العام الإجمالي	Gross public debt	35 . 875	38 . 464	40 . 366	42 . 033	47 . 014
الدين بالليرة اللبنانية	LP debt	17 . 493	19 . 331	20 . 036	20 . 811	25 . 875
الدين بالعملات الأجنبية	FX debt	18 . 382	19 . 133	20 . 330	21 . 221	21 . 140
النفقات العامة إلى الناتج المحلي الإجمالي	Public Expenditures/GDP	%32 . 6	%31 . 4	%35 . 1	%33 . 3	%34 . 6
الإيرادات العامة إلى الناتج المحلي الإجمالي	Public Revenues/GDP	%23 . 2	%22 . 8	%21 . 6	%23 . 2	%24 . 4
العجز العام إلى الناتج المحلي الإجمالي	Public deficit/GDP	%9 . 4	%8 . 6	%13 . 5	%10 . 2	%10 . 1
العجز الأولي إلى الناتج المحلي الإجمالي	Primary deficit/GDP	%3 . 1 -	%2 . 3 -	%0 . 0	%2 . 9 -	%1 . 3 -
خدمة الدين بالليرة إلى الدين بالليرة	Debt service in LP/LP debt	%8 . 4	%5 . 8	%8 . 1	%8 . 3	%9 . 1
خدمة الدين بالعملات الأجنبية إلى الدين بالعملات الأجنبية	Debt service in FX/FX debt	%7 . 6	%7 . 2	%7 . 6	%7 . 9	%6 . 6

الدين العام إلى إجمالي الدين العام	Debt service/Total Debt	%8 . 0	%6 . 5	%7 . 9	%8 . 1	%7 . 8
الإيرادات العامة إلى النفقات	Public Revenues / Expenditures	%71 . 3	%72 . 6	%61 . 6	%69 . 5	%70 . 7
العجز العام إلى النفقات	Public Deficit / Expenditures	%28 . 7	%27 . 4	%38 . 4	%30 . 5	%29 . 3
العجز الأولي إلى النفقات	Primary deficit / Expenditures	%9 . 4 -	%7 . 2 -	%0 . 1	%8 . 8 -	%3 . 7 -
الدين العام الإجمالي كنسبة من الناتج المحلي الإجمالي	Gross public debt as a % of GDP	%167 . 1	%178 . 4	%179 . 9	%167 . 8	%163 . 3
الدين بالليرة كنسبة من الناتج المحلي الإجمالي	Local currency debt as a % of GDP	%81 . 5	%87 . 7	%89 . 3	%83 . 1	%89 . 9
الدين بالعملات الأجنبية كنسبة من الناتج المحلي الإجمالي	Foreign currency debt as a % of GDP	%85 . 6	%88 . 8	%90 . 6	%84 . 7	%73 . 4
الدين بالليرة كنسبة من الدين	Local currency debt as a % of Dept	%48 . 8	%50 . 3	%49 . 6	%49 . 5	%55 . 0
الدين بالعملات الأجنبية كنسبة من الدين	Foreign currency debt as a % of Debt	%51 . 2	%49 . 7	%50 . 4	%50 . 5	%45 . 0

* A "minus" sign for primary deficit figures means primary surpluses

* المصدر : بنك عودة ومصرف لبنان

تطور أهم بنود الميزانية المجمعة للمصارف اللبنانية (بملايين الدولارات) بين العام 1993 وحتى نهاية العام 2008

سعر صرف الليرة للدولار	1711	1647	1596	1552	1527	1508	1507 . 5	1507 . 5	1507 . 5	1507 . 5	1507 . 5	1507 . 5	1507 . 5	1507 . 5	1508	1508
	Dec-93	Dec-94	Dec-95	Dec-96	Dec-97	Dec-98	Dec-99	Dec-00	Dec-01	Dec-02	Dec-03	Dec-04	Dec-05	Dec-06	Dec-07	Dec-08
إجمالي الميزانية	10 . 933	14 . 745	18 . 205	23 . 958	29 . 884	36 . 493	40 . 445	45 . 034	47 . 665	52 . 448	60 . 115	67 . 786	68 . 538	74 . 271	82 . 228	94 . 224
نسبة النمو		%34 . 13	%23 . 47	%31 . 60	%24 . 73	%22 . 12	%10 . 83	%11 . 35	%5 . 84	%10 . 03	%14 . 62	%12 . 76	%1 . 11	%8 . 36	%10 . 71	%14 . 59
الأموال الخاصة	260	410	718	1 . 252	1 . 958	2 . 400	2 . 666	2 . 903	2 . 961	3 . 332	3 . 647	3 . 853	4 . 253	5 . 783	6 . 259	7 . 099
نسبة النمو		%57 . 69	%75 . 12	%74 . 37	%56 . 39	%22 . 57	%11 . 08	%8 . 89	%2 . 00	%12 . 53	%9 . 45	%5 . 65	%10 . 38	%35 . 97	%8 . 23	%13 . 42
إجمالي ودائع الزبائن	9 . 235	12 . 356	14 . 965	19 . 771	25 . 258	30 . 579	33 . 937	37 . 632	40 . 142	42 . 636	48 . 726	54 . 853	56 . 986	60 . 693	67 . 265	77 . 754
نسبة النمو		%33 . 80	%21 . 12	%32 . 11	%27 . 75	%21 . 07	%10 . 98	%10 . 89	%6 . 67	%6 . 21	%14 . 28	%12 . 57	%3 . 89	%6 . 51	%10 . 83	%15 . 59
ودائع القطاع العام	0	0	0	0	0	0	465	478	349	392	879	982	1 . 131	1 . 047	771	883
نسبة النمو		#DIV/0!	#DIV/0!	#DIV/0!	#DIV/0!	#DIV/0!	#DIV/0!	2.73%	-27.10%	12.46%	124.24%	11.67%	15.20%	- 7.39%	-26.35%	14.42%
العقود الأئتمانية				18	76	129	158	306	493	627	1 . 033	1 . 277	1 . 797	1 . 558	1 . 961	1 . 250
نسبة النمو		#DIV/0!	#DIV/0!	#DIV/0!	326.45%	69.66%	22.68%	93.63%	61.20%	27.18%	64.80%	23.67%	40.67%	-13.28%	25.89%	-36.25%
إجمالي التسليفات للقطاع الخاص	3 . 634	4 . 960	6 . 701	8 . 563	10 . 492	12 . 798	14 . 432	15 . 241	15 . 223	15 . 603	15 . 760	16 . 825	15 . 533	17 . 016	20 . 418	25 . 032
نسبة النمو		%36 . 49	%35 . 10	%27 . 79	%22 . 53	%21 . 98	%12 . 77	%5 . 61	%0 . 12-	%2 . 50	%1 . 01	%6 . 76	%7 . 68-	%9 . 55	%19 . 99	%22 . 60
إجمالي التسليفات للقطاع العام	2 . 346	4 . 195	4 . 980	7 . 771	8 . 667	11 . 898	14 . 488	15 . 437	15 . 301	17 . 630	13 . 934	16 . 023	17 . 709	20 . 692	21 . 501	25 . 407
نسبة النمو		%78 . 82	%18 . 71	%56 . 04	%11 . 53	%37 . 28	%21 . 77	%6 . 55	%0 . 88-	%15 . 22	%20 . 96-	%14 . 99	%10 . 52	%16 . 84	%3 . 91	%18 . 17
الموفورات	839	1 . 692	2 . 219	2 . 821	4 . 076	4 . 319	4 . 528	4 . 863	7 . 069	7 . 934	18 . 794	19 . 820	20 . 509	19 . 461	19 . 795	25 . 937
نسبة النمو		%101 . 74	%31 . 16	%27 . 12	%44 . 51	%5 . 96	%4 . 84	%7 . 39	%45 . 36	%12 . 24	%136 . 90	%5 . 46	%3 . 48	%5 . 11-	%1 . 72	%31 . 03
الأرباح المحققة	99	182	206	314	429	503	437	369	355	330	405	457	521	669	846	1 . 079

نسبة النمو		%83.84	%13.19	%52.43	%36.62	%17.25	%13.12-	%15.56-	%3.79-	%7.04-	%22.73	%12.84	%14.00	%28.41	%26.46	%27.54
إجمالي عدد المصارف	84	82	81	84	80	79	73	69	68	61	61	63	64	63	65	64
نسبة النمو		%2.38-	%1.22-	%3.70	%4.76-	%1.25-	%7.59-	%5.48-	%1.45-	%10.29-	%0.00	%3.28	%1.59	%1.56-	%3.17	%1.54-
عدد الفروع	549	579	608	631	656	669	723	753	780	787	809	799	804	831	847	863
نسبة النمو		%5.46	%5.01	%3.78	%3.96	%1.98	%8.07	%4.15	%3.59	%0.90	%2.80	%1.24-	%0.63	%3.36	%1.93	%1.89
عدد الموظفين	13.094	13.689	14.329	14.519	14.495	14.727	14.912	15.012	15.082	15.001	15.296	15.190	15.389	16.050	17.151	17.531
نسبة النمو	%4.54	%4.68	%1.33	%0.17-	%1.60	%1.26	%0.67	%0.47	%0.54	%1.97	%0.69-	%1.31	%4.30	%6.86	%2.22	
نسبة الدولرة للودائع			%62.34	%56.49	%63.87	%65.53	%61.61	%66.88	%72.53	%69.37	%66.14	%70.01	%73.13	%76.21	%77.34	%69.57
نسبة الدولرة للتسليفات			%88.05	%87.79	%87.60	%89.26	%88.63	%87.42	%86.02	%82.76	%83.77	%83.17	%85.54	%85.58	%86.39	%86.58
نسبة الرسملة إلى المطلوبات	%2.37	%2.78	%3.94	%5.23	%6.55	%6.58	%6.59	%6.45	%6.21	%6.35	%6.07	%5.68	%6.21	%7.79	%7.61	%7.53
نسبة الودائع إلى المطلوبات	%84.01	%83.80	%82.20	%82.52	%84.52	%83.79	%83.91	%83.56	%84.22	%81.29	%81.05	%80.92	%83.15	%81.72	%81.80	%82.52
نسبة الموقوفات إلى الموجودات	%7.63	%11.47	%12.19	%11.77	%13.64	%11.84	%11.20	%10.80	%14.83	%15.13	%31.26	%29.24	%29.92	%26.20	%24.07	%27.53
نسبة التسليفات القطاع الخاص إلى الموجودات	%33.06	%33.64	%36.81	%35.74	%35.11	%35.07	%35.68	%33.84	%31.94	%29.75	%26.22	%24.82	%22.66	%22.91	%24.83	%26.57
نسبة التسليفات القطاع العام إلى الموجودات	%21.34	%28.45	%27.36	%32.44	%29.00	%32.60	%35.82	%34.28	%32.10	%33.61	%23.18	%23.64	%25.84	%27.86	%26.15	%26.96
نسبة الملاءة وفق تعريف لجنة بال	%7.05	%10.24	%14.98	%15.11	%19.95	%18.87										
تطور أهم بنود الميزانية المجمعة للمصارف المتخصصة (بملايين الدولارات)																
سعر صرف الليرة للدولار	1711	1647	1596	1552	1527	1508	1507.5	1507.5	1507.5	1507.5	1507.5	1507.5	1507.5	1507.5	1508	1508
	Dec-93	Dec-94	Dec-95	Dec-96	Dec-97	Dec-98	Dec-99	Dec-00	Dec-01	Dec-02	Dec-03	Dec-04	Dec-05	Dec-06	Dec-07	Dec-08
إجمالي الميزانية	125	399	580	1.087	1.790	1.961	2.203	2.144	2.113	2.097	2.448	3.297	3.587	3.300	3.343	4.158

%4.41	%4.07	%4.44	%5.23	%4.86	%4.07	%4.00	%4.43	%4.76	%5.45	%5.37	%5.99	%4.54	%3.19	%2.71	%1.14	النسبة للقطاع
584	627	549	556	527	457	401	360	298	243	202	146	138	43	39	3	الأموال الخاصة
%8.22	%10.01	%9.49	%13.08	%13.68	%12.54	%12.03	%12.16	%10.27	%9.11	%8.42	%7.46	%11.02	%5.99	%9.51	%1.15	النسبة للقطاع
2.711	1.871	2.010	2.188	2.162	1.624	1.150	1.156	1.120	1.091	1.036	1.183	737	465	304	118	إجمالي الودائع
%3.49	%2.78	%3.31	%3.84	%3.94	%3.33	%2.70	%2.88	%2.98	%3.21	%3.39	%4.68	%3.73	%3.11	%2.46	%1.28	النسبة للقطاع
850	773	790	713	542	525	643	708	813	846	801	735	270	12	3	3	إجمالي التسليفات للقطاع الخاص
%3.40	%3.79	%4.65	%4.59	%3.22	%3.33	%4.12	%4.65	%5.33	%5.86	%6.26	%7.01	%3.15	%0.18	%0.06	%0.08	النسبة للقطاع
46	62	48	54	50	55	53	56	58	59	51	38	21	14	3	0.38 -	الأرباح المحققة
%4.23	%7.34	%7.12	%10.45	%10.87	%13.58	%16.06	%15.77	%15.72	%13.50	%10.14	%8.86	%6.69	%6.80	%1.65	%0.38-	النسبة للقطاع
12	11	9	10	10	9	8	8	7	7	9	8	8	5	5	4	إجمالي عدد المصارف
%18.75	%16.92	%14.29	%15.63	%15.87	%14.75	%13.11	%11.76	%10.14	%9.59	%11.39	%10.00	%9.52	%6.17	%6.10	%4.76	النسبة للقطاع
12	11	10	12	12	11	10	10	10	10	13	14	13	11	11	10	عدد الفروع
%1.39	%1.30	%1.20	%1.49	%1.50	%1.36	%1.27	%1.28	%1.33	%1.38	1.94	%2.13	%2.06	%1.81	%1.90	%1.82	النسبة للقطاع

المحتويات